PLEINEMENT HUMAIN

/

PLEINEMENT VIVANT

Lyle Simpson

Studio of Books LLC
5900 Balcones Drive Suite 100
Austin, Texas 78731
www.studioofbooks.org
Hotline: (254) 800-1183

Informations de commande :
Ventes en gros. Des remises spéciales sont accordées aux entreprises, associations et autres personnes souhaitant acheter des volumes importants. Pour plus de détails, veuillez contacter l'éditeur à l'adresse ci- dessus.

Imprimé aux États-Unis d'Amérique.

ISBN-13:   Softcover   978-1-964928-46-3
           eBook   978-1-964928-47-0

Library of Congress Control Number: 2025908421

TABLE DES MATIÈRES

Vous avez le pouvoir de vivre pleinement votre vie en abandonnant tous vos désirs conflictuels et en vivant et en expérimentant simplement pleinement lacirconstances dans lesquelles vous vous trouvez alors.

Une question culturelle très pertinente se pose encore aujourd'hui aux jeunes générations : suis-je maître de ma vie ou Dieu me contrôle-t-il ? Cette question est débattue depuis des millénaires. Auparavant, la réponse nous était dictée par des personnes autoritaires. Ce n'est plus le cas pour beaucoup de jeunes de notre société. De plus en plus de personnes aspirent à prendre le contrôle de leur vie. Comment y parvenir ? Le pasteur unitarien Lester Mondale et son épouse Maria Mondale nous ont montré leur chemin épicurien.

L'histoire de la philosophie humaniste commence avec Épicure, qui vivait à Athènes, en Grèce. Il naquit en 341 av. J.-C. et mourut en 270 av. J.-C. À cette époque, presque tout le monde croyait que Dieu dirigeait sa vie au quotidien. Épicure estimait que nous devions assumer la responsabilité de notre propre vie et que nous ne pouvions imputer à Dieu aucun de nos événements. De plus, il ne voyait aucune raison de croire à une vie après la mort. Par conséquent, notre objectif devrait être de profiter pleinement de notre vie sur Terre. Et le meilleur moyen d'y parvenir était de vivre en harmonie avec la nature, de ne rien désirer et d'avoir besoin de peu.

La philosophie épicurienne étaitnoyé par les mèmes culturels de son époque, Dieu ayant repris le contrôle du peuple hellénique. La pensée épicurienne aurait été oubliée, et personne n'aurait su qu'elle avait existé, sans Lucrèce, qui avait écrit son article de deux mille pages décrivant la pensée épicurienne vers 100 av. J.-C. Ce document fut découvert dans un monastère allemand par un ami de Côme de Médicis de Florence.

Il le remit à Côme, qui le fit traduire en italien. Ils adoptèrent cette philosophie pour la Cité-État de Florence au XVe siècle, donnant naissance à la Renaissance qui libéra la civilisation européenne du joug catholique. Lorsque l'Église retrouva son statut, elle partagea son autorité avec les protestants.

La philosophie épicurienne est apparue à Spokane, Washington, dans lePremière décennie du XXe siècle. Le nom « humanisme » a été inventé pour désigner la philosophie épicurienne à Des Moines, dans l'Iowa, en 1917, il y a à peine cent ans. Aujourd'hui, l'American Humanist Association (AHA) influence la vie de plus de quatre millions d'Américains chaque jour, et la philosophie humaniste est présente dans le monde entier.

Notre monde est en ébullition, et beaucoup de gens ont des croyances dépassées.Plus de vingt-sept pour cent des Américains, interrogés sur leur appartenance religieuse, répondent « aucune ». Plus de quarante pour cent des Millennials et des plus jeunes répondent « aucune », ce qui montre que notre culture évolue rapidement. L'AHA a une opportunité significative d'influencer une alternative positive pour notre développement culturel actuel.

Sommes-nous vraiment seuls dans notre univers ? Si oui, pourquoi suis-je ici ? Il n'y a peut-être pas de réponse à la question « pourquoi ».

Pourquoi estPourquoi mes croyances sont-ce que je crois ce que je crois ? Chacun de nous doit déterminer ce qui est vrai pour lui-elles vraies ? Comment déterminer ce qui est ? Comment déterminervrai pour moi ce qui est vrai ? même.Ne pas accepter ce qu'une personne de contrôle nous dit sur la base d'une Pour moi" foi aveugle-même ? Chacun doit déterminer ce qui est vrai pour ."

Qui sont les personnes qui contrôlent ? Pourquoi les accepte-je et les crois-je ?

Le psychologue Abraham Maslow nous montre comment concrétiser notre existence, tout en vivant notre vie sur Terre aujourd'hui. La logique de sa hiérarchie des besoins nous offre un modèle de compréhension. Nous sommes tous des individus, des nations et des institutions de toutes sortes, alors que nous recherchons le niveau de vie le plus élevé pour notre propre existence. Maslow a découvert que nos besoins peuvent être classés selon leur force motrice et qu'il existe six niveaux distincts. Mais la plupart des Américains ne peuvent pas dépasser le troisième niveau. Découvrons pourquoi. Maslow nous montre la voie pour atteindre l'objectif de vivre pleinement notre vie.

Nous vivons dans un monde de violence. Nous protégeons nos croyances par des scatomas, ces angles morts qui nous empêchent de percevoir les informations contraires. Nous ne voyons pas nos propres angles morts.

Charles Darwin a répondu de manière assez dramatique à la question de savoir commentNous sommes nés de créatures marines. Dieu n'a rien à voir avec notre création. Les humains ont évolué à partir d'une vie primordiale.

Les conditions culturelles de notre naissance façonnent nos valeurs. Elles ont une influence bien plus grande que nos parents, le milieu dans lequel nous vivons. dans lequel nous vivons, ou le statut de notre famille. Nous sommes davantage conditionnés par la science et la technologie davantage par la science et la technologie existant à notre époque de notre enfance que par nos valeurs familiales. Comprendre les formatricevaleurs de chacun que par nos vLa génération et ce qui les a provoquées sont essentiels si vous aleurs familiales. Compr ndre l val urs de chacunessayez d'influencLa génératio er la pensée d'autrui.t ce qui les a provoquées sont essentiels

Notre attitude est la valve qui nous permet d'accéder à notre cerveau. Une attitude négative empêche tout apprentissage nouveau. Une attitude positive favorise l'accueil des nouvelles idées et des apprentissages. La plupart des gens acceptent leurs croyances de ceux qui appartiennent à un groupe auquel ils s'identifient. Nous le constatons à l'école primaire, dans nos affiliations politiques et dans l'Église à laquelle nous appartenons. On appelle cela la « pensée de groupe », car le groupe pense à votre place, vous n'avez pas à penser par vousmême. Assumer la responsabilité de ce que vous êtes prêt à croire est ce qui ouvre la valve pour améliorer votre qualité de vie.

Réduire ses attentes et mieux accepter les événements de la vie qui échappent à son contrôle, tout en appréciant le chemin qui mène à la réalisation de ses objectifs, est la voie du bonheur. Pour y parvenir, il faut avoir l'esprit libre, maîtriser ses attentes et ses réactions face aux circonstances.

L'exemple de la raison pour laquelle nous avons l'idée même d'une vie après la mort illustre l'influence de la pensée historique et du contrôle que les mèmes exercent sur nos croyances. Très peu de nos croyances sont originales. Pourquoi nous accrochons-nous à certaines et en rejetons-nous d'autres ? Les millions de nouvelles pensées qui nous traversent l'esprit chaque jour constituent un sujet d'étude important. L'exemple de la vie après la mort illustre clairement la raison de nos nombreuses croyances. Vous pouvez analyser toutes vos croyances en utilisant cette technique.

Bien que dans certaines cultures, comme la Chine, le Bien que dans certaines cultures, comme la Chine, le comportement quotidien ne soit pas régi par la foi religieuse, comportement quotidien ne soit pas régi par la foi religieuse, pour la plupart des pays occidentaux, la religion est npour la plupart des pays occidentaux, la religion est notre otre « colle sociale« colle sociale ». En Chine, « ». En Chine, « perdre la face p rdre l face » auprès de » auprès de quelqu'un qui vous fait confiance équivaut à un péché mortel. quelqu'un qui vous fait co fiance équivaut à un péché mortel. Parmi ceux qui se fient à la Bible comme source de vérité, Parmi ceux qui s fient à la Bible comme source de vérité, nombreux sont ceux qui acceptent ce qu'on leur dit sans poser de questions. Nombreux sont ceux qui, sans même se rendre compte qu'ils lisent la Bible.

D'un point de vue myope. Ils acceptent tous les versets comme une vérité absolue, ignorant leurs dispositions contradictoires dans d'autres chapitres. La Bible a été écrite par de nombreux peuples vivant dans une culture bien plus primitive, avec très peu de connaissances sur les moyens de déterminer la vérité.

Dans le Nouveau Testament, ils s'efforçaient de rendre la vie de Jésus pertinente pour la communauté juive. Jésus fut probablement transformé en Christ par saint Paul. Il ne l'a jamais connu. Paul savait qu'il menait une vie meilleure en prêchant Jésus qu'en tant que collecteur d'impôts. Le Nouveau Testament reprend intentionnellement de nombreuses prophéties de l'Ancien Testament. Nombre de nos croyances religieuses culturelles actuelles sont dénuées de tout fondement.

Si vous considérez la religion comme un mythe qui vous fournit des symbolesPour améliorer votre vie, plutôt que de vous fier à leur vérité, ces différences ne devraient pas vous préoccuper. La religion joue un rôle essentiel dans la vie de nombreuses personnes. Il n'y a aucune raison valable de s'attaquer à leurs croyances.

S'efforcer de profiter au maximum de notre vie sur Terre nous confronte à de nombreux obstacles. Comment évaluer notre propre vie ? Quels obstacles m'empêchent d'entendre des informations contradictoires ?

Quel est le rapport avec la religion dans cette discussion ? Est-ce que tout le mondeBesoin de religion ? EO Wilson nous dit que chacun a un besoin biologique de se connecter à la nature, un besoin de se relier à la nature, un besoin que nous identifions besoin que nous identifions comme de la spiritualité. C'est un comme spiritualité. C'est un besoin fondamental que les religieux voudraient nous faire

Un besoin fondamentcroire exclusif. L'évêque épiscopalien à la retraite John Shelby al que les religieux voudraient vous faire croire exclusif. L'évêque épiscopalien à la retraite John Shelby Spong nous dit que l'humanisme peut être adapté par la plupart Spong nous dit que l'humanisme peut être adapté par la plupart des croyants. Il pourrait rendre le christianisme pertinent à des croyants. Il pourrait rendre le christianisme pertinent à l'avenir. l'avenir.

Comment définir Dieu ? Aristote pose la question philosophique Comment définir Dieu ? Aristote pose la question philosophique suivante :La question est de savoir « pourquoi quelque chose suivante :La question est de savoir « pourquoi quelque chose arrive » ou existe. Nous pouvons désormais accepter qu'il n'existe pas de réponse à toutes les questions du type « pourquoi ». Nous en discutons. Il existe différentes visions de Dieu, et si ces perspectives ont une quelconque importance. Le problème est que nous sommes privés de réponse universelle. Chacun de nous crée son propre dieu. Dieu n'a pas répondu à la question de savoir pourquoi nous sommes là pour tous.

Si l'on considère la définition de Dieu selon Maslow, la conception que les individus se font de Dieu dépend du niveau de vie auquel ils se situent. La crainte de Dieu prévaut au niveau fondamental, tandis que le concept de Dieu paternel prédomine au niveau social. Mais, une fois qu'une personne s'est réalisée, sa conception de Dieu est généralement abstraite. Si votre définition de Dieu se limite à la nature, comment pourriez-vous être athée ? Cela n'aurait plus de sens. Les athées peuvent valablement s'opposer au théisme, et la plupart des théologiens les approuveraient aujourd'hui. Une vision surnaturelle de Dieu n'est pas nécessaire.

La religion est devenue notre « ciment social » lorsque notre culture s'est vue dominée par l'agriculture et la domestication des animaux. Comment contrôlons-nous les comportements ? Les sociétés de chasseurs-cueilleurs de moins de 150 personnes pouvaient contrôler les comportements négatifs grâce à leur réputation. Au-delà de cette taille, la société avait besoin d'un système de contrôle. Aux premiers temps, chaque cité-État sumérienne avait son propre dieu. Des prêtres étaient nommés pour gérer leur religion. Ils devinrent puissants, allant même jusqu'à oindre leurs rois pour démontrer qu'ils régnaient par la puissance de leur Dieu.

Il n'existe absolument aucune preuve valable de l'existence d'une Il n'existe absolument aucune preuve valable de l'existence d'une vie après la mort. Notre esprit peutvie après la mort. Notre esprit peutIls jouent avec nos Ils jouent avec nos perceptions. S'il n'yperceptions. S'il n'y a pas de vie après la mort, notre objectif a pas de vie après la mort, notre objectif devrait être de profiter au maximum de cette vie.devrait être de profiter au maximum de cette vie.

Nous avons apprécié l'école primaire la première fois. Mais nous ne voudrions vraiment pas revenir en arrière et recommencer. De même, si nous avons vécu une vie épanouie, nous n'avons plus à craindre la mort. C'est tout aussi naturel.

Accepter la vie telle qu'elle a été. Si notre corps nous fait défaut, la mort peut même être accueillie avec joie. Une fois la vie bien remplie terminée, la mort n'est plus un problème. Protéger nos proches est peut-être la seule chose qui compte pour nous.

Pour moi, seuls deux aspects de la vie sont vraiment . importants. Ma vie a du sens dans la mesure où je peux vivre pleinement mon existence ; et elle a de l'importance dans la mesure où le monde est meilleur grâce à moi. Une personne en Chapitre vingt-sept : Alors, que puis-je faire maintenant que

Vous pouvez rechercher des opportunités où vos talents uniques et vos expériences de vie peuvent faire une différence significative dans le monde. De nombreuses opportunités s'offrent à nous au quotidien, si seulement nous les recherchons.

Vous pourriez adhérer à l'American Humanist Association pour découvrir de nouvelles opportunités et acquérir de la documentation pour approfondir votre formation humaniste. J'ai présenté de nombreuses alternatives pour « amorcer la pompe ». Vous pouvez créer les vôtres. Se fixer des objectifs peut ajouter un enthousiasme considérable à votre vie.

Ce chapitre vise à tout relier. C'est une tâche impossible. Notre vie est parfaitement résumée par la dernière déclaration du Manifeste humaniste III. En tant qu'humanistes, « la responsabilité de nos vies et du monde dans lequel nous vivons nous incombe, et à nous seuls. »

Préface

C'est incroyable l'effet que peut avoir sur nous une pause pour sentir les roses. Je suis, en ce moment, J'écris, enfermé dans mon appartement, cela fait bientôt deux semaines, et il me reste peutêtre encore du temps. J'ai pris l'avion lorsque le coronavirus a commencé à se propager. La vie dans notre communauté est tout simplement à l'arrêt, même si j'apprécie certains aspects de cette situation. Cela me permet d'explorer ma vie sous un angle totalement différent. Je vois maintenant la vie comme les épicuriens la voyaient. Leur but dans la vie a toujours été de ne rien désirer, de se contenter de peu, et d e vivre pleinement chaque instant.

Vous gagnez encore plus en faisant l'expérience de l'endroit où vous êtes et de la personne qui vous accompagne avec une attitude positive. Vous pourriez aussi essayer ceci. Je trouve que cela me libère de problèmes inutiles qui, autrement, m'ont tourmenté.

J'ai même amélioré ma relation avec mon chiot, qui a maintenant dix ans. Vivre isolé dans notre copropriété n'est pas si mal. Nous habitons au dernier étage de notre immeuble, perché sur une colline, et nous avons une vue imprenable sur toute la ville. Je devrais le faire plus souvent. Pour optimiser mon temps, je pense écrire un livre sur ce que tout cela signifie réellement pour chacun de nous.

Mon sujet porte sur la manière dont chacun peut tirer le meilleur parti de sa vie, et pourquoi nous devrions le faire. Ce n'est pas un sujet nouveau, inventé de toutes pièces. Les philosophes grecs antiques ont développé cette pensée il y a plus de 2 500 ans. Leur vision de la vie était nouvelle et différente. Cependant, toute nouveauté est effrayante pour ceux qui ont une vision plus ancienne de la vie. Personne ne souhaite voir ses croyances actuelles remises en question. Elles sont notre filet de sécurité et nous rassurent. Par conséquent, remettre en question leurs croyances est une menace. Comme les points de vue de ces philosophes n'étaient pas universellement acceptés, leurs idées ont perdu de leur pertinence.

Ils furent vite oubliés – ou plutôt, supplantés par les prêtres et les citoyens qui les suivaient – et c'était comme si cette vision de la vie n'avait jamais existé. C'est encore le cas aujourd'hui. Ce comportement, en psychologie, est appelé « pensée de groupe ». L'individu n'a pas à penser par lui-même, c'est son groupe qui le fait à sa place.

Les croyances vues sous cet angle deviennent un mécanisme de défense.Beaucoup acceptent ce que pense leur groupe, simplement parce que tout le monde le pense, et que cela doit donc être vrai. De plus, c'est la voie la plus facile. Nous avons tous ces croyances. Il n'est pas nécessaire de penser par soi-même. C'est tout à fait normal si c'est tout ce que nous souhaitons dans ce domaine, car cela ne vaut pas la peine de réfléchir par nous-mêmes. Mais si nous voulons maximiser notre existence, pour tout ce qui affecte notre vie au-delà de cet instant, ces croyances méritent d'être soigneusement examinées avant d'être acceptées comme une vérité durable.

La pensée épicurienne a été redécouverte à trois reprises dans l'histoire de l'humanité. À chacune de ces trois premières reprises, le même phénomène s'est produit, car les gens se sentent en sécurité avec leurs croyances, et c'est généralement ce que tout le monde accepte.D'autres croient, même si leurs opinions sont dépassées. Nombre de nos croyances actuelles n'ont plus de sens dans notre monde moderne. Certains disent : « Et alors ? Elles sont ancrées dans l'histoire ancienne et donnent un sens à nos vies. Si elles étaient assez bonnes pour mon grand-père, pourquoi ne le seraientelles pas pour moi ? » C'est peut-être le cas, et je ne dirais certainement pas à qui que ce soit qu'elles ont tort. Si ce qui les soutient est nécessaire à quiconque, alors qui suis-je pour affirmer le contraire ? Cette pensée est mieux expliquée par Shakespeare : « Il n'y a rien de bon ni de mauvais. Mais c'est la pensée qui le rend tel. » Par conséquent, le but de ce livre n'est pas de vous changer, ni de remettre en question vos croyances. C'est votre droit. Mon but est simplement de vous faire réfléchir par vous-même. Tant que vous pensez par vous-même, au lieu d'accepter les croyances des autres simplement parce qu'ils les ont exprimées, vous pouvez contrôler votre vie.

Mon objectif est de mettre au défi ces personnes qui, en acceptant aveuglément ce que les autres leur disent, passent complètement à côté de leur propre vie.Ce qui est important pour chacun de nous, car cette vie est tout ce que nous savons avec certitude avoir. Personne n'a jamais été reconnu comme tel.

Revenez nous dire qu'il y a bien plus. Bien que certains prétendent le contraire, ils n'offrent aucune preuve crédible, et cette croyance exige une « foi aveugle ». Pourquoi voudrions-nous être « aveugles » ? Accepter aveuglément, quoi que ce soit dans la vie, quelque chose qui est vraiment important pour soi peut gravement nuire. D'abord, parce que cela peut vous nier la vérité, qui aurait pu produire un bien meilleur résultat. Ensuite, parce que cela vous prive de la possibilité d'envisager d'autres voies, lorsqu'elles se présentent, qui pourraient vous permettre d'atteindre plus facilement vos objectifs et de « concrétiser » votre propre existence. Cela devrait devenir votre objectif principal.

La pensée de groupe crée des « angles morts » qui vous font manquer des opportunités que vous auriez autrement pu voir. Il existe tant d'autres façons d'envisager la vie. Bien d'autres chemins pourraient vous enrichir. Vous pourriez les avoir, si vous pouviez les voir. Vous vous devez d'explorer toutes les voies ; créer un scatoma qui bloque ces opportunités n'a aucun sens. Ceux qui trouveront vraiment une vie après la mort ne la perdront pas, ils auront simplement les deux. Lisez la suite et découvrez ce que tout cela signifie réellement pour vous.

.

Entièrement humain / Entièrement vivant
Introduction

Peu importe ce que chacun de nous veut croire, principalement parce que cela nous fait du bien, nous finirons par affronter la réalité. Aujourd'hui plus que jamais, nous comprenons que cette vie est probablement notre seule vie. Ces personnes reconnaissent qu'il n'y a probablement pas d'au-delà, quoi qu'elles croient. Nous ne voulons peut-être pas l'accepter. Mais comment être sûr qu'elles ont tort ? Si elles ont raison, deux choix s'offrent à elles :

1. Ceux qui s'appuient sur des croyances non examinées peuvent simplement continuer à croire par « foi aveugle » et continuer à vivre comme avant que cette question ne soit posée. Après tout, si nous avons ces croyances depuis l'enfance, pourquoi devrions-nous croire le contraire aujourd'hui ? Cependant, si ceux qui ont mis de côté l'idée d'une vie après la mort ont raison, ceux d'entre nous qui ont misé sur un avenir au Paradis risquent de passer à côté de la possibilité de vivre pleinement leur vie ici-bas. Quelle triste perte ce serait ! Souhaitons-nous vraiment cela pour nous-mêmes ?

2. On peut envisager la possibilité qu'ils aient raison. Pourquoi ? Parce qu'il n'existe absolument aucune preuve crédible de l'existence d'une vie après la mort. En réfléchissant sérieusement à cette croyance, nous pourrions bientôt réaliser que si c'est la seule vie dont nous sommes certains d'avoir, il vaut mieux tirer le meilleur parti possible de ce qui nous reste. Le temps est éphémère.

Quelle décision vous semble la plus judicieuse ? Face à cette question, s'il y a la moindre chance qu'ils aient raison, mieux vaut se dépêcher. Nos vies défilent chaque jour.

Si vous êtes prêt à améliorer votre qualité de vie afin de pouvoir continuer à vivre pleinement la vie que nous connaissons, poursuivez votre lecture. L'objectif de ce livre est de vous aider à trouver votre propre voie pour « réaliser votre propre vie ». Cela signifie simplement que votre vie sera la meilleure si vous comprenez comment tirer le meilleur parti de cette vie sur Terre. Vous avez le droit de profiter pleinement de votre vie. Personne ne peut le faire à votre place. Pour y parvenir, vous devez viser le niveau de vie le plus élevé possible, en utilisant au maximum les ressources à votre disposition. Ceux d'entre nous qui choisissent de saisir cette opportunité, même s'il n'y a pas de vie après la mort, ne manqueront pas de profiter pleinement de leur vie sur Terre. Vous pouvez commencer ce voyage dès aujourd'hui. Ce livre vous montrera ce que signifie réellement le chemin vers la réalisation de votre propre vie.

De plus, en considérant votre vie sous cet angle, vous pourriez avoir l'avantage supplémentaire de contribuer significativement au bien des autres. Le travail que vous accomplissez, auquel vous n'auriez même pas pensé avant de lire ce livre, peut améliorer la vie d'autrui longtemps après votre disparition. Les œuvres de Michel-Ange et de Léonard de Vinci sont tout aussi importantes aujourd'hui qu'il y a plus de 500 ans. Faire du bien aux autres, c'est acquérir sa propre immortalité, celle qui perdure après vous et dont nous savons qu'elle existe réellement. Plus important encore, vous n'aurez pas gâché la seule vie que nous sommes certains de pouvoir vivre dans l'espoir d'une vie après la mort, qui n'existe peut-être même pas. D'où vient l'idée qu'il existe une vie après la mort ? Nous nous devons au moins de tenter de la découvrir. Ce livre vous y aidera.

Même s'il n'est pas nécessaire de réfléchir profondément pour reconnaître que c'est peut-être la bonne décision à prendre, certaines personnes continuent de suivre leur voie actuelle, persuadées d'avoir raison, car elle leur semble la plus facile. Alors, pourquoi changer ? La réponse est simple : certaines personnes sont prêtes à suivre l'exemple de quiconque dont le langage correspond à ce qu'on leur a appris dans leur petite enfance, avant même d'avoir acquis la capacité de raisonner. Elles le font uniquement pour des raisons émotionnelles, et non pour des raisons logiques. Tout simplement.

Autrement dit, ils sont prêts à laisser leur vie être contrôlée par d'autres. C'est toi ?

Il est normal de se contenter de suivre un tel chemin sans l'analyser. Cependant, si vous poursuivez votre lecture, vous découvrirez que ces croyances persistent chez ces personnes, car elles sont causées par un scatome. Les scatomes sont des angles morts dans la vision mentale du monde. Il est essentiel de comprendre ce concept pour tirer le meilleur parti de sa vie. La plupart des personnes qui y réfléchissent s'accordent à dire qu'elles souhaitent accomplir tout ce qu'elles peuvent dans le temps qui leur reste à vivre. Cela commence par une réflexion sur les croyances non examinées, issues d'autrui. Vous pouvez prendre le contrôle de votre vie dès aujourd'hui, afin de vivre pleinement votre vie, et non la leur. Ceux qui contrôlent vos croyances sont probablement déjà morts. Les humanistes, comme la plupart d'entre nous, n'aiment pas être considérés comme des moutons et sont prêts à redoubler de prudence pour éviter un tel contrôle. Si vous ne comprenez pas comment cela se produit, la plupart de nos scatomes surviennent sans que nous ayons conscience d'être contrôlés. Les humanistes refusent d'être contrôlés sans notre consentement, car nous voulons être maîtres de notre vie. Nous voulons pouvoir penser par nousmêmes et vivre notre propre vie. Nous voulons surtout pouvoir décider en toute connaissance de cause si nous sommes prêts à accepter les croyances d'autrui comme les nôtres.

Les moutons poursuivent leur chemin actuel parce qu'ils se sentent en sécurité et acceptent donc volontiers d'être contrôlés. Ils ne s'en soucient pas, car ils ne veulent plus avoir à penser par euxmêmes. Puisqu'ils ont « foi » en leurs personnes de contrôle, ils ne s'en soucient tout simplement pas. C'est normal si vivre pleinement leur vie n'est pas important pour eux. Cependant, je m'inquiète de ces membres du clergé qui nous imposent nos croyances en exigeant que nous acceptions ce qu'ils nous disent par « foi aveugle ». Accepter quelque chose par la simple foi revient à abandonner le contrôle. Par exemple, l'idée qu'une vie après la mort vous soit imposée par une personne de contrôle utilisant la peur de la damnation pour maintenir son emprise sur vous est tout simplement fausse. En effet, ces membres du clergé

Ils volent la vie potentielle de ceux qui sont si naïfs. Ils le font pour pouvoir continuer à contrôler leurs moutons. Cependant, du moins à mon avis, il est inacceptable de le faire en créant la peur, au lieu de nous aider à grandir grâce à une éducation constructive fondée uniquement sur des vérités vérifiables.

Au lieu de permettre aux autres d'avoir un quelconque contrôle sur vous qui limiteVotre vie, la meilleure question à vous poser serait : « Qu'est-ce qui me permettra de vivre la meilleure vie possible ? » Vous pouvez choisir d'accepter ceux qui exercent leur contrôle uniquement pour votre bien, tout comme vous le faites pour la plupart de vos médecins.

Ceux qui cherchent à vous contrôler pour améliorer leur position ou leur bien-être ne sont peut-être pas disposés à vous dire comment atteindre la meilleure vie. Pourquoi le feraient-ils ? Nombre d'entre eux apprécient d'avoir des disciples aveugles. Êtesvous l'un d'eux ? Certains de ces « Contrôleurs » ont le culot de vous dire que vous êtes leurs « brebis » et qu'ils sont votre berger, « gardant leur troupeau ». Pourquoi toléreriez-vous cela ? Est-ce parce qu'ils prétendent en savoir plus que vous ? Êtes-vous si sûr qu'ils ont raison ? Vous êtes-vous déjà demandé : Pourquoi fontils cela ? » Découvrons-le ensemble.

En même temps, apprenons aussi pourquoi nous avons besoin de personnes de contrôle. Ce faisant, nous devons distinguer ceux qui nous apportent un bien réel que nous devrions accepter de ceux qui tentent de nous contrôler et qui abusent du pouvoir que nous leur avons accordé. Nous devons être capables de discerner la différence afin de n'accepter que les personnes de contrôle dont nous savons qu'elles ont réellement intérêt à nous guider dans nos vies et à empêcher ceux qui cherchent avant tout à nous garder dans leur giron pour que vous les souteniez. La plupart d'entre nous n'ont jamais pensé à cette distinction auparavant. Pourquoi vous dit-on de payer la dîme ? Souvenez-vous que ce n'est pas Dieu qui dépense votre argent.

La lecture de ce livre vous aidera également à comprendre pourquoi les gens ont tant de croyances, et comment celles-ci influencent nos vies. Nous devrions nous demander d'où viennent toutes nos croyances et, si elles ont un but plus que passager, comprendre

pourquoi ils ont été acceptés par nous. Tester pourquoi vous pourriez croire en une vieAprès votre mort, vous prendrez conscience de l'influence que vous pourriez exercer sur vous. Si vous défendez cette croyance contre toute preuve contraire, vous comprendrez comment un scatome bloque toute information contradictoire. Comme indiqué précédemment, nous devons tous envisager toutes les voies possibles en construisant des ponts au-dessus de nos scatomes afin de pouvoir vivre pleinement notre vie.

S'il existe une vie après la mort, ceux qui ont accompli leur existence pourraient en bénéficier encore davantage. S'il n'y en a pas, ceux qui ont accompli leur vie n'auront pas perdu la possibilité de vivre pleinement la seule vie que nous connaissons, car ils en auront tiré le meilleur parti. Ce livre vous aidera à vivre pleinement votre vie, comme vous le souhaitez. Il n'existe pas de solution unique pour vivre pleinement sa vie. Chacun est libre de construire et d'apprécier sa vie. Mais pour cela, il est essentiel de comprendre les forces qui influencent nos croyances.

Chacun trouvera de mille façons différentes les réponses à ses besoins pour s'épanouir. Certains, socialement défavorisés, penseront que prendre ce qu'ils veulent aux autres leur apportera davantage. Mais est-ce le cas à long terme ? Souhaitons-nous vraiment qu'on se souvienne de nous comme de ceux qui prennent aux autres au détriment de leurs intérêts ? Certains sont devenus célèbres en faisant cela. Bugsy Siegel, John Dillinger, Bonnie et Clyde et Al Capone étaient parmi ceux qui ont pris ce qu'ils voulaient aux autres. Mais imaginez leur vie de peur constante. Parce qu'ils risquaient constamment d'être arrêtés ou tués, ils vivaient dans un état de sécurité. Dans ce livre, vous découvrirez la véritable signification de nos modes de vie. Ceux dont le comportement est contrôlé par la peur vivent exactement comme eux. Souhaitez-vous vraiment cela pour vous-même ?

Qu'est-ce qui nous procurera la meilleure qualité de vie, dès aujourd'hui ? À long terme, qu'est-ce qui compte vraiment le plus pour nous ? Est-ce le pouvoir, la richesse ou la célébrité ? Après notre mort, aurons-nous encore quelque chose de tout cela à notre disposition ?Cet objectif en vaut-il la peine ? Les personnes qui atteignent ces objectifs sont-elles vraiment motivées ?

heureux avec ce qu'ils ont, ou cherchent-ils seulement à assouvir un besoinsoif insatiable ?

Quel est le but de notre vie ? Notre vie est-elle régie par une force surnaturelle qui nous contrôle comme une marionnette ? Ou sommes-nous seuls avec neuf milliards d'autres personnes, vivant ensemble sur une petite planète dans un univers qui en compte des milliards ? C'est ce que montrent les faits, alors qu'est-ce que cela signifie pour nous ?

Y a-t-il un dieu qui a créé cet univers ? Peut-être, mais pourquoi un dieu voudrait-il contrôler nos vies individuelles ? Quel en serait l'intérêt ? Dieu joue-t-il avec nous ? Même si cette idée semble indéfendable, certains y croient encore. Ou bien cette idée n'est-elle qu'un moyen de contrôle prôné par ceux qui veulent nous contrôler ?

Pour ceux qui ont vraiment besoin de croire en la direction divine, croyant que suivre la volonté de Dieu est leur but dans la vie, cette croyance doit être pleinement comprise pour pouvoir prendre le contrôle de leur propre vie. Sinon, ils vivront la vie de quelqu'un d'autre. Il est important de comprendre quelle valeur cette croyance apporte réellement à votre vie. La vraie question est de savoir qui contrôle ce que vous croyez que Dieu vous dit. Les personnes hypnotisées obéissent à la volonté de la personne qui les a hypnotisées. Souvent, leur comportement est impensable. Elles sont volontairement contrôlées par quelqu'un d'autre. Pourquoi pensez-vous que cela ne vous arrive pas ? La personne hypnotisée a toujours le sentiment d'avoir le contrôle. Mais l'est-elle vraiment ? Sous le contrôle de l'hypnotiseur, elle n'a aucune idée que son comportement est contrôlé par quelqu'un d'autre.

De même, celui qui place toute sa foi en Dieu pour le guider dans tout ce qu'il fait rassure certains croyants. En effet,Ils n'ont pas besoin de réfléchir par eux-mêmes. Chercher des réponses demande de l'énergie. Mais d'où viennent réellement les réponses divines ? D'autres personnes comblent-elles leurs besoins ? Ou leurs prières et leur introspection leur permettent-elles de se mettre en phase avec leur moi intérieur, comme nous pouvons le faire par la méditation ? Souvent, face à des alternatives contradictoires, et que nous laissons la question de côté pendant une journée, nous…

Nous nous réveillons le lendemain matin avec notre réponse. C'est parce que le conflit intérieur se corrige de lui-même lorsque le désordre environnant s'estompe, etLa solution devient évidente. Si c'est le cas, c'est vous qui êtes aux commandes. C'est approprié et acceptable.

Si vous ressentez le besoin de demander conseil aux autres, cela peut également être une bonne chose.Si vous conservez le droit de modifier ce qu'on vous dit plutôt que de l'accepter aveuglément, si vous craignez de ne pas faire ce qu'on vous dit, vous êtes peut-être devenu aveugle à cause de votre « foi ». Votre problème est que vous avez donné le contrôle de votre vie à d'autres. Pourquoi agir ainsi ? Dans une grande partie de notre société actuelle, les questions relatives au sens de notre vie et à l'interprétation de ce qui est important sont résolues par d'autres. En acceptant aveuglément ce qu'on vous dit, vous leur avez donné le contrôle de votre vie. Ceux qui agissent ainsi vivent une vie de mouton. Il n'y a rien de mal à une croyance si vous la relativisez. Le mal vient de laisser une croyance entraver votre capacité à grandir. Pour devenir la meilleure personne possible au cours de votre courte vie, vous ne devez pas accepter aveuglément ce que quelqu'un d'autre vous dit sans en vérifier la véracité. C'est cette autre personne qui fixe vos objectifs. Vous seul savez ce dont vous avez réellement besoin pour les atteindre. Alors pourquoi donner ce pouvoir à quelqu'un d'autre ?

Accepter sans réserve les croyances d'autrui nous libère de la responsabilité de vivre notre propre vie, loin de ceux qui pourraient autrement choisir leur propre voie, plus épanouissante. L'objectif de ce livre est de vous éviter cela. Une vie mal informée peut être gâchée. Ce serait si triste, alors que tant de meilleures alternatives s'offrent à vous si vous acceptez de vivre votre propre vie pendant votre vie sur Terre pour devenir le meilleur de vous-même.

Ce livre propose une approche approfondie de la vie, fondée sur la vérité et la réalité, et vous montre comment ne pas vous fier à la foi aveugle imposée par autrui. L'objectif est de fournir à chacun un moyen de trouver sa propre voie pour vivre pleinement son existence, quelles que soient les circonstances. Ceci est vrai pour tous, même si la personne qui contrôle est votre personne.

médecin, vous devez toujours bien comprendre les conseils que vous recevez et lesles alternatives qui s'offrent à vous avant d'accepter tout conseil qui affecte votre vie plus que momentanément.

Même les personnes condamnées à perpétuité peuvent vivre une vie épanouissante. J'ai prouvé, en créant des sections humanistes dans un pénitencier de haute sécurité de l'Iowa et une autre dans une prison de niveau intermédiaire, que ces sections enrichissent considérablement la vie des détenus qui en sont membres, en les aidant à ne plus se sentir abandonnés par la société, mais à chercher à améliorer leur vie par leurs propres efforts. Ces sections ont donné aux détenus un but dans la vie, même dans ces circonstances.

Une section d'une prison humaniste a accepté de commencer par nettoyer ses propres cellules et de lancer un programme de recyclage. Leur initiative a été un début significatif. Elle leur a prouvé que ce que je dis est vrai : on peut vivre une vie meilleure et enrichissante, même dans des conditions difficiles. Le changement d'attitude qui en a résulté a vraiment impressionné leur directeur. Il suffit de peu d'efforts pour faire une réelle différence dans sa vie. Et tout commence par une attitude positive.

Nous commençons tous avec la seule possibilité de vivre notre propre vie. Chacun a son propre avenir. Nous avons tous le droit de vivre pleinement notre vie, avec les ressources dont nous disposons actuellement. Aux États-Unis, nous en avons la liberté. Beaucoup d'autres pays refusent cette possibilité à leurs citoyens.

« L'argent ne fait pas le bonheur » est une phrase souvent citée, mais rarement crue. Si vous pensez ne pas avoir suffisamment, je parie que vous pensez que vous seriez bien plus heureux si vous en aviez davantage. Le bonheur n'est pas garanti. Mais cela n'a jamais empêché personne de s'y sentir en droit. Le véritable problème, c'est que le bonheur n'est qu'un état d'esprit. Découvrons-le ensemble. Comment gérer cet état d'esprit pour être vraiment heureux ?

Lester et Rosemary (« Maria ») Mondale étaient de bons amis.

Lester a pris sa retraite de pasteur unitarien, étant le plus jeune des

médecin, vous devez toujours bien comprendre les conseils que vous recevez et lesles alternatives qui s'offrent à vous avant d'accepter tout conseil qui affecte votre vie plus que momentanément.

Même les personnes condamnées à perpétuité peuvent vivre une vie épanouissante. J'ai prouvé, en créant des sections humanistes dans un pénitencier de haute sécurité de l'Iowa et une autre dans une prison de niveau intermédiaire, que ces sections enrichissent considérablement la vie des détenus qui en sont membres, en les aidant à ne plus se sentir abandonnés par la société, mais à chercher à améliorer leur vie par leurs propres efforts. Ces sections ont donné aux détenus un but dans la vie, même dans ces circonstances.

Une section d'une prison humaniste a accepté de commencer par nettoyer ses propres cellules et de lancer un programme de recyclage. Leur initiative a été un début significatif. Elle leur a prouvé que ce que je dis est vrai : on peut vivre une vie meilleure et enrichissante, même dans des conditions difficiles. Le changement d'attitude qui en a résulté a vraiment impressionné leur directeur. Il suffit de peu d'efforts pour faire une réelle différence dans sa vie. Et tout commence par une attitude positive.

Nous commençons tous avec la seule possibilité de vivre notre propre vie. Chacun a son propre avenir. Nous avons tous le droit de vivre pleinement notre vie, avec les ressources dont nous disposons actuellement. Aux États-Unis, nous en avons la liberté. Beaucoup d'autres pays refusent cette possibilité à leurs citoyens.

« L'argent ne fait pas le bonheur » est une phrase souvent citée, mais rarement crue. Si vous pensez ne pas avoir suffisamment, je parie que vous pensez que vous seriez bien plus heureux si vous en aviez davantage. Le bonheur n'est pas garanti. Mais cela n'a jamais empêché personne de s'y sentir en droit. Le véritable problème, c'est que le bonheur n'est qu'un état d'esprit. Découvrons le ensemble. Comment gérer cet état d'esprit pour être vraiment heureux ?

Lester et Rosemary (« Maria ») Mondale étaient de bons amis.

Lester a pris sa retraite de pasteur unitarien, étant le plus jeune des trente-quatre personnes qui ont été les premières à comprendre l'idée que nous sommes

seuls responsables de nous-mêmes — reconnus à l'origine dans l'AntiquitéLa philosophie épicurienne grecque dans un contexte moderne que nous appelons aujourd'hui « humanisme ». Ils publièrent leur point de vue dans le premier Manifeste humaniste en 1933. Ce document décrivait la philosophie de John Dietrich, un pasteur unitarien qui étudiait la vision d'Épicure depuis la première décennie du XXe siècle. Lester Mondale, né au Minnesota, fut pasteur unitarien à Evanston, dans l'Illinois. Vous avez peut-être déjà entendu parler de « Mondale ». Le frère cadet de Lester, Walter Mondale, devint vice-président des États-Unis.

Après leur retraite, Lester et Maria ont vécu sur quatre-vingts acresdes collines boisées des Ozarks, dans le sud-est du Missouri. Ils ont baptisé leur petit coin de paradis terrestre « Copperhead Cliffs ». Ce nom avait une bonne raison : j'ai rencontré un serpent à tête cuivrée rampant sous le poêle à bois de leur cuisine. Ils l'ont d'ailleurs accepté comme hôte. Ils vivaient au quotidien en harmonie avec la nature.

Un ruisseau traversait leur propriété et formait trois étangs : le plus grand comportait une falaise de 2,4 mètres d'un côté, d'où ils pouvaient facilement plonger dans leur étang, et une falaise de 4,5 mètres de l'autre côté, que les Amérindiens utilisaient pour les feux de camp, d'où ils pouvaient voir les environs et mieux se protéger. Ce ruisseau se terminait par une petite rivière qui traversait la propriété des Mondale, là où des castors avaient construit un barrage créant un lac de 3,4 hectares que les Mondale avaient initialement ensemencé et qui leur permettait ensuite de pêcher en canoë.

La forêt était dense, mais ils construisirent des sentiers et défrichèrent trois zones séparées d'un acre où ils cultivaient la plupart des aliments qu'ils mettaient en conserve et pouvaient ainsi manger toute l'année suivante. À quatre-vingt-dix-huit ans, Lester coupait encore des arbres pour le bois de chauffage de leur poêle de cuisine afin de chauffer leur cabane en rondins. Ils pouvaient vivre une vie très heureuse et paisible avec cinquante pour cent de leurs revenus. Ils ne désiraient rien et avaient besoin de peu. C'était parce qu'ils étaient en parfaite harmonie avec la nature.

Les Mondale prouvent qu'il n'est pas nécessaire d'être riche pour être heureux. Il suffit d'être en harmonie avec soi-même et son environnement. Laissez-nous vous aider. Découvrons comment le faire nous-mêmes.

Chapitre un
Qu'est-ce que l'humanisme ?

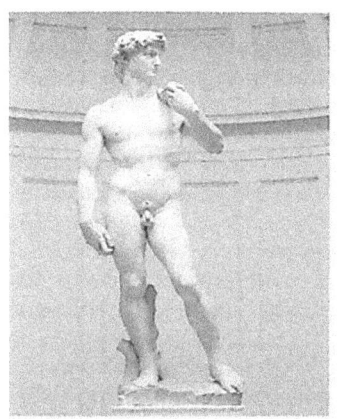

Pour ceux du monde occidental, MichelAnge a sans doute créé le tout premier symbole historiquede l'humanisme. Il sculpta le « David » dans le marbre entre 1501 et 1504. Cette statue fut commandée comme symbole de la philosophie épicurienne adoptée pour la cité-État de Florence, en Italie. Cette philosophie fut introduite par la famille des Médicis, de très riches banquiers et hommes d'État italiens, dirigeants de facto de la cité-État.

République florentine. Ils n'avaient pas de roi régnant sur leur peuple. Ilsont élu leur propre « maire » pour gérer leur province.

Même si les prêtres catholiques de Florence exerçaient encore le pouvoir, le contrôle de leur société provenait du peuple.Au XVe siècle, ils n'étaient pas gouvernés par Dieu, ce qui était très inhabituel à l'époque.

Les habitants de la Provence autour de Florence ont participé à l'élection de ceux qui dirigeaient le gouvernement, sous réserve des politiques établies par unConseil de gouvernement. Cela contrastait fortement avec les pays d'Europe qui vivaient sous le contrôle des rois. Le pouvoir d'un roi résultait de son « onction divine » par l'intermédiaire de ses prêtres, qui régnaient généralement dans le reste de l'Europe à cette époque. Contrairement à une démocratie où la volonté du peuple prévalait, les rois disposaient d'un pouvoir absolu, venant uniquement de Dieu, et non du consentement du peuple. Puisque le pouvoir de gouverner venant de Dieu était accepté

À cette époque, cette croyance culturelle était rarement remise en question. De nombreux EuropéensOn nous a appris dès notre plus jeune âge que Dieu nous contrôle, et que tout dirigeant oint par le prêtre avait donc le droit exclusif de servir. Il fallait du courage pour défier Dieu. Après tout, ceux qui le faisaient risquaient la mort.

Notre Constitution des États-Unis a été un premier test, pour un pays de notre taille, du concept selon lequel le pouvoir de gouverner émane du peuple, et non pas d'un droit divin. Aujourd'hui encore, la plupart des gens dans le monde n'ont pas de contrôle significatif sur leur propre vie, et encore moins sur leur gouvernement. Les Américains ont beaucoup de chance d'avoir, en tant qu'individus, une certaine influence.

Les habitants de la région contrôlée par Florence bénéficiaient du soutien économique principalement de la famille des Médicis. Très puissants, ils devinrent de fervents mécènes de la culture de la Renaissance.C'est leur renouveau intellectuel qui a permis à la civilisation occidentale de sortir d'une période où l'Église catholique romaine avait dominé l'existence humaine en Europe pendant plus de mille ans, brûlant souvent sur le bûcher ceux qui remettaient en question les croyances de « l'Église », même si celles-ci étaient sans fondement. L'Église catholique ne tue peutêtre plus ses opposants, mais elle exerce toujours une influence considérable sur les croyances de plus de la moitié de la population chrétienne mondiale. Certains fidèles sont encore perçus comme de simples moutons. Nous nous sommes demandés plus haut pourquoi certains toléraient cette existence. Découvrons ensemble pourquoi.

L'idée que nos vies étaient quotidiennement contrôlées par les dieux était une croyance populaire courante, et ce depuis des dizaines de milliers d'années. Cependant, le public ne s'accordait pas sur le Dieu en question. Mais tous n'y adhéraient pas. À mesure que la compréhension des sciences naturelles progressait, le surnaturalisme commençait à perdre de son influence. Au Ve siècle avant J.-C., Leucippe ne croyait pas que les hommes étaient modelés d'argile à l'image de Dieu, contrairement à la croyance populaire à Athènes. Il pensait que nous étions faits de minuscules particules indestructibles. Il croyait que ces particules existeraient éternellement, même si ce n'était pas le cas.

Démocrite, né en 460 av. J.-C., a étiqueté et décrit les particules postulées par Leucippe. Il fut le premier à croire que tout est composé d'atomes, que l'on croyait physiquement indivisibles.Particules. Il estimait que le monde des atomes ressemblait aux étoiles de notre univers. Entre les atomes se trouve le vide. Il croyait également que les atomes sont indestructibles et ont toujours été – et seront toujours – en mouvement. Il estimait qu'il existe une infinité et de nombreux types d'atomes, de formes et de tailles différentes. La vision de Démocrite reste très proche de celle de notre science actuelle. Ce concept trouve son origine dans le développement de la philosophie, et non dans la science, car une méthode scientifique permettant d'élaborer nos vérités n'a réellement existé que récemment.

Épicure (341 à 270 av. J.-C.) arriva cent ans plus tard et, par la pensée, porta l'émancipation des humains de l'emprise de leurs dieux à une conclusion logique. Il estimait que nous n'étions pas tous gouvernés par un Dieu « surnaturel » dont l'existence n'était même pas prouvée. Bien que des athées virulents aient fait leur apparition à l'époque, la plupart des gens croyaient que Dieu, ou les dieux, existaient parce que d'autres le leur avaient dit. Rares étaient ceux qui, à cette époque, remettaient en question une personne qui se réclamait de l'autorité. Cela n'avait aucun sens. Mais le public peut être crédule, ou du moins ignorant, sur n'importe quel sujet. Nombreux sont ceux qui se comportent comme des moutons, se laissant guider plutôt que d'aborder les questions difficiles de notre origine et de notre destinée. C'est encore vrai aujourd'hui.

Épicure fut l'un des premiers à s'élever au-dessus des masses ignorantes, comprenant que chacun est seul responsable de luimême. Il considérait la vie comme une quête du plaisir et l'évitement de la douleur. De plus, il affirmait ne voir aucune raison de supposer une vie après la mort. Épicure comprit que la croyance n'est qu'une illusion qui nous empêche d'assumer la responsabilité de notre propre vie. Épicure contrastait avec la vision culturellement acceptée des « Contrôleurs » de son époque, qui estimaient que leur contrôle était nécessaire au maintien d'une société organisée. Cette dichotomie perdure aujourd'hui.

Cependant, il ne fallut pas longtemps pour que l'opinion publique l'emporte, et que la voix alternative d'Épicure disparaisse.

La plupart des membres du clergé croient sincèrement qu'ils offrent le meilleur à leurs fidèles en étant leurs bergers. Épicure ne pouvait accepter une croyance aussi simpliste. Il ne voyait aucune raison valable d'avoir besoin d'un berger pour une question aussi importante pour lui, celle de comprendre la raison de sa présence sur Terre. Il pensait que tout Dieu capable de créer l'univers ne resterait qu'en retrait, observant son monde tel qu'il existe réellement. Croire que Dieu exercerait un contrôle sur sa création reviendrait à dévaloriser nos vies individuelles. Nous serions de simples marionnettes. Épicure pensait plutôt que pour que nos vies aient un sens, nous devons accepter d'être seuls ici-bas. Il nous appartient d'en assumer la responsabilité. Par conséquent, Épicure concluait qu'il valait mieux profiter au maximum de cette vie sur Terre, car s'il n'y a pas d'au-delà, donner de l'importance à sa propre vie aux yeux des autres est le seul moyen de lui donner un sens réel.

Aujourd'hui, nombreux sont ceux qui partagent le point de vue d'Épicure. Mais beaucoup de ceux qui partagent ce point de vue n'ont redécouvert cette philosophie que très récemment. Pourquoi ? Parce que cette croyance entre en conflit avec cellesContrôle : Ceux qui, encore aujourd'hui, veulent vous faire croire qu'il existe une vie après la mort et qu'eux seuls détiennent votre billet pour y accéder. Nous avons souligné que cette notion est un outil de contrôle créé par l'homme, mais ceux qui perpétuent cette croyance sont ceux à qui on l'a enseignée très tôt. Puisqu'ils l'ont acceptée avant même d'avoir la capacité de raisonner, la plupart ne la remettront pas en question de toute leur vie. Elle reste ancrée parce que la plupart des gens veulent vraiment y croire. Cette croyance est acceptée pour des raisons émotionnelles, par ceux qui n'envisagent pas la question sous l'angle de la logique et de la vérité vérifiable. Ils restent dans le « La La Land » de leur enfance, car ils s'y sentent en sécurité.

Lorsque vous réfléchissez vraiment à cette question, demandezvous : pourquoi un Dieu qui aurait réellement créé tous les êtres vivants aujourd'hui refuserait-il l'accès au paradis ?à ceux d'une autre religion, surtout s'ils n'ont jamais été exposés à la « vraie » religion ? Comprenez-vous maintenant que l'exclusivité religieuse n'est qu'un moyen de vous contrôler ? Croyez-vous vraiment qu'un Dieu capable de créer la vie sur Terre aurait une bonne raison de le faire ?

Pour faire ça ? Ou est-ce simplement un moyen de contrôler les gens pour qu'ils vous contrôlent ?

Même si rien ne justifie cette croyance d'exclusivité, et même s'il ne fait aucun doute que ces croyances servent de moyens de contrôle, les vrais croyants, qui s'appuient sur leur propre « foi aveugle », ne peuvent s'en rendre compte. C'est aussi un bon test pour savoir si vos croyances sont contrôlées. Si vous ressentez le besoin de défendre cette croyance, c'est une preuve solide que vos propres croyances étroites et fixes se sont transformées en « scatoma ». Rappelez-vous que les scatomas sont des blocages mentaux, agissant comme des bloqueurs de spam, empêchant ardemment toute autre croyance d'être prise en compte, et encore moins acceptée. Pourquoi ? Ce livre vous aidera à répondre à cette question.

Il faut d'abord comprendre qu'on ne peut pas s'attaquer de front à un scotome. Ce sont des croyances de sécurité, et les affronter de front provoque une réaction de colère. Il faut construire un pont autour de ces croyances grâce à une éducation logique qui vous montre les voies alternatives. L'une d'elles deviendra acceptable pour vous et, même si le scotome persiste, il ne vous contrôle plus. Tout comme le contournement d'une barricade sur la route ne vous empêche plus d'avancer. C'est un objectif majeur des études supérieures : cela vous oblige à réfléchir au-delà de vos mécanismes de défense.

À mesure que la conscience de la nature et la compréhension de l'approche scientifique pour la découverte du savoir progressaient, les réponses surnaturelles étaient fréquemment modifiées juste assez pour permettre à la science de se développer, rendant ainsi le conflit entre religion et science sur ce sujet inexistant, pour le moment. C'est ainsi que fonctionnent tous les mêmes jusqu'à ce qu'ils deviennent finalement sans objet. Prenons l'exemple du défi lancé à Galilée par l'Église catholique. Il a fallu plusieurs siècles avant que l'Église reconnaisse enfin que la Terre tourne autour du Soleil.

De telles croyances surnaturelles, exprimées aujourd'hui par les personnes de contrôle des confessions fondamentalistes, deviennent aussi archaïques que l'idée que la Terre est plate, et que si nous approchons du bord, nous risquons de tomber. Ceux qui acceptent cette vision de leur vie ignorent à quel point leur foi aveugle est aujourd'hui déconnectée de la réalité. Ils sont aveuglés par leurs scatomes.

Mis en place par des personnes au pouvoir, puissantes et influentes. Leur scatoma les empêche de voir au-delà de ces croyances. Espérons que leurs petits-enfantspourront s'affranchir du dogme désuet de leurs grands-parents.

Pour de nombreuses croyances, nos opinions religieuses sont ancrées dans notre identité avant même l'âge où nous avons développé la capacité de raisonner. Nombreux sont ceux qui ne peuvent échapper à cette vision tout au long de leur vie, car ils craignent que les personnes qui les contrôlent aient raison, et qu'aucune autre alternative n'offre le même niveau de sécurité. Si la promesse d'une vie meilleure dans l'au-delà ne suffit pas à vous contrôler, ces personnes ont aussi inventé « l'enfer ». La combinaison de récompenses et de punitions utilisée avec efficacité par les personnes qui les contrôlent est puissante. « Si je ne crois pas aveuglément, j'irai en enfer. » Cette croyance est l'un des outils sociaux les plus puissants pour contrôler les naïfs encore existants aujourd'hui. Charles Darwin a dit : « L'enfer est la croyance la plus condamnable imposée à l'humanité. » Quelle vision est la bonne : celle de Darwin ou celle des personnes qui les contrôlent ? Quelle différence cela fait-il dans notre façon de vivre ? C'est une différence considérable. Cette question mérite notre propre réflexion. Après tout, comme vous l'avez souvent entendu, notre vie aujourd'hui pourrait bien être la seule que nous ayons à vivre.

Si Épicure a raison, nous aurons gâché notre vie si nous ne la vivons pas pleinement ici-bas. Comment y parvenir ? Nous savons que nous sommes pleinement humains. Mais savons-nous vraiment comment devenir pleinement vivants ? Pouvons-nous y parvenir tout en conservant notre désir d'une vie après la mort ? Bien sûr ! Mais ces questions méritent réflexion pour ceux qui souhaitent améliorer leur qualité de vie.

Je ne dis pas que vous ne pouvez pas vous accrocher à une croyance, quelle qu'elle soit, quelle qu'en soit la raison. Si elle vous réconforte, pourquoi vous reprocher d'avoir tort ? Vous pouvez vous y accrocher tout en profitant pleinement de votre vie ici-bas. Profiter pleinement de cette vie est essentiel pour ne pas manquer de la vivre pleinement, quelles que soient vos convictions, y compris la possibilité d'une vie après la mort. Si vous ne laissez pas le désir d'une vie après la mort dominer votre vie sur Terre, rien ne vous empêche de vous y accrocher. Alors, elle ne vous gênera pas.

Vivez pleinement votre vie sur Terre. Chacun tire ses propres conclusions ; et personne ne devrait se soucier de la voie qui vous attire. Cependant, ceux qui s'accrochent àCette croyance, qui les pousse à négliger de profiter pleinement de cette vie, sera perdante de toute façon. Cela n'a guère de sens pour beaucoup de gens aujourd'hui.

Puisque l'objectif de ce livre est de vous aider à tirer le meilleur parti possible de la seule vie dont nous soyons certains, considérons que si Épicure a raison et que vous remplissez les conditions requises pour accéder à la vie future, vous en aurez tiré le meilleur parti possible. Pour y parvenir, vous devez maîtriser votre propre vie afin d'atteindre le niveau de vie le plus élevé, tel que décrit par le psychologue Abraham Maslow. Le problème est que vous ne pouvez y parvenir si quelqu'un d'autre contrôle vos croyances. Si vous laissez les autres contrôler vos croyances, vous vivrez leur vie et non la vôtre. Vous devez maîtriser votre propre vie pour pouvoir choisir votre propre chemin et évoluer comme vous le souhaitez. Pour vous épanouir, vous devez atteindre un niveau de vie qui vous corresponde et vous permettre de vivre pleinement votre vie aujourd'hui. Personne d'autre ne peut le faire à votre place. Lisons la suite pour découvrir ce que tout cela signifie réellement pour vous.

Si les personnes de contrôle qui influencent votre vie ont raison, vous aurez quand même gagné davantage dans votre vie, en particulier dans la mesure où votre vie est devenue significative pour ceux qui vivent une vie meilleure parce que vous étiezIci. Même si les personnes qui contrôlent ne sont pas honnêtes dans leur approche, mais cherchent simplement à vous contrôler pour créer le lien social qui nous permet de vivre ensemble avec succès, ce livre ne détruira pas ces croyances. Il vise à élargir votre vision de la réalité dans laquelle vous vivez.

Et, espérons-le, vous n'aurez pas manqué de vivre véritablement la seule vieNous savons avec certitude que cela existe. Le problème est de savoir qui contrôle votre vie, et non ce que vous choisissez de croire.

Ceux qui se sentaient menacés par Épicure et qui cherchaient à le discréditer en le traitant d'« hédoniste » affirmaient qu'Épicure affirmait que notre but était de « manger, boire et être joyeux, car demain vous mourrez » – et que, sans vie après la mort, il n'y a évidemment pas d'« enfer » pour punir vos péchés. Ceux que cette vision menaçait affirmaient également qu'Épicure disait que « vous pouvez pécher autant que vous voulez ». Épicure était un hédoniste au sens littéral du terme, mais ses croyances étaient à l'exact opposé de celles de ceux qui tentaient de le discréditer. Il croyait qu'il fallait vivre pleinement en harmonie avec son environnement. Pour Épicure, la belle vie consistait à « ne rien désirer, avoir besoin de peu, et profiter pleinement de chaque instant ». Il croyait également que, dans la mesure où notre vie était guidée par la luxure ou par l'envie de se livrer à des excès, nous étions guidés par nos propres besoins et désirs, au lieu de nous laisser guider par notre environnement. La belle vie était celle qui savourait pleinement chaque instant, sans rien rechercher. Ses détracteurs voyaient la vie sous un angle erroné. Épicure ne voulait rien avoir à faire avec les gens qu'ils décrivaient.

Comme la vie de Lester et Maria Mondale, la vie simple produitLe plus grand bonheur, car vous n'avez pas besoin d'acquérir quoi que ce soit. Vous profitez pleinement de tout ce qui vous entoure, de tout ce qui est à votre disposition, comme un magnifique coucher de soleil. Épicure croyait que vous devez prendre votre vie en main. Pour lui, les dieux ne vous contrôlaient pas ; ils se contentaient de vous observer en coulisses. Ils espèrent simplement que vous tirerez le meilleur parti de la vie qu'ils vous ont donnée. Ils ne vous aideront pas à y parvenir ; vous devez y parvenir seul.

En raison des croyances écrasantes dans les nombreux dieux supposésEn contrôlant le peuple d'Athènes au IVe siècle avant J.C., leur mème culturel a pris le pas sur la philosophie humaniste exprimée par Épicure, et la croyance d'Épicure a diminué en Europe. Heureusement, elle a été immortalisée dans un poème épique de Titus Lucretius Carus, poète et philosophe romain vivant vers 100 avant J.-C. Sa seule œuvre écrite connue est le poème philosophique didactique De Rerum Natura, consacré à la science et comprenant les principes et les philosophie de l'épicurisme, qui est généralement traduite en anglaiscomme « De la nature des choses ».

Lucrèce était bien plus provocateur qu'Épicure. Il affirmait que la philosophie épicurienne bouleversait la religion. Selon son interprétation, elle exaltait l'existence humaine et la piétinait. Il croyait que, pour l'éternité après notre mort, nous n'existerions tout simplement plus. Seuls les effets de notre vie terrestre subsistent après nous, créant ainsi notre unique immortalité. Si nous voulons profiter pleinement de cette vie, nous devons rechercher notre propre bonheur tant que nous y sommes. Cependant, proche de la croyance d'Épicure, Lucrèce affirmait que le seul obstacle à notre bonheur était le désir. Nous avons le pouvoir exclusif de contrôler nos propres désirs. Ce pouvoir dépend de notre libre arbitre pour faire nos propres choix.

Sans Lucrèce, nous n'aurions peut-être pas connu la philosophie épicurienne aujourd'hui encore. Nous aussi, nous vivrions peut-être encore dans le passé, craignant pour notre vie si nous étions en désaccord avec les personnes au pouvoir au sein de l'Église qui dominent encore la vie de milliards de personnes aujourd'hui. Certains pourraient même penser que ce mode de vie est analogue à celui décrit par George Orwell dans son roman 1984.

Le poème de Lucrèce est resté en sommeil pendant 1 500 ans dans un monastère allemand jusqu'à ce qu'il soit découvert par Peggio Bracciolini, qui était un camarade de classe etAmi de Côme de Médicis, passionné de recherche de manuscrits anciens, il était originaire de la cité-État de Florence, dans le nord de l'Italie. Il vendit le manuscrit à Côme de Médicis au tout début du XVe siècle apr. J.-C. Côme demanda à Nicolas de Médicis, secrétaire du pape, de traduire le poème de Lucrèce du grec vers l'italien toscan plutôt qu'en latin, langue religieuse utilisée par l'Église pour toutes ses autres traductions.

La famille Médicis lut, et les Florentins adoptèrent, la philosophie épicurienne comme approche philosophique pour la vie de ceux qui vivaient dans leur région d'influence, autour de la

cité-État de Florence. Ce poème, et la philosophie de vie qu'il décrivait, furent à l'origine de la Renaissance, qui embrassa les arts et enrichit la culture. La philosophie épicurienne fut adoptée par les Florentins pour leur vocation.

La liberté individuelle. La culture florentine s'est épanouie, et c'est de là que sont issues les œuvres majeures de Michel-Ange et de Léonard de Vinci, entre autres.

L'Église contrôlait les croyances culturelles occidentales dominantes de l'époque, comme elle l'avait fait pendant plus de 1 200 ans auparavant. De nombreux théistes adhérèrent au changement culturel instauré par la Renaissance, même s'ils brouillèrent les pistes pour ce qui contrastait fortement avec leurs croyances antérieures. Néanmoins, la vision épicurienne de la vie remettait en cause la philosophie de vie actuelle, devenue un même culturel accepté par la plupart des habitants de l'Europe médiévale. Plus qu'un défi, ce fut un véritable incendie. L'adoption de la vision épicurienne par les Floridiens de la région du Chianti, en Italie, marqua le début de la Renaissance, qui sortit la civilisation occidentale des âges sombres, dominés par le contrôle strict de l'Église catholique romaine, répandue dans une grande partie de l'Europe.

Michel-Ange a vécu à Florence et a servi le pape au VaticanÀ Rome. L'Église et les Médicis étaient ses principaux mécènes. Pour l'Église, on lui a demandé de concevoir le dôme de la basilique Saint-Pierre, puis de peindre le plafond et le mur de l'autel de la chapelle Sixtine. Je me suis souvent demandé combien de catholiques aujourd'hui réalisent que ces œuvres, ainsi que la statue en marbre de la Vierge Marie et de l'Enfant, située dans le sanctuaire de Saint-Pierre au Vatican, ont été réalisées par un humaniste.

Bien que très religieux, il fut fortement influencé par la philosophie des Médicis. Lorsqu'on demanda à Michel-Ange de réaliser une sculpture représentant la philosophie épicurienne de Florence, à l'origine de la Renaissance, il choisit un morceau de marbre blanc abandonné, extrait dans les environs – un peu plus de cinq mètres de long sur un mètre carré environ. Il fut vendu au rabais, car un coin du bloc avait été cassé par un autre artiste. Comme il présentait un défaut, Michel-Ange l'obtint à un prix avantageux. Il ne se plaignit pas, même s'il dut ensuite sculpter « Le David » en diagonale dans son bloc de marbre.

Puisque la philosophie épicurienne reconnaissait chaque individu, au lieu d'un dieu, comme le centre de « la nature des choses », MichelAnge décida

Le roi David était la meilleure représentation de l'homme conquérant sa propre vie, au lieu de l'homme dominé par Dieu. La statue de Michel-Ange fut finalement placée dans la cour adjacente aux bureaux du gouvernement (aujourd'hui la Galerie des Offices). Reliant ce bâtiment aux bureaux et au palais des Médicis, la première passerelle au monde. Longue de plus d'un kilomètre et demi, elle traversait l'Arno par le Ponte Vecchio, deux étages audessus de la voie publique qui traversait les marchés de viande communautaires. Située alors au rez-de-chaussée du pont, elle permettait aux marchands de jeter leurs déchets dans les eaux du fleuve, tandis que ceux qui passaient deux étages au-dessus rejoignaient en toute sécurité la résidence des Médicis. Aujourd'hui, le Ponte Vecchio abrite les marchands d'or, les Médicis ayant finalement décrété le déménagement des marchés de viande, l'odeur de viande avariée qu'ils produisaient atteignant le niveau supérieur du pont.

Grâce à cette nouvelle liberté de défier l'Église, le climat culturel changea et aboutit à la Réforme protestante. L'expansion d'une alternative au contrôle strict de l'Église se répandit rapidement en Europe occidentale. Cette libération de la peur de l'Inquisition et de la menace de mort par l'Église, qui prévalait auparavant dans toute l'Europe, fut un souffle de printemps pour le public. Ainsi, Martin Luther se sentit libre d'afficher ses Quatrevingt-quinze thèses à la porte de l'église catholique de Tous-lesSaints à Wittenberg, en Allemagne, contestant certains canons de l'Église. Cela aboutit à la Réforme protestante, lorsque Luther et ses disciples furent excommuniés de l'Église catholique. Leur solution fut de créer leur propre Église. Mais cela ne changea que la façon dont la religion gouvernait le peuple. Les masses se voyaient encore dicter leurs croyances par des personnes de contrôle. Les protestants restaient chrétiens. Ces personnes avaient simplement un clergé et un ordre de culte différents.

Ceux qui ont adopté la philosophie épicurienne ont vécu en humanistes, libres de toute influence extérieure pendant environ deux siècles, avant que les mêmes culturels, créés par l'Église, ne prennent à nouveau le dessus sur les croyances publiques.

L'ignorance et la foi aveugle ont, une fois de plus et pour la troisième fois, incité le public à accepter majoritairement cette philosophie.

La croyance culturelle traditionnelle selon laquelle Dieu régissait la vie de chaque individu. Ceux qui partageaient cette croyance acceptaient également que l'Église parlait au nom de Dieu. Les prêtres reprirent le contrôle de la vie dans la région, même si nombre de leurs administrés étaient désormais qualifiés de « protestants ».

L'imprimerie, inventée vers la fin du XVe siècle, a permis la production en masse de la Bible. Pour la première fois, le grand public a pu la lire lui-même. Cela a réduit le rôle perçu comme nécessaire que les prêtres avaient joué pendant 1 500 ans.

Il leur était désormais plus difficile de prétendre être l'intercesseur du public auprès de Dieu, car celui-ci apprenait rapidement à lire et pouvait ainsi interpréter la Bible par lui-même. De nombreuses confessions cherchaient également à remplir ce rôle. L'influence de la Renaissance, qui donnait au public un sentiment de contrôle sur sa propre vie, a fait que l'Église catholique partageait désormais le pouvoir avec les protestants, réduisant ainsi considérablement leur emprise sur la religion. Cependant, le mème qui créait la croyance culturelle du public en Dieu, quelle qu'en soit la forme, était si fort que cette croyance n'a fait que réajuster la manière dont ce Dieu s'exprimait, sous une forme plus moderne qui perdure encore aujourd'hui.

Léonard de Vinci, vingt-deux ans plus âgé que Michel-Ange, égalementIl vivait à Florence. Il a peint La Cène, œuvre aujourd'hui célèbre. Léonard était un humaniste bien plus affirmé que MichelAnge. Il est même devenu un chef de file parmi ceux qui partageaient une vision humaniste plus libérale de la vie, suggérant que nous devons tous profiter au maximum de notre vie sur Terre aujourd'hui, car cela pourrait bien être tout ce que nous avons à apprécier. Léonard est devenu l'un des artistes, scientifiques et penseurs les plus célèbres de son époque. Son œuvre est toujours vénérée aujourd'hui, même par les catholiques. Léonard et MichelAnge sont tous deux devenus immortels. Leurs vies nous touchent encore tous aujourd'hui, plus de 500 ans après leur mort. C'est une immortalité significative, même si rien n'existe plus pour eux en tant qu'individus.

Cependant, le changement de pouvoir et les nouvelles incertitudes ont permis à de nombreusesDes personnes ont émergé pour contribuer à une vision alternative de la religion. Outre Martin Luther, Érasme a également exercé une influence considérable. Il s'est senti obligé de remettre en question l'Église organisée. Il a suivi une formation de prêtre catholique, mais est finalement devenu un humaniste chrétien néerlandais dont les nombreux écrits ont profondément influencé la Renaissance, modifiant ainsi le contrôle considérable exercé auparavant par l'Église. Même s'il a remis en question la pensée de l'Église, il l'a fait au sein même de la religion.

Bien que le contrôle exercé par l'Église depuis plus d'un millénaire, dictant à chacun ce que nous devons croire, ait diminué, il a simplement été partagé avec d'autres confessions religieuses, certaines allant même jusqu'à excéder l'emprise audacieuse de l'Église sur la vie de leurs fidèles. Avant de se sentir pieux et audessus de la mêlée, nous n'étions pas à l'abri aux États-Unis. À une époque plus « moderne », nous avons connu la chasse aux sorcières de Salem, qui a démontré, même au « pays de la liberté », que le pouvoir de nuisance des fausses croyances n'avait pas disparu. De nombreuses croyances culturelles, même aujourd'hui, restent assez primitives.

Le contrôle de l'Église sur nos croyances était si fort qu'il a facilement occulté le changement de point de vue adopté à Florence, qui a contribué à la Renaissance. La mémoire historique des masses du reste de l'Italie était profondément ancrée dans leur culture antérieure, surtout après avoir été renforcée par les menaces proférées par l'Église contre ceux qui niaient leur contrôle. La Renaissance a certes amené l'Église à modifier ses techniques de contrôle, mais elle n'a pas éliminé sa domination sur la vie de la plupart des habitants des autres régions chrétiennes d'Europe, et elle allait bientôt être introduite en Amérique comme partie intégrante de notre culture. Aujourd'hui, on vous dit simplement que si vous ne croyez pas, « vous irez en enfer », mais l'Église ne vous y aide plus comme elle le faisait en brûlant les incroyants sur le bûcher.

La Renaissance n'a fait que réduire le pouvoir de l'Église et l'a poussée vers une vision plus libérale de la vie. Comme tous les mèmes, l'Église s'est simplement adaptée à l'évolution de la vision culturelle. Son emprise a donc survécu. Et ceux qui ont adopté l'épicurisme

La philosophie a disparu de l'existence, entraînant un changement culturel pour la troisième fois, mais elle a fait une différence. Heureusement, la sociétéLes progrès qui ont accompagné les

Lumières ont également apporté avec eux l'étude des sciences au XVIIIe siècle.

Elle a sensibilisé le public aux bienfaits du savoir et de la philosophie. La connaissance et la vérité sont devenues populaires. Cependant, même celaCe climat n'a pas duré. Nombreux sont ceux qui reconnaissent aujourd'hui que le grand public peut être crédule et mal informé, voire ignorant, sur presque tous les sujets. Notre propre société détermine encore ce que les gens « devraient croire ».

Malgré cet élan, la philosophie épicurienne de la vie n'a pas eu la force de vaincre le mème du christianisme, largement accepté, qui, après des générations de croissance, avait désormais acquis une vie autonome. Il ne fait aucun doute que la religion était devenue un mème, s'adaptant aux changements de notre culture d'alors. Nous découvrirons dans ce livre l'impact réel des mèmes sur nos croyances.

Face aux bouleversements religieux de l'époque, l'épicurisme n'avait pas la force nécessaire pour se maintenir. Ainsi, les croyances religieuses et culturelles prédominantes de l'Église, présentes depuis plus de 2 000 ans, sont restées prédominantes jusqu'à nos jours.

Ce livre n'a pas pour but de vous dire que vous devez renoncer à vos croyances religieuses. Votre religion personnelle vous fournit les symboles que vous avez appris dès votre plus jeune âge et inclut les liens affectifs qui vous unissent. La logique ne peut facilement remplacer les croyances profondes acquises avant l'âge de raison, car celles acquises durant notre petite enfance sont acceptées pour des raisons émotionnelles et non logiques, fondées sur des faits démontrables.

Nombreux sont ceux qui utilisent des symboles pour s'exprimer, d'une manière que nous ne connaissons pas actuellement. La religion répond aux besoins de sécurité les plus élémentaires de la plupart des gens. L'humanisme a pour objectif de proposer une approche permettant d'optimiser sa vie ici-bas. Il n'a pas besoin d'une vie après la mort. Certains humanistes aujourd'hui pourraient bien

Ils croient en un au-delà pour atteindre leur objectif de maximiser leur vie ici-bas. Si cela ajoute réellement de la valeur à votre vie, c'est à vous de décider. L'humanisme signifie ne pas renoncer au droit de contrôler sa propre vie et à la capacité de la vivre pleinement. Les humanistes s'inquiètent des religions qui engendrent des scatomes qui entravent la capacité de leurs adeptes à réaliser leur propre vie.

L'humanisme ne vous interdit pas de croire en ce que vous choisissez de croire. C'est à vous de vivre comme vous l'entendez. Notre préoccupation concerne les personnes sous contrôle religieux qui se sentent menacées.Quand vous pensez par vous-même. Surtout s'ils utilisent la peur ou la culpabilité comme outils pour maintenir leur emprise sur vous. L'humanisme a pour objectif de vous montrer comment profiter pleinement de votre vie sur Terre comme vous le souhaitez. Pour y parvenir, vous devez être capable de prendre vos propres décisions éclairées sans accepter aveuglément ce que les autres vous disent. Ne les laissez pas vous priver de la possibilité de valider leur vérité pour que vous acceptiez leur croyance plus que momentanément. L'obligation d'avoir la foi crée une barrière que beaucoup ne pourront jamais surmonter.

Nombreux sont ceux qui placent leur religion au-dessus de la philosophie humaniste, car la plupart des religions se concentrent sur l'au-delà, et très peu sur la façon dont nous vivons ici-bas. L'Église prétend offrir le chemin vers le paradis à ceux qui souhaitent réellement accéder à l'au-delà. Aucun humaniste ne devrait s'y opposer si cela est important pour quiconque. Mais la plupart des humanistes ne voient aucune raison d'accepter une telle croyance, car il n'existe aucune preuve valable de son existence – et encore moins l'investissement de temps requis pour y adhérer, et donc l'obligation de suivre le chemin prescrit par la Personne de Contrôle, qu'ils prétendent nécessaire pour accéder au Paradis. Les humanistes ne croient que ce qu'ils peuvent accepter comme vrai pour eux-mêmes. Comment déterminer ce qui est vrai pour nousmêmes est un sujet que nous devons maintenant aborder.

L'un des points clés de ce livre est de savoir si vous pouvez prendre conscience de ce qui vous arrive et qui vous empêche de vivre pleinement votre vie, car vous êtes disposé à vous laisser guider. En conséquence, vous êtes disposé à

Se fier aux croyances des personnes qui contrôlent sans vérification. La question est de savoir si vous souhaitez garder le contrôle de votre vie. Personne ne vous a probablement jamais posé cette question, mais la façon dont vous y répondrez peut changer votre vie. Si vous souhaitez maîtriser pleinement votre vie, vous serez libre de devenir la meilleure personne possible. Et cela vous évitera de perdre du temps et de vous créer des obstacles si vous souhaitez tracer votre propre chemin.

De nombreuses personnes plus âgées que la génération Y ne ressentent plus le besoin de contrôler leurs propres croyances en raison de leurs propres « scatomas » socialement développés.Ils se sont durcis et se sont installés confortablement dans leur propre niche. C'est pourquoi beaucoup se disent : « Ne me dites pas que j'ai tort, je ne veux vraiment pas vous croire. » Si vous êtes un mouton satisfait, ce livre n'est pas pour vous. Transmettez-le à quelqu'un de plus jeune, plus ouvert d'esprit. Ce livre s'adresse à ceux qui, comme Épicure, croient que chacun doit prendre sa vie en main.

Il est encore plus important d'apprendre à maximiser la seule vie qui existe.Nous savons avec certitude que cela existe. Si vous êtes l'une de ces personnes, ce livre vous expliquera comment vous aussi pouvez atteindre cet objectif et réaliser votre propre existence.

Chapitre deux
La philosophie de l'humanisme aujourd'hui

La connaissance et la conscience de la réalité, quelle qu'en soit la profondeur, requièrent une longue expérience ou un niveau d'éducation supérieur, souvent inaccessibles ou hors de portée du public médiéval, car beaucoup ne savaient pas lire. La plupart des personnes sachant lire autrefois étaient des moines et des prêtres œuvrant au sein de l'Église. La philosophie humaniste fut à nouveau subvertie une troisième fois, cette fois pendant près de 500 ans. Rappelons que ce n'est qu'en 1440, lorsque Johannes Gutenberg inventa l'imprimerie à caractères mobiles, rendant les livres plus accessibles au public, que l'on put apprendre à lire. L'invention de Gutenberg allait révolutionner le monde religieux, puisque le public put, pour la première fois, lire la Bible par luimême.

La philosophie épicurienne a refait surface officiellement en Amérique au cours de la première décennie du XXe siècle, initialement avec un pasteur unitarien vivant à l'ouest du Mississippi. À cette époque, ceux qui s'installaient à l'ouest devaient être autonomes pour survivre. À cette époque, pour la plupart des habitants de l'est du Mississippi, la civilisation culturelle s'était développée à un point tel que la société fournissait les réponses à la plupart des problèmes de la majorité de la population, et la « pensée de groupe » contrôlait considérablement leurs croyances. Les habitants de l'est du Mississippi n'avaient plus vraiment besoin de penser par eux-mêmes s'ils étaient prêts à accepter les croyances de la société. Puisque toutes les connaissances nécessaires au public se trouvaient au sein des institutions religieuses et des mèmes culturels, la vie n'exigeait plus qu'un individu pense par lui-même.

Les personnes qui se déplaçaient vers l'Ouest devaient être plus autonomes, car la société n'était pas aussi organisée qu'à l'Est. Le révérend John Dietrich était un penseur novateur. Il était ministre de l'Église unitarienne.à Spokane, dans l'État de Washington. C'est à peu près le point le plus à l'ouest des États-Unis continentaux. Dietrich a redécouvert le concept selon lequel « l'homme est le centre de sa propre vie humaine, et nous ne sommes contrôlés par aucun « dieu ». » Il s'agit de la même philosophie interprétée pour la première fois dans l'histoire par Épicure. Dietrich a prêché ce concept d'autonomie personnelle dans ses sermons pendant plusieurs années avant d'être appelé à changer de congrégation au cours de sa carrière, ce qui est typique du clergé. Le révérend Dietrich est devenu ministre de la Première Église unitarienne de Minneapolis. Il a discuté de sa pensée avec d'autres ministres unitariens du Midwest. Le révérend Curtis W. Reese, ministre de la Première Église unitarienne de Des Moines, dans l'Iowa, appréciait la vision de la vie de Dietrich. La congrégation unitarienne de Reese ne se réunissait pas pendant les mois d'été de juin, juillet et août. Avant la climatisation, il faisait trop chaud dans l'Iowa pour vouloir s'asseoir sur un banc d'église le dimanche. De plus, de nombreux habitants de l'Iowa à cette époque étaient des agriculteurs qui travaillaient sept jours par semaine pendant la saison de croissance.

Contrairement à la plupart des autres confessions, les personnes qui contrôlent l'Église unitarienne ne craignent pas de ne pas pouvoir vous contrôler si vous preniez une pause estivale. En effet, dans l'Église unitarienne, vous devez réfléchir par vous-même. Personne ne vous donne de réponse à ce que vous êtes censé accepter comme vos croyances personnelles. Ses membres sont confrontés à des questions sociales à considérer dans leurs sermons, et chacun doit réfléchir à une réponse appropriée. Accepter quoi que ce soit par la « foi » n'est pas une exigence dans la plupart des congrégations unitariennes. En fait, toute exigence de croire quoi que ce soit par une « foi aveugle » serait généralement considérée comme une insulte et un déni de l'intelligence de ses membres. Ceux qui étaient présents à l'Église unitarienne de Des Moines cherchaient la connaissance, et non des réponses toutes faites.

Pour raviver sa congrégation au cours de la première semaine de septembre, Reese'sLe sermon devait être un véritable « feu d'artifice » pour captiver à nouveau l'attention de ses fidèles. Les membres unitariens de son église étaient tout sauf des moutons. Reese a présenté son projet de sermon à Dietrich, qui l'a approuvé, à l'exception du titre. Il a déclaré que le titre devait être quelque chose que la congrégation se souvienne. Il a suggéré à Reese d'appeler cela quelque chose de simple, comme « Humain » ou « Humanisme ».

Ainsi, la première fois que la philosophie épicurienne a été qualifiée d'« humanisme », c'était dans le sermon de Curtis Reese prononcé enLa Première Église unitarienne de Des Moines a été fondée en 1917, il y a un peu plus de cent ans. Ce sermon mettait l'accent sur l'individu comme seul décideur de sa propre vie, plutôt que sur un dieu surnaturel, dont l'existence est inexistante, qui prendrait ses décisions à sa place. Cette philosophie est celle qui a été formellement définie dans le Manifeste humaniste I, par Lester Mondale, John Dietrich, Curtis Reese et trente et un autres philosophes et pasteurs, lors de sa première publication en 1933. Cette prise de conscience de la philosophie épicurienne est donc récente, du vivant de certains d'entre nous encore vivants aujourd'hui. Mais changer la perception du public de toute vision de la réalité prend du temps. La croissance de nos idées s'accélère de manière algorithmique, et non linéaire.

Dietrich et Reese fondèrent ensuite l'American Humanist Association (AHA) en 1941, dont le premier siège était situé à Yellow Springs, dans l'Ohio. Ils nommèrent alors le pasteur unitarien de cette communauté, le révérend Edwin H. Wilson, premier directeur exécutif de l'AHA. Le premier conseil d'administration de l'AHA élut Raymond Bragg, alors ministre unitarien de Minneapolis, premier président. Leur objectif était de faire entendre la voix de la philosophie épicurienne au public, car elle avait été étouffée à trois reprises par les dogmes religieux anciens et les croyances culturelles. Ils souhaitaient que leurs arrière-petits-enfants sachent qu'une alternative intelligente aux croyances religieuses aveugles leur était accessible, fondée sur une vérité et une réalité vérifiables, à condition qu'ils les écoutent. Tout comme ce fut le cas pour les peuples de la Grèce antique 2 500 ans plus tôt, c'était une façon unique de réfléchir à ce que leur vie signifiait réellement pour eux.

Wilson commença à publier un bulletin périodique intitulé « L'Esprit Libre », destiné à ceux qui s'identifiaient à cette philosophie de vie nouvellement ressuscitée. L'AHA devint « la souris qui rugissait

». Elle était peut-être modeste. Mais dès sa création, la philosophie de l'AHA était puissante, et elle

Il a dit la vérité sur la réalité. Wilson siégeait encore au conseil d'administration de l'AHA lorsque j'en suis devenu le douzième président, trente-huit ans après sa création.

Aujourd'hui, l'humanisme est reconnu dans le monde entier. Mon sommelier, à bord d'un bateau de croisière Viking River en Russie, reliant Saint-Pétersbourg à Moscou, avait suivi une formation universitaire à Vladivostok, en Russie, située dans un coin reculé du monde, à sept fuseaux horaires à l'est de Moscou, ce qui lui avait permis d'acquérir une certaine compréhension de l'humanisme. Cette ville se trouve à seulement 160 kilomètres des îles de l'Alaska.

Dans certains pays européens, l'humanisme est aujourd'hui la croyance prédominante. Le message humaniste, né dans mon église unitarienne de Des Moines, dans l'Iowa, a été entendu dans le monde entier en moins de

100 ans. Notre contrôle culturel sur les croyances de la foi aveugle, encore prédominantes en Amérique, est aujourd'hui considéré comme primitif dans certaines régions du monde occidental.

La vérité devrait finalement triompher si elle est défendue par des défenseurs convaincus, organisés jusqu'à ce qu'elle s'impose et devienne un même culturel à part entière. La dichotomie entre tyran et altruisme, dont nous parlerons plus loin, éclairera ce point. Lorsque seuls des individus défendent la vérité, leur croyance sera facilement étouffée par les mêmes culturels religieux bien plus forts qui l'entourent. La voix de Robert Ingersoll, un humaniste très populaire il y a un siècle et demi, a exprimé cette vérité, mais son message n'a pas perduré. La création de l'AHA a donc marqué un tournant pour l'humanisme. Notre objectif aujourd'hui est de faire en sorte que sa voix soit soutenue afin qu'elle soit entendue par les générations futures.

L'humanisme attire toutes sortes d'intellectuels, universitaires et scientifiques. Charles Darwin était un humaniste à une époque où la philosophie épicurienne n'était pas encore reconnue publiquement. Craignant pour sa vie lorsqu'il révéla sa preuve que l'homme avait évolué naturellement à partir des créatures marines et n'avait pas été créé par Dieu seul, il reporta sa publication à un âge avancé. Parmi les humanistes plus récents, on compte Albert Einstein et Theodor Seuss Geisel (sous le pseudonyme de « Dr Seuss »), ainsi que l'astronome Carl Sagan, créateur de la série télévisée « Cosmos ». et Bill Nye « le scientifique », Jonas Salk, qui a trouvé un remède contre la polio, à Betty Friedan qui a sorti les femmes de l'obscurité culturelle en tant que citoyennes de seconde classe, et à sa successeure, Gloria Steinem, qui dirige actuellement l'Organisation nationale des femmes.

J'ai connu personnellement la plupart de ces gens. Ils en voudraient aux personnes autoritaires qui nous traiteraient comme des moutons.

On observe aujourd'hui aux États-Unis la même prise de conscience et le même désir d'autonomie chez les millennials et les plus jeunes. Bientôt, tous ceux qui assument la responsabilité de leur propre vie en prendront conscience.Il est temps que les gens comprennent que ceux qui sont des marionnettes, soumis au contrôle d'autrui, ne sont plus majoritaires. L'humanisme aura atteint un point où il deviendra lui aussi un même incontournable. Et la croyance culturelle actuelle selon laquelle la religion est à l'abri de toute critique et contestation publiques ne sera plus tolérée. La religion devra résister à l'épreuve de la vérité. Les religions qui valorisent leurs membres continueront d'exister. Celles qui tentent de contrôler leurs membres en utilisant la peur et la culpabilité comme leviers de contrôle deviendront impopulaires et dépériront.

De nombreuses personnes religieuses contrôlaient les personnes qui estimaient qu'il était important qu'ellesS'occuper de leurs ouailles pour leur propre survie, devra apporter une réelle valeur ajoutée, fondée sur une formation solide et un bénéfice personnel reconnu pour les personnes qu'il sert. On ne tolérera plus que leurs ouailles se voient imposer la « dîme » par ceux qui dépendent de leurs dons pour subvenir à leurs besoins et maintenir leur église. Ils devront gagner leur droit en offrant à leurs membres la valeur dont ils estiment avoir réellement besoin, au lieu de se contenter de leur être indispensables pour la récompense promise dans une vie future dont ils n'ont aucun moyen de prouver l'existence.

Historiquement, cela n'a pas été le cas. Vous êtes-vous déjà demandé pourquoi, dans une communauté pauvre du Mexique et d'Amérique centrale, la seule source de richesse se trouve souvent dans l'Église ? L'Église devrait faire preuve de leadership, en offrant à tous ses paroissiens des possibilités de réussite, afin qu'eux aussi puissent participer au même niveau économique et justifier ainsi la richesse affichée de l'Église.

Il est temps que les membres les plus âgés se réveillent, et la protection culturelle de la religion, qui soutenait auparavant les personnes autoritaires qui abusaient de leurs privilèges, ne les protégera plus. On en voit le début avec l'inquiétude publique suscitée par les abus sexuels commis par des prêtres sur leurs enfants. D'autres défis suivront. Leur clergé devra désormais apporter une valeur ajoutée concrète et mesurable, reconnue par les personnes qu'il sert, sinon leur Église dépérira et disparaîtra, faute de membres plus jeunes.

Le chemin de la chapelle Sixtine à la basilique Saint-Pierre mène le public à travers un couloir vitré qui permet d'admirer le musée du Vatican, rempli d'objets de grande valeur, tandis que des pauvres, assis contre le mur d'enceinte du Vatican, implorent l'aumône des personnes faisant la queue pour visiter la chapelle Sixtine. Pourtant, personne à l'intérieur du Vatican ne leur prête attention. Pourquoi ? Voici un exemple de ce dont je parle, que vous pourriez envisager.

Aujourd'hui, les bureaux de l'AHA se trouvent à Washington, DC, à moins d'un kilomètre au nord de la Maison Blanche. L'AHA a récemment créé le Congressional Freethought Caucus, qu'elle soutient et où elle se réunit aujourd'hui. L'AHA a ainsi rédigé un projet de loi relatif aux droits de l'homme, désormais adopté par le Congrès. L'AHA améliore considérablement la vie des gens aujourd'hui. Il existe des millions d'humanistes dans le monde, en partie grâce à Dietrich et Reese, créateurs de la « souris qui rugissait », et sa voix est entendue. L'AHA a encore beaucoup de travail à accomplir. Selon le recensement américain de 2020, au moins 27 % des adultes américains déclarent « aucune » lorsqu'on les interroge sur leur religion. Plus de 40 % des jeunes générations, principalement les millennials et les plus jeunes, déclarent n'avoir aucune appartenance religieuse. Nombre d'entre eux se qualifieraient d'humanistes s'ils savaient que cette philosophie de vie existe. L'objectif de l'AHA est de faire en sorte que ces « sans » entendent la voix de l'humanisme. C'est l'un des objectifs de l'écriture de ce livre.

Reconnaissant qu'aujourd'hui il est enfin culturellement acceptable pour chacun d'entre nousNous devons être responsables de nos propres vies. Nous pouvons devenir, en toute sécurité,

Nous sommes au centre de notre existence sans craindre d'être excommuniés. Ou, pire encore, d'être envoyés en « enfer ». (Comme si ceux qui s'élèvent au-dessus des croyances naïves du public pouvaient seulement accepter l'existence d'un tel endroit.) Aujourd'hui, même si de nombreuses personnes laissent encore leur vie être régie par ces personnes de contrôle, un nombre croissant les considèrent comme détenant une autorité légitime, car il est avéré que nous bénéficions tous de vivre ensemble en paix dans notre société, car la religion demeure notre ciment social. Mais en même temps, plus de personnes que jamais refusent d'abandonner le contrôle et la responsabilité de leur vie à ces personnes de contrôle. Ces personnes refusent d'être traitées comme des moutons.

Aujourd'hui, les humanistes ne sont contrôlés par aucun Dieu « surnaturel » extérieur, et nous n'avons certainement pas à rendre de comptes à des personnes de contrôle siNous ne le voulons pas. Nous nous réservons le droit de défier tous ceux qui cherchent à nous contrôler, à moins que nous comprenions que ce qu'ils font est pour notre bien, ou que notre société nous l'impose pour que nous puissions tous vivre ensemble en sécurité. Les humanistes comprennent que nous ne sommes pas tenus d'accepter un mème culturel sans fondement valable, sauf si nous le décidons nousmêmes.

Aujourd'hui, nous pouvons ignorer ces « Contrôleurs » qui prétendent qu'un ou plusieurs dieux gouvernent nos vies. Nous ne sommes pas non plus tenus d'accepter leur autorité, car ils sont notre seul recours auprès de Dieu. Si nous n'acceptons pas leur croyance, nous subirons les conséquences de la colère divine. Aux États-Unis, la menace d'être brûlé vif n'existe plus. Pourtant, de nombreuses régions, notamment les pays islamiques du ProcheOrient, tolèrent peu les divergences de croyances. Pourtant, nombre de croyances, encore acceptées par un public naïf, sont irrationnelles.

Heureusement, de plus en plus de gens prennent conscience que notre pensée de groupe est primitive et ne résiste à aucun test de vérité.

Cet exemple illustrera peut-être mon propos : pensez-vous normalement qu'une personne qui « entend des voix », ce qui l'amène à se mutiler les parties génitales et à tenter de tuer son propre enfant, a un problème ? On pourrait penser qu'une personne qui agit ainsi souffre de graves troubles mentaux. Au contraire,

Abraham était le créateur d'une croyance religieuse qui a affecté la vie de milliards de personnes.Des personnes vivantes aujourd'hui pensent encore qu'il avait le droit d'agir ainsi et que ses croyances doivent être respectées parce qu'il exprime « la parole de Dieu ». La religion a créé un voile culturel obscur, bloquant notre capacité à percevoir la vie d'une manière qui, autrement, nous permettrait d'éveiller cette conscience. Ce voile obscur des croyances culturelles protège toutes les croyances religieuses de la critique publique. Il est temps que la société clarifie notre regard sur la vie.

Pour de nombreux humanistes d'aujourd'hui, en matière de liberté de croyance, nous avons le sentiment d'être enfin libres, en Amérique. Ce droit est une raison suffisante pour défendre cette liberté contre quiconque, quelle que soit sa religion ou son appartenance politique, porte atteinte à notre droit à être libre de leur emprise.

La religion ne devrait plus être libre d'ignorer qu'il est culturellement inacceptable de remettre en question la façon dont elle contrôle son peuple. Elle ne peut plus se cacher derrière son voile en prétendant être à l'abri de toute critique. C'est notre droit constitutionnel, et peut-être notre devoir, de remettre en question tout ce qui contrôle nos vies ou celles de nos proches. Aujourd'hui, chacun comprend qu'il est possible de vivre une vie plus épanouissante sans avoir à accepter quoi que ce soit par « foi aveugle ». Lorsqu'une personne autoritaire affirme : « Il faut avoir la foi », cela devrait vous alerter. Interpellez-la immédiatement et exigez-lui de savoir pourquoi ? Insistez sur cette question jusqu'à ce que vous ayez entendu toutes ses réponses, et lorsqu'elle vous répondra que vous devez simplement croire « par la foi » parce qu'il n'y a aucune preuve, vous devriez alors réaliser que vous êtes sous contrôle.

Il est temps que chacun ait le droit de vivre sa vie comme il l'entend, sans contrôle. Certains menacent de damnation éternelle ou refusent les récompenses célestes, sans aucune preuve. Ces croyances primitives n'existent que comme un « colle sociale » nécessaire à ceux qui ont besoin d'un contrôle extérieur pour exister dans notre société. Pour beaucoup de personnes vivant avec des besoins inférieurs et incapables ou refusant de voir au-delà de leurs croyances culturelles actuelles, le contrôle extérieur reste essentiel pour subvenir à leurs besoins au sein de notre société. Mais

Ces personnes deviennent une minorité dans notre population actuelle. Si notre société enseignait à tous la hiérarchie des besoins de Maslow, afin que chacun réalise qu'il est possible de vivre avec des besoins plus élevés que ceux de son existence actuelle, beaucoup viseraient les sommets. Une fois que l'on dépasse le niveau d'ego, le ciment social fourni par la religion n'est plus nécessaire.

La croyance culturelle selon laquelle il est mal de critiquer la religion n'est plus acceptable. Cette croyance a protégé les croyances religieuses de tout examen minutieux.Des siècles durant ; et cela ne devrait plus être toléré. C'est ce qui a protégé la religion de la vérité. Des gens meurent dans des guerres inutiles, encore aujourd'hui, au nom de leur religion. C'est la pire forme de pensée primitive, car elle blesse des gens sans raison valable. Pourtant, beaucoup l'acceptent encore aujourd'hui, car elle est pratiquée au nom de leur Dieu. C'est accepté par une « foi aveugle ». Cela ne devrait plus être toléré. Pourtant, ceux qui continuent à le faire acceptent une chose comme vraie, sans aucune preuve valable pour étayer cette croyance. C'est une pensée primitive, et pourtant elle existe toujours. Si nous nous débarrassons de cette vision obscurcie, chacun pourrait alors voir la vérité. Le problème que cela poserait à ceux qui ne peuvent s'élever au-dessus du niveau social est inadmissible pour notre société actuelle, car nous n'offrons aucun substitut. Ce sont des croyances de sécurité, et la philosophie humaniste n'offre rien de tel.

Cette liberté par rapport à la religion n'est accessible à chacun d'entre nous que relativement récemment. La philosophie d'Épicure est née près de cinq siècles avant Jésus et plus d'un millénaire avant la naissance de Mahomet. Dépassée par les mèmes culturels plus répandus des masses primitives, la philosophie épicurienne a refait surface à Rome vers le début du calendrier moderne. Elle a de nouveau été perdue pendant 1 500 ans, jusqu'à la Renaissance, où elle a largement contribué à sortir le monde occidental des obscurs âges médiévaux. Après quelques siècles, elle a disparu de la conscience publique une troisième fois, sous l'effet d'un même culturel dominant qui, à l'exception de quelques petites zones à peine perceptibles, est resté étouffé, jusqu'à sa réapparition au siècle dernier.

La philosophie épicurienne, de notre point de vue culturel, est nouvelle, mais elle est bien plus ancienne que de nombreuses croyances adoptées par le public aujourd'hui.Plus important encore, pour ceux d'entre nous impliqués dans l'humanisme organisé, notre philosophie de vie se développe plus rapidement que n'importe quelle croyance religieuse ou que n'importe quelle dénomination religieuse ne se développe actuellement.

Aujourd'hui, notamment via les réseaux sociaux, plus de quatre millions d'Américains sont quotidiennement connectés à l'American Humanist Association, d'une manière ou d'une autre. La notoriété publique a progressé, alors qu'elle était inférieure à 100 000 il y a seulement vingt ans. Espérons que, grâce à cette quatrième évolution de notre philosophie humaniste, nous parviendrons à créer une dynamique qui nous permettra de devenir un « mème » culturel, doté d'une vie autonome, comparable à celle de n'importe quelle religion actuelle.

Les médias sociaux permettent à l'humanisme de trouver un écho auprès d'un public devenu suffisamment large pour ne plus être noyé par des philosophies religieuses concurrentes qui se sentent menacées. Les humanistes acceptent plus facilement la vérité et la réalité, au lieu de s'appuyer sur des mythes culturels dépourvus de preuves valables, hormis les autorités, validées uniquement par d'autres. Pour un humaniste, la plupart des croyances religieuses ne reposent sur aucune preuve fiable, ce qui nécessite une acceptation par la seule « foi aveugle ». Pour les humanistes, cela n'a aucun sens, et pourtant des milliards de personnes sont encore prêtes à accepter leurs propres croyances par une « foi aveugle ». Pourquoi feraient-elles cela ? Est-ce parce qu'elles n'auraient alors plus à réfléchir par elles-mêmes ? Avec cette attitude, quelqu'un d'autre leur dictera ce qu'elles doivent croire. Elles ne vivraient plus leur propre vie. Elles vivraient alors comme des moutons.

Dans les années 1980, Richard Dawkins a inventé le concept original de « mèmes ». Les mèmes sont des croyances humaines identifiées qui se sont auto-répliquées et transmises de cerveau en cerveau, prenant alors vie de manière autonome. Les personnes qui adhèrent à ces croyances ne sont que des hôtes temporaires de ces croyances, et elles transmettent cette information à autrui comme leur vérité, sans nécessité de validation. Cette auto-réplication maintient les mèmes culturellement vivants dans la société. Nous découvrirons plus loin quelques mèmes.

Nous le savons tous personnellement. Pourtant, nous n'avons jamais réfléchi à la raison pour laquelle nousles connaître. Pourquoi pas ?

Il est intéressant de voir comment les jeunes ont fait du concept de DawkinsLe mème est populaire aujourd'hui. Comprendre que les croyances ont une vie propre et perpétuelle, indépendante de la vérité, est un concept puissant. Espérons que les jeunes soient beaucoup plus enclins à le comprendre. Pensez-vous que ceux-là mêmes qui craignent que le public ne comprenne des concepts qui remettent en question leurs croyances aveugles sont aussi ceux qui ont contribué à affaiblir la compréhension actuelle du concept de mème ? Intéressant, n'est-ce pas ?

Peut-être que certaines personnes aux croyances culturelles plus anciennes, se sentant menacées, ont tenté de décourager leurs fidèles de découvrir d'autres modes de pensée. Elles ont ainsi réduit la perméabilité culturelle des mèmes pour les plus religieux en les intégrant à notre langage courant, sans en comprendre le véritable sens. Ce n'est peut-être pas une coïncidence.

L'accomplissement est l'équivalent de ce que font les tyrans de l'école primaire.Ils insultent un autre camarade par un nom anodin comme « petit », et se moquent lorsque d'autres se joignent à leurs taquineries. Au lieu d'utiliser des noms méchants, ceux qui tentent d'éloigner la religion de la reconnaissance comme mème obtiennent le même résultat en diluant le sens du mot mème pour le rendre moins significatif. Une brillante manœuvre qui a peut-être fonctionné. La vérité a désormais une voix forte, et elle sera entendue.

Personne ne devrait rejeter toute religion, car elle offre un précieux « ciment social » essentiel à de nombreuses personnes dans le monde. contribue à la capacité d'un grand nombre de personnes, notamment dans notre culture occidentale, à bien vivre ensemble. Il s'agit d'un rôle culturel important et nécessaire. Il n'existe pas de meilleur moyen de remplir ce rôle essentiel dans notre société aujourd'hui pour de nombreuses personnes dont la vie n'a pas dépassé le niveau social moyen de la pyramide des besoins de Maslow, ce que nous comprendrons bientôt. Peut-être viendra un

temps où presque tous les êtres humains auront réalisé leur propre existence ; où leurs valeurs innées seront acceptées par tous, simplement parce qu'elles sont les

Les plus valables et les plus propices aux comportements adaptés à chacun. À ce moment-là, la religion pourrait ne plus être nécessaire dans notre société. Ceux d'entre nous qui vivent aujourd'hui ne le verront jamais, car nous vivons encore dans un monde trèssociété primitive.

La plupart des personnes qui participent à une foi religieuse en Amérique aujourd'hui le fontDonc, principalement pour des raisons sociales qui n'ont que peu à voir avec le mythe religieux sousjacent ou l'histoire de la religion. Je tenterai de le démontrer dans un chapitre ultérieur. Pour beaucoup, leur histoire religieuse ne sert que de symbole pour exprimer les valeurs nécessaires au maintien de notre société organisée. Par exemple, l'obligation de se confesser, historiquement acceptée comme un élément nécessaire de certaines confessions religieuses, ne devient pertinente que parce qu'elle renforce le rôle des participants dans la correction de leurs comportements négatifs afin de pouvoir vivre avec succès dans notre société. Dieu n'est peut-être pas directement impliqué dans ce processus, seulement symboliquement. Mais pour beaucoup, même au sein de cette même foi, ce concept n'est plus perçu comme nécessaire, ni même bénéfique.

Cependant, la religion, considérée comme une institution au sens large, demeure un élément essentiel de notre société pour la majorité des gens. Aujourd'hui encore, elle doit être soutenue, et non condamnée, pour les bienfaits qu'elle apporte. En tant que ciment social, la religion reste importante pour nous, en Occident, pour soutenir notre société pour la majorité de nos concitoyens. Cela ne signifie pas pour autant que certaines techniques utilisées par certains « contrôleurs » au sein de leur foi doivent être tolérées. Certaines pratiques religieuses peuvent être très contestables et ne devraient pas être tolérées par la majorité de notre société, consciente des dommages qu'elles ont causés.

C'est le contrôle manifeste exercé par certaines personnes de contrôle au nom de leur religion qui devrait inquiéter les humanistes, surtout lorsque la culpabilité et la peursont utilisées comme moyen d'imposer un dispositif de contrôle. Ces techniques empêchent souvent, encore aujourd'hui, psychologiquement certaines

personnes de vivre pleinement leur vie. Les humanistes ne voient aucune raison acceptable, et encore moins valable, d'ériger ces barrières psychologiques devant un public naïf.

La philosophie humaniste est désormais largement acceptée. Pour beaucoup de jeunes générations, c'est peut-être la philosophie la plus acceptée.

L'humanisme est une philosophie de vie fondamentale pour les êtres humains, et n'est plus seulement tolérée provisoirement par notre société actuelle. C'est la philosophie la plus proche d'une réalité démontrable. Son acceptation ne requiert rien de plus. L'humanisme repose uniquement sur des connaissances démontrables, le plus souvent validées par la science. Aujourd'hui, aux États-Unis, le nombre de personnes qui adhèrent à l'humanisme est supérieur à celui de toute autre religion organisée. Les humanistes n'ont pas besoin de la foi pour accepter notre philosophie, ce qui explique en grande partie la croissance de cette croyance.

Les humanistes admettent que toute connaissance est provisoire. La seule certitude absolueLa vérité que nous savons aujourd'hui avec certitude est qu'un jour, nous mourrons tous. Toutes les autres connaissances ne sont que les meilleures informations actuellement disponibles. À mesure que de nouvelles informations apparaissent, un humaniste modifie facilement ses convictions. Mais cela aussi n'est que temporaire, en attendant une compréhension plus approfondie de nos connaissances.

Jusqu'en 1985, les humanistes étaient encore perçus par le grand public américain comme le « Diable incarné » grâce à Jerry Falwell, un « bigot de la Bible » qui possédait trente-sept chaînes de télévision couvrant un public crédule chaque dimanche matin. Son argument était que si vous ne le faisiez pas,Croyez comme il le prêchait, vous ne pourriez pas vivre une bonne vie sous la conduite de Dieu. Pour lui, vous étiez un « pécheur ». C'est de l'ignorance, et certainement pas vrai, mais le grand public est crédule. Le public est souvent mal informé, voire ignorant, sur presque tous les sujets, et chacun veut croire en quelque chose. Ainsi, beaucoup acceptent aveuglément ce que leur disent ceux qu'ils considèrent comme plus savants qu'eux. Le message de Falwell était clair sur un point : « Envoyez-moi simplement de l'argent. » Les télévangélistes nourrissent ce besoin en vous faisant sentir qu'ils ont des réponses et que vous les avez trouvées.

Ils vous apprendront comment être « sauvé ». C'est l'épidémie de charabia. Nombreux sont ceux qui utilisent un langage simpliste, se

présentant comme une « autorité ». Télévangéliste, Falwell a, à lui seul, collecté 54 millions de dollars auprès d'un public naïf chaque année dès 1984. Soit plus d'un million de dollars par semaine ! Le président de l'Église presbytérienne a déclaré cette année-là :« Pensez à ce que nous pourrions faire pour les autres avec cet argent. » Hormis sa diffusion, Falwell n'a pas vraiment fait de bien public avec la taxe.

Il a gagné des revenus gratuits. Hormis le peu de salaire qu'il déclarait, Falwell n'avait de comptes à rendre à personne pour la fortune qu'il avait acquise, y compris au fisc. Un jour, ma mère lui a envoyé cinq dollars qu'elle ne pouvait pas dépenser. Quand je lui ai demandé pourquoi, elle m'a répondu : « Il parle avec une telle autorité. »

Je n'ai pas réussi à mobiliser les médias pour dissiper l'image négative de l'humanisme que Farwell véhiculait grâce à ses trentesept chaînes de télévision, qui constituaient son unique source de revenus. Je ne pouvais accepter d'être honoré comme le « Diable Supérieur », car je ne crois pas au Diable, ni à l'existence même de l'Enfer, sauf dans l'esprit des fanatiques religieux qui cherchent à vous contrôler. J'ai longuement réfléchi à cette question. Je dînais avec Isaac Asimov et sa femme, la psychiatre Janet Jepsen, assis en face de moi, à côté de Steven Jay Gould, professeur d'histoire géologique à Harvard, et tous deux discutaient des preuves de l'extinction des dinosaures. L'iridium est un élément présent uniquement à l'échelle géologique de 66 millions d'années, ce qui, selon Gould, prouve que c'est une météorite qui a tué les dinosaures. Je réfléchissais à la manière de traiter Falwell lorsqu'un éclair m'a frappé. Je n'ai pas réussi à mobiliser la presse pour vaincre Falwell, mais Asimov y est parvenu. Le lendemain matin, je me suis donc installé dans sa chambre d'hôtel et je l'ai convaincu de devenir le porte-parole de l'humanisme. La voix d'Asimov serait entendue pour vaincre Falwell. Pour y parvenir, j'ai convaincu Isaac Asimov de me succéder à la présidence de l'American Humanist Association.

Le Dr Asimov était un auteur renommé, ayant publié 480 ouvrages au cours de sa vie, allant du Guide d'Asimov pour la science au Guide d'Asimov pour la physique, en passant par le Guide d'Asimov pour la Bible. Ce dernier, composé de deux volumes, couvre chaque chapitre de la Bible et explique historiquement pourquoi chaque chapitre a été écrit. De plus, un tiers de ses ouvrages étaient de la science-fiction. Bien qu'il fût le plus grand écrivain de science-fiction de son époque, Asimov refusait de prendre l'avion. S'il ne pouvait pas se déplacer en

voiture ou en train, il ne quittait pas son appartement de Central Park.

Le Dr Asimov a accepté de me succéder si je veillais à ce qu'ilIl n'a pas eu besoin de prendre l'avion pour assister aux réunions du conseil d'administration de l'AHA. J'ai accepté de présider les réunions du conseil, ce qui lui a évité d'y assister. Il a accédé à ma demande, sachant qu'il pouvait mobiliser la presse nécessaire pour vaincre Jerry Falwell. Il a également compris à quel point Falwell abusait du public qu'il servait. Falwell a immédiatement compris que ses jours de fortune incontrôlable seraient comptés s'il défiait Asimov. Par conséquent, nous, humanistes, avons pensé qu'il avait modifié son message, passant de l'« humanisme laïc » à son « épouvantail », à la création, depuis sa chaire, de ce qu'il appelait la « majorité morale » (qui, selon Edwin Wilson, « n'est ni l'une ni l'autre »). Falwell a utilisé son office dominical pour encourager ses brebis fondamentalistes religieuses à s'engager politiquement. En créant des militants d'extrême droite, les fondamentalistes religieux ont aujourd'hui ruiné le Parti républicain pour de nombreux républicains traditionnels. Je me suis souvent demandé si je devais me sentir responsable de cet événement.

L'une des meilleures choses que j'ai accomplies pour notre société a été de contacter mon ami, le sénateur américain Chuck Grassley, alors président de la commission des finances du Sénat. Je lui ai demandé d'expliquer pourquoi les télévangélistes peuvent bénéficier d'une exonération fiscale alors qu'ils ne font que peu de bien au grand public. Le sénateur Grassley a approfondi cette question. Nombre de ces « fanatiques de la Bible » à la télévision, qui profitaient indûment de notre législation fiscale, ont cessé de soutirer chaque année des millions de dollars au public naïf, qui ne servaient qu'à remplir leurs propres poches. Falwell a créé sa propre université pour former encore plus de personnes partageant ses idées. Ai-je vraiment accompli quelque chose de bien ?

Certains télévangélistes sont encore actifs aujourd'hui, mais ils savent qu'attaquer directement l'humanisme se retournera contre eux. L'AHA a adopté une approche juridique et législative agressive et réalise des avancées significatives en s'attaquant à ceux qui utilisent le gouvernement pour promouvoir leurs croyances religieuses au détriment de ceux qui partagent d'autres

convictions. Comme je l'ai mentionné précédemment, l'American Humanist Association a également créé un groupe de la libre pensée au Congrès des États-Unis pour défendre ceux qui choisissent d'être responsables de leur vie. Les humanistes portent même leurs contestations devant la Cour suprême des États-Unis.

Pour défendre les fondements laïcs du pays. Je n'aurais jamais cru cela possible lorsque j'ai rejoint la Cour suprême il y a cinquante ans. J'y étais entré parce que j'étais juge militaire à l'époque.

Contrairement aux individus guidés par une perspective religieuse fondamentaliste, se préparant à une vie après la mort qui n'existe probablement pas, la philosophie humaniste repose sur la capacité de chacun à maximiser sa propre vie sur cette Terre. Au lieu de s'inquiéter d'une vie après la mort, la plupart des humanistes comprennent que la seule forme d'immortalité dont nous savons réellement l'existence réside dans la mesure dans laquelle nous laissons notre Terre dans un meilleur état grâce à notre passage icibas.

Contrôle Les gens ne poussent pas les humanistes à passer la seule vie qu'ils ont à chercher un billet pour une vie après la mort pour laquelle nous n'avons aucune preuve valable.Cela existe même. Certains

« contrôleurs » non seulement insistent sur le fait que chacun doit payer la dîme, mais exigent aussi que nous suivions leurs instructions pour accéder au ciel. Au moins dans une religion importante, on dit à ses fidèles qu'ils doivent dépenser les maigres ressources de leur famille pour des funérailles fastueuses qui ne commémorent guère le sens de la vie du défunt. Leur capacité à extorquer ces « contributions » à un public crédule s'explique par le fait qu'ils prétendent être les seuls à pouvoir nous garantir l'entrée au ciel. Ainsi, « moyennant une contribution un peu plus importante, nous pouvons acheter la sortie du purgatoire pour ceux que nous aimons. » Allez, les amis !

Cela n'a aucun sens. Pourtant, les personnes intelligentes, à qui ces croyances ont été inculquées avant l'âge de raison, ne peuvent pasIgnorez simplement les émotions qui les poussent à obéir. Sans la vision brouillée des personnes qui contrôlent, nous verrions tous que cela n'a aucun sens. Ceux qui obéissent le font par émotion, et non par intelligence. Les émotions l'emportent toujours sur l'intelligence.

L'épouse d'Isaac Asimov, Janet Jepson, vient de décéder au moment où j'écris ces lignes. Psychiatre, elle était l'auteure de

vingt-sept livres, dont six romans. Le Dr Jepson a répondu :

il y a quelques années, dans une interview pour le magazine The Humanist, lorsqu'on lui a demandésa vision du paradis :

En fait, il n'y a que quelques-uns de mes proches que j'aimerais revoir, et encore moins dans une conception conventionnelle du paradis. En fait, peut-être un seul, mais mon mari ne croyait pas non plus au paradis, alors peut-être que nous nous retrouverons dans les limbes. Entourés de tous les Homo Sapiens les plus intelligents.

Dans un écrit précédemment publié sur la religion, le Dr Jepson a écrit :

« J'avoue qu'il fait froid dans le dos en tremblant dans le courant d'air d'un esprit ouvert alorsJ'essaie d'être un être humain honnête sans la perspective d'une punition ou d'une récompense surnaturelle, en affrontant le néant avec tout le courage dont je suis capable. Entre deux frissons, je peux respecter ceux qui savent garder l'esprit ouvert tout en profitant de la religion conventionnelle dont ils ont besoin, à condition qu'ils ne dépendent pas de leurs organisations religieuses pour penser à leur place et leur dicter leur conduite.

Assumer la responsabilité de sa propre vie exige de la force de caractère et du courage pour penser par soi-même. Mais la récompense ultime est d'investir votre énergie et le reste de votre vie pour que le monde soit meilleur grâce à votre vie. Vous assurerez ainsi votre propre immortalité sous la seule forme dont nous soyons certains. Vous ferez également de votre vie un lieu digne d'être vécu.

Chapitre trois
Où est notre courantCulture?

Nos croyances religieuses nous ayant été transmises avant l'âge de raison, elles sont renforcées par les émotions vécues lors de leur création. Nombreux sont ceux qui se sentent en sécurité et aimés dès l'instant où ils ont acquis ces croyances. Leur famille est leur vie. Pour eux, ces croyances sont devenues un aspect très positif de leur personnalité et ne peuvent être ignorées, qu'elles soient vraies ou non. Par conséquent, de nombreuses personnes intelligentes poursuivent simplement leur vie telle qu'elle leur a été enseignée dans leur enfance, plutôt que de prendre ce qui, pour eux, pourrait être perçu comme un risque s'ils les reniaient. Pour le maintien de notre société et notre capacité à vivre ensemble, ces croyances jouent un rôle crucial en tant que « colle sociale ».

De toute évidence, la plupart des gens qui contrôlentTravailler au sein d'une religion organisé est très bénéfique pour les personnes qu'elle sert. Elle se sent indispensable au maintien de notre société actuelle, compte tenu de son évolution culturelle. Comme indiqué précédemment, et c'est le plus important pour nous tous, la religion est un facteur majeur, notre « colle sociale », qui maintient notre société. Elle était essentielle à la cohabitation harmonieuse des masses, répondant aux mêmes besoins psychologiques, à l'origine de notre société, et elle l'est toujours aujourd'hui. Nous n'avons pas survécu assez longtemps pour que notre société ait dépassé ce besoin. Nous soutenons la religion au sein de notre société pour que nous puissions tous vivre ensemble en toute sécurité. Par conséquent, la plupart des humanistes ne remettent pas en question la religion elle-même, quel que soit son degré de vérité. En revanche, nous pouvons défier ceux qui abusent de leurs privilèges

ou ceux qui maintiennent le contrôle en utilisant la menace et la peur pour maintenir leur emprise. Cela peut être un outil facile pour certaines confessions, mais c'est un abus de pouvoir qui cause un préjudice considérable aux personnes qu'elles servent.

Notre Constitution des États-Unis a été conçue par des personnes issues de familles d'immigrants relativement récents, venus en Amérique pour échapper au contrôle religieux strict de l'Église. Même les Anglais qui avaient abandonné la foi catholique l'avaient remplacée par le roi au lieu du pape au pouvoir. Par conséquent, notre Constitution américaine visait à nous protéger de la religion, en séparant clairement les pouvoirs de l'Église de ceux de l'État. La séparation du public et de notre gouvernement d'avec la religion est essentielle à la liberté de chacun et à la possibilité de vivre sa vie. Ceux qui pensaient que l'Amérique était devenue un pays chrétien grâce à l'histoire du Mayflower se trompaient complètement. C'est pourquoi le Mayflower est allé aussi loin au nord afin d'éviter les zones plus peuplées des colonies, afin que les pèlerins puissent vivre au sein de leur communauté et exprimer leur foi sans entrave.

Le Dr E.O. Wilson est un humaniste qui a pris sa retraite comme professeur émérite de biologie à Harvard, où il a créé la science de la « sociobiologie ». Il a prouvé que la biologie ne s'arrête pas à la naissance et que la sociologie devient alors la science exclusive. Il a découvert que nombre de nos besoins biologiques prévalent et contrôlent notre comportement après la naissance. Par exemple, le besoin de spiritualité est un besoin humain. Notre foi religieuse n'a rien à voir avec la création de ce besoin, même si la religion en a fait son domaine. Nul n'est à l'abri de ce besoin. La manière de l'exprimer est une affaire personnelle qui ne nécessite aucune religion. Même contempler un magnifique coucher de soleil peut combler ce besoin. La spiritualité peut être comblée en s'accordant essentiellement à la nature. C'est un phénomène naturel, et non le domaine exclusif du surnaturel.

Le Dr Wilson a souligné que les sociétés de moins de 150 personnes à l'époque des chasseurs-cueilleurs pouvaient exister sans aucun contrôle externe de leur société, car les gens se connaissaient et la peur du rejet par leurs amis maintenait le contrôle social du comportement de chaque membre.

Le Dr Wilson a expliqué qu'une fois que la société est passée d'une société de chasseurs à une société deles cueilleurs vers des

36 emplacements permanents à mesure qu'ils devenaient agraires

Les agriculteurs, créant une société dépendante de la culture et de la domestication des animaux, ont vu leur taille augmenter pour englober des milliers de personnes. La société ne pouvait plus contrôler les comportements en se basant sur la connaissance mutuelle. Pour maintenir une société aussi vaste, nous avons dû recourir à des contrôles sociaux plus sophistiqués, véritables « colle sociale », contrôlant les comportements afin de réussir à vivre ensemble.

Les premières traces historiques nous apprennent qu'une société religieusement avancée, utilisant ce moyen pour créer le ciment social qui la maintenait unie, était déjà forte il y a environ 15 000 ans. Il s'agissait du peuple de Sumer, en Mésopotamie. Ils consignaient leur vie par écrit. Les Sumériens furent l'une des premières civilisations agraires. Ils possédaient de nombreuses cités-États situées entre le Tigre et l'Euphrate, sur une superficie de la taille du Massachusetts, dans l'actuel sud de l'Irak. Leur conception de la religion s'est développée au sein de leurs sociétés. Chaque cité-État avait son propre dieu.

Maintenir la religion nécessitait la création d'une classe de personnes chargée de maintenir une telle société. Ces « Prêtres du Contrôle » étaient socialement investis du pouvoir en tant que « Prêtres ». À mesure que leur rôle évoluait au fil des générations, ils amplifièrent leur autorité, allant jusqu'à couronner les rois de leur société, affirmant que leur pouvoir venait de Dieu. Finalement, comme dans de nombreuses cultures, ils finirent par faire croire au public que l'autorité des prêtres était primordiale dans la société, allant même jusqu'à prétendre collectivement que leur autorité surpassait celle du roi. Cette dichotomie maintint l'équilibre de la société.

Les responsables des fouilles de Sumer affirment qu'Abraham était originaire de la cité-État d'Id, dans cette ancienne société sumérienne. Leurs guides vous montreront ce qu'ils prétendent être la demeure d'Abraham. Cette communauté a été fouillée dans ce qui est aujourd'hui le sud de l'Irak par les archéologues de Saddam Hussein.

Les Sumériens formaient une culture bien organisée. Ils inventèrent les premières roues, construisirent des chars et conquirent la Méditerranée occidentale jusqu'en Égypte. Les Babyloniens ayant envahi leurs terres et absorbé leur culture, personne n'eut connaissance de leur existence antérieure avant leur découverte.

Une pierre gravée, découverte en Iran il y a environ 250 ans, transmettait le même message en trois langues. Nous avons enfin pu la lire. Des milliers de tablettes d'argile ont été découvertes dans les sables du sud de l'Irak, révélant qu'une société avancée habitait cette terre il y a 15 000 ans. Elles disposaient d'écoles pour leurs enfants, d'enseignants, de médecins et, de fait, d'avocats, au sein d'une société organisée.

La culture égyptienne offre un bon exemple de la relation entre rois et prêtres : les rois régnaient depuis Memphis en tant que pharaons, et les prêtres depuis Thèbes. Chacun possédait un obélisque représentant leur autorité, mesurant trente-six mètres de haut, révélant leur pouvoir aux yeux de tous. Comment ils ont sculpté ces obélisques d'un seul tenant dans la pierre, les ont transportés à plus de cent soixante kilomètres de leur carrière, puis les ont dressés verticalement avec leurs outils primitifs ? Ce sujet fait débat parmi les spécialistes. Je me suis tenu sur un obélisque en cours de taille dans sa carrière, qui s'était fissurée au cours du processus, le laissant ainsi abandonné. L'idée même qu'il ait pu être transporté dans l'Antiquité, et encore moins dressé verticalement, était irréaliste. Je ne comprenais même pas comment celui sur lequel je me tenais, encore dans la carrière, pouvait être déplacé aujourd'hui, et encore moins comment il pouvait être séparé de la roche qui le sous-tendait.

Les Égyptiens appelaient leur concept de paix entre leur pharaon et leur prêtre « Maât ». Lorsque les deux colonnes étaient debout, le peuple avait Paix et prospérité. Lorsque l'une ou l'autre des colonnes vacillait, le peuple souffrait. Pour les Égyptiens, l'obélisque était un symbole de pouvoir essentiel. Le premier temple juif construit à Jérusalem comportait deux colonnes à l'entrée. Le tombeau de l'apôtre Jean possède également deux colonnes à l'entrée. Ce symbole subsiste aujourd'hui sur le piédestal du premier et du second surveillant de chaque loge maçonnique. Pourtant, rares sont les francs-maçons qui en connaissent la raison. Les traditions culturelles héritées de cette époque ne répondent plus aux besoins de tous les membres de notre société. Nous avons désormais acquis, grâce à la science, des connaissances qui nous permettent de comprendre notre rôle dans l'évolution et notre relation à la 38 nature, sans dépendre de nos anciennes croyances primitives.

Nous savons maintenant que la Terre n'est pas vraiment plate et que notre universexiste depuis plus de onze milliards d'années. Sa formation ne date pas de seulement 6 000

Il y a des années, même si certains le croient encore. Leurs « personnes de contrôle » devraient être privées des avantages de notre société moderne pour avoir refusé à leurs brebis la capacité de voir la vérité qui les entoure, si seulement elles pouvaient ouvrir les yeux et voir par elles-mêmes. L'esprit humain peut être contrôlé. Nous avons prouvé que les hypnotiseurs peuvent contrôler nos croyances, qu'il s'agisse d'un psychologue nous aidant à surmonter les scatomas qui nous empêchent de voir la vérité, ou d'un prêtre.

Le fait est que certaines personnes refusent d'accepter la connaissance qui leur est évidente, y compris une croyance si infondée qu'elle devrait être évidente : la Terre n'est pas plate. Que certains craignent encore de tomber de la Terre s'ils devaient atteindre le bord du gouffre est inconcevable. Puisque nous pouvons désormais voler autour du monde, il suffit d'une petite intelligence pour percevoir la vérité. Pourtant, certains la nient. C'est une preuve irréfutable des dégâts que peut causer quelqu'un dont les moutons ont donné à leurs Êtres de Contrôle un tel pouvoir. Il existe de nombreux autres exemples, mais celui-ci devrait vous éclairer.

Il est enfin temps pour tous les êtres humains de bénéficier de la liberté culturelle, pour ceux qui sont capables de vivre une vie plus confortable, en accord avec la réalité démontrable, et de s'affranchir de la religion pour accepter la réalité comme leur vérité. Cela permettrait à ces personnes d'envisager une vie meilleure, au lieu d'être contrôlées par nos anciennes contraintes religieuses. Le problème est que ceux qui sont contrôlés depuis leur plus jeune âge ne peuvent pas s'en rendre compte, même si les faits sont tout aussi évidents que la preuve que la terre n'est pas plate. J'ai utilisé cet exemple car la plupart des personnes encore contrôlées voient que la personne qui a cette croyance est contrôlée, sans pour autant se rendre compte qu'elles le sont ellesmêmes. Il est regrettable que certaines religions exigent encore de leurs fidèles qu'ils aient la foi, contrairement aux religions chrétiennes traditionnelles américaines qui ne cherchent qu'à soutenir, et non à contrôler, les personnes qu'elles servent. Lorsqu'on vous dit qu'il faut avoir la foi, vous êtes contrôlé. Ne

vous laissez pas « aveugler ».

Au lieu de perpétuer des croyances infondées qui trouvent leur origine dans unÀ l'époque primitive où les gens vivaient leur vie en se basant sur des mythes et des peurs anciens dont nous savons aujourd'hui qu'ils n'existaient pas valablement, du moins sous la forme que le public les accepte aujourd'hui, les religions qui encouragent la croissance individuelle au lieu de restreindre la liberté et d'exiger la conformité resteront pertinentes pour les générations à venir.

Les humanistes estiment que leur philosophie offre tout le contrôle social nécessaire sans recourir aux menaces de damnation ni aux récompenses d'une vie après la mort, sans fondements légitimes. De telles croyances ne peuvent exister que si nous acceptons la « foi aveugle » imposée par les personnes au pouvoir. Les humanistes ne voient aucune raison à une telle « foi aveugle » alors qu'une vie meilleure et plus responsable existe sans elle. Du christianisme protestant traditionnel au bouddhisme, nombre de leurs clergés, et même leurs fidèles les plus intimes, partagent aujourd'hui ce point de vue.

Les manuscrits de la mer Morte ont été découverts en 1947 en Cisjordanie.Ce qui était auparavant Israël. Ces écrits furent rédigés à Qumrân, à l'extrémité nord-ouest de la mer Morte, entre 250 avant J.-C. et 67 après J.-C. Ils furent rédigés quotidiennement pendant toute la vie de Jésus.

Nombre de ces rouleaux étaient des copies de ceux écrits depuis l'époque de Moïse jusqu'à nos jours. Ils étaient cachés dans des grottes sous le Second Temple juif, sur le mont Moriah, où Abraham devait sacrifier son fils. C'est le site choisi par le roi David pour construire le Temple juif, car c'est là que Dieu a parlé à l'homme pour la première fois lorsqu'il a parlé à Abraham. C'est ici que se trouve aujourd'hui le sanctuaire islamique avec son dôme d'or ; un symbole de Jérusalem, recouvrant l'empreinte dans le rocher où, selon les musulmans, Mahomet est monté au ciel sur son cheval. On peut aujourd'hui vivre l'histoire des conflits du MoyenOrient dans un espace de la taille d'un pâté de maisons, au mur occidental du mont du Temple.

Lorsque les Romains expulsèrent les Juifs d'Israël, les rouleaux étantLes écrits de Qumrân étaient cachés dans des grottes. Ils y sont restés près de deux mille ans avant d'être découverts en 1947 par un berger bédouin qui s'ennuyait en jetant une pierre à l'entrée d'une grotte, à neuf mètres au-dessus de lui. La pierre fit « tink ».

et non pas « bruit ». Il devait découvrir pourquoi. Il grimpa jusqu'à la grotte etJ'ai trouvé des centaines de parchemins cachés dans des jarres en terre.

L'histoire les a ignorés depuis plus de deux mille ans. Le fait qu'ils nous racontent une histoire différente de nos traditions religieuses actuelles inquiète de nombreux chrétiens et juifs. Il est devenu évident qu'une leçon importante que nous apprennent les manuscrits est que nos traditions religieuses actuelles ont été profondément façonnées au cours des deux derniers millénaires. À cause de personnes bien intentionnées, nos croyances diffèrent aujourd'hui de nombreux faits historiques révélés par les manuscrits de la mer Morte. Nos traditions religieuses chrétiennes et juives actuelles semblent servir notre société actuelle, alors pourquoi devrions-nous nous en soucier ?

Le problème est que ces nouvelles connaissances ont amené de nombreuses personnes à remettre en question leur propre foi. Puisque nombre de nos hypothèses traditionnelles concernant notre raison d'être sur Terre ne sont pas des « vérités immuables », sur quelle autorité fondons-nous notre existence ? Il se peut qu'aucune vérité historique unique ne guide nos vies. Nous sommes peut-être seuls sur Terre. La question « Pourquoi suis-je né ? » est une question à laquelle nous devons désormais tous répondre par nousmêmes. J'ai écrit un livre intitulé « Pourquoi suis-je né », désormais disponible sur Kindle et Nook. L'essentiel de son contenu est repris dans cet essai. Le fait est que cette question m'a également touché.

Tous les livres de l'Ancien Testament ont été retrouvés dans dix grottesautour de Qumrân, où les manuscrits furent écrits, à l'exception du Livre d'Esther. Un livre de la Bible comptait quarante et un exemplaires, tous différents. Lequel Dieu a-t-il ordonné ?

Ces manuscrits étaient écrits quotidiennement à seulement douze milles à vol d'oiseau de Jérusalem. Pourquoi n'y a-t-il aucune mention de la résurrection de Jésus ? On aurait pu penser qu'un tel événement aurait été remarqué. Il y avait une histoire deUne

résurrection, quelques siècles plus tôt, d'un Messie avec douze disciples, qui n'a jamais été relayée. Apparemment, elle n'était pas crédible. Il existait donc une telle affirmation dans l'histoire juive, que les auteurs de la vie de Jésus auraient pu intégrer à son récit afin de le rendre acceptable à tous les Juifs.

Le fait que nous ayons encore culturellement cette croyance aujourd'hui signifie que les informations qui la soutiennent proviennent de quelqu'un qui a observé ces faits, ou qui connaissait quelqu'un qui les avait observés, ou plus probablement, puisque le récit a été écrit plus de quarante ans après la mort de Jésus, l'auteur était quelqu'un qui n'avait pas personnellement connu Jésus, mais qui souhaitait rendre la vie de Jésus plus acceptable pour la communauté juive. Ainsi, l'histoire de sa vie a été embellie pour les impressionner. Cette histoire a effectivement distingué Jésus de ceux qui se disaient également messianiques. Il était assez courant à l'époque de se prétendre messianique, car la tradition juive de l'époque était d'attendre la venue d'un Messie, car ils croyaient qu'il était nécessaire que tous les Juifs décédés montent dans l'au-delà en même temps, à la « fin des temps ». Mais comme il n'est fait aucune mention de Jésus, ni d'une résurrection, dans les manuscrits de la mer Morte, rédigés par des personnes croyant à la présence d'un Messie durant la vie de Jésus, cela prouve clairement que cela n'a tout simplement pas eu lieu.

Les moines de Qumrân cherchaient un Messie, car ils croyaient qu'il viendrait juste avant la « fin des temps », lorsque tous les Juifs monteraient au ciel en même temps. Ils croyaient que cela se produirait la semaine suivante, car ils étaient prêts à partir.En réalité, ils cherchaient deux Messies : un Messie royal et un Messie religieux. Pourtant, ils ne reconnaissaient pas Jésus comme ce Messie. Pourquoi pas, s'il en était bien un ? De nombreux autres points remettent en question nos traditions culturelles et religieuses actuelles.

Ceux qui ont écrit sur la vie de Jésus longtemps après sa mort racontent qu'il a chassé les changeurs du Temple. Ils affirment égalementJésus était un descendant du roi David. Leur argument était que Jésus était à la fois un Messie royal et qu'il avait le même pouvoir que les prêtres lorsqu'il chassa leurs changeurs du Temple. L'évêque épiscopalien John Shelby Spong, récemment décédé, croyait que l'objectif des premiers auteurs bibliques était simplement de rendre Jésus pertinent pour les Juifs. Nous reviendrons sur ses convictions plus tard.

Le fait est que même si nos religions expriment nos croyances, celles-ci n'ont pas besoin d'être fondées sur des faits historiques pour que nous puissions les accepter, ou pour que leurs histoires ajoutent de la valeur à nos vies.

La religion est devenue un mème doté d'une vie propre. Les mèmes se modifient pour préserver leur indépendance tout en se répliquant. Tout comme les humains évoluent grâce à la transmission de leurs gènes à la génération suivante, les mèmes évoluent pour être acceptés dans leur environnement culturel actuel parétant modifié par la personne qui transmet la croyance.

Même si de nombreux humanistes participent encore à leur propre communauté religieuse depuis leur enfance, la plupart le font pour des raisons familiales ou culturelles. La religion répond aux besoins de sécurité et de sociabilité de la plupart des gens, sans lien avec son mythe unificateur. Pour beaucoup, la participation est liée au réseau social que constitue l'association à un groupe restreint de personnes partageant des valeurs similaires et un soutien mutuel, sans lien avec le mythe qui les unit. Il n'y a rien de mal à cela. Les humanistes qui acceptent de s'identifier à une croyance ont pris une décision éclairée, motivée par leurs propres raisons. Ceux qui adhèrent à cette religion placent leurs croyances religieuses au-dessus de la philosophie humaniste. L'humanisme ne répond pas à ces questions et ne répond pas aux besoins des personnes en situation de sécurité ou de classes sociales inférieures. Les humanistes qui choisissent de conserver leur religion le font pour des raisons personnelles valables, et non parce qu'ils sont contrôlés par d'autres qui insistent sur leur croyance.

Pour pouvoir réellement accepter l'humanisme comme philosophie de guidagePour mener leur vie, les humanistes doivent être capables de vivre psychologiquement au-dessus du niveau social moyen de Maslow, généralement au-dessus du niveau moyen de l'ego. Ils doivent au moins se sentir en sécurité intérieure. Voyons ce que cela signifie. L'objectif de ce chapitre est que l'humanisme n'a pas pour but de s'attaquer à une religion pour ceux qui en ont besoin pour subvenir à leurs besoins.

La seule interface bénéfique de l'humanisme avec la religion en tant que philosophie est de s'opposer lorsque des fanatiques religieux qui servent de personnes de contrôle créentbarrières culturelles pour leurs propres raisons qui ont pour résultat d'inhiber

personne de devenir un être humain pleinement accompli, de vivre pleinement sa propre existence individuelle aujourd'hui. Aux ÉtatsUnis, nous avons le droit constitutionnelÊtre libre de toute religion si nous voulons être libres. Lisez la suite et découvrons ce que cela signifie.

Pour ceux qui sont incapables de s'élever au-dessus de leur niveau de vie actuel, pourquoi les humanistes devraient-ils se soucier de savoir si ces croyances leur suffisent si des individus extérieurs ne les poussent pas à prendre cette décision en utilisant la peur comme moyen de contrôle ? Nous ne nous opposons à aucune de vos croyances, même si nous ne les partageons pas. Vous avez le droit de croire ce que vous voulez. Nous ne nous inquiétons que si vous craignez de ne pas croire quelque chose parce que vous êtes contrôlé. La philosophie humaniste reconnaît que chacun doit être libre de vivre pleinement sa vie, comme il le souhaite. Nous nous inquiétons pour ceux qui, dans notre société, sont entravés par des scatomas qui entravent leur capacité à vivre une vie plus épanouie. Nous nous inquiétons pour ceux qui, à cause de leurs scatomas, ne peuvent même pas comprendre que les humains pourraient vivre une vie meilleure et plus épanouissante s'ils ne sont pas inhibés.

À titre d'exemple, deux personnes peuvent être assises l'une à côté de l'autre.Même banc d'église, mais leurs motivations peuvent être très différentes. L'un peut considérer que l'absence est un péché mortel, car l'assistance dominicale lui est interdite. L'autre peut simplement être en quête d'illumination ou pour soutenir les membres de sa famille. Celui qui assiste par peur ne peut s'élever au-dessus de son niveau de vie actuel tant que ce scatoma existe, ou du moins n'a pas été surmonté. Celui qui est là pour apprendre ou soutenir sa famille peut s'élever au-dessus de sa religion afin qu'elle ne l'empêche pas de devenir pleinement vivant.

Même parmi les athées, certains tolèrent les croyances de leur voisin, car ils reconnaissent que chacun a le droit de vivre sa vie. Ils comprennent que menacer les croyances d'autrui est un comportement anti-humaniste. La plupart des athées qui sont

Humanistes, tolérants envers les autres qui ont le droit de faire ce qu'ils veulent.souhaitent croire pour une raison qui leur est importante.

Cependant, de nombreux humanistes traditionnels ont un problème avec ces athées très activistes qui portent leur zèle au-delà de leurs croyances personnelles en insistant sur le fait que personne ne devrait croire en un quelconque « Dieu », au lieu de limiterIls s'opposent uniquement à ceux qui ont des conceptions surnaturelles plus primitives du dieu. Au contraire, ils insistent sur le fait qu'il faut aussi accepter leur croyance selon laquelle « Dieu n'existe pas, alors laissez tomber ». Ce comportement est clairement « antihumaniste ». La même objection s'applique aux fondamentalistes religieux qui insistent sur le fait que chacun doit partager leur croyance. Les deux extrêmes du spectre religieux sont en réalité des « intimidateurs » lorsqu'ils sont agressifs.

En poursuivant notre lecture, nous découvrirons que le harcèlement n'est pas une approche efficace dans une société organisée. Il ne profite qu'à l'agresseur. Cependant, nous en apprendrons davantage sur les raisons pour lesquelles la société bénéficie culturellement du harcèlement. Ce ne sont pas leurs croyances que les humanistes contestent. C'est à cause de leurs comportements agressifs que nous refusons de tolérer, quelle que soit l'extrémité du spectre religieux qu'ils expriment.

La société bénéficie d'un tyran qui exprime avec force des informations contradictoires, car cela oblige les autres à dépasser leur vision étroite, provoquant ainsi une évolution de nos convictions. Devoir réagir au tyran modifie nos convictions. Si nous sommes tous d'accord, aucun changement ne se produit.

L'humanisme organisé soutient ceux dont l'objectif est d'assumer la responsabilité de leur propre vie, quelle que soit leur histoire religieuse personnelle. Les objections religieuses humanistes se limitent à nous assurer que nous pouvons vivre libres de ces personnes qui veulent nous priver de notre capacité à penser par nous-mêmes, et de celles qui nuisent à autrui au nom de leur religion, quelle que soit leur foi.

Heureusement, tous les chefs religieux d'aujourd'hui ne suivent pas la voie de ceux qui voudraient vous priver de la liberté religieuse. Beaucoup plus de membres du clergé

aujourd'hui, ils utilisent les symboles de leur foi uniquement pour vous aider à voir au-delà de votreLa vie actuelle, au lieu d'insister sur le fait qu'ils sont essentiels pour vous ouvrir la voie vers le ciel. Un tel contrôle exercé par des prêtres qui tentent de vous maintenir dans leur giron ne fait qu'engendrer un sentiment de culpabilité désagréable, si vous avez été élevé dans leur foi et que vous vous sentez maintenant obligé de renier leurs croyances, réalisant que nombre de ces enseignements sont dénués de fondement. Si vous considérez ces croyances comme des symboles et non comme des faits, vous pouvez les réinterpréter afin qu'elles conservent leur valeur. Réfléchissez à ce que cela signifie plus loin, lorsque j'expliquerai d'où vient notre idée fausse culturelle selon laquelle ceux qui croient que Jésus est mort sur une croix, alors qu'en réalité, Jésus est mort sur un « T ».

Le nombre de personnes qui s'identifient aujourd'hui à l'humanisme augmente de manière algorithmique, tandis que le nombre d'adhérents à de nombreuses religions traditionnelles, dont le catholicisme, est en déclin sérieux.

On m'a dit que même l'Église catholique s'adresse désormais aux millennials, leur rappelant apparemment avec force qu'ils ont le chemin du paradis. Personnellement, j'ai du mal à imaginer comment quiconque pourrait se sentir spirituel assis à côté de l'un des deux papes momifiés, chacun reposant dans un cercueil de verre, comme c'est le cas aujourd'hui dans le sanctuaire de la basilique Saint-Pierre au Vatican. On m'a dit que ces papes avaient été « sanctifiés ». Par conséquent, de nombreux catholiques que j'ai vus assis autour d'eux ne semblaient pas partager mon inquiétude. C'est une façon intéressante de démontrer que l'Église est le chemin du paradis ; je dois admettre que cela a retenu mon attention. C'est peut-être aussi la raison pour laquelle l'Église s'est efforcée de faire de Jean-Paul II un « saint » afin qu'il puisse être ajouté au patrimoine du public, car il était personnellement connu de personnes encore vivantes aujourd'hui. Je me suis même trouvé à moins de six mètres de lui lors de sa visite dans la communauté où je vis. Il devrait donc accroître considérablement l'attention du public à son objectif. Je dois admettre que c'est une approche

novatrice. Cela peut fonctionner pour d'autres, mais je me sentirais

personnellement plus spirituel assis au bord d'un lac avec ma femme en regardant un magnifique coucher de soleil lors d'une chaude soirée d'été.

Plus loin, nous découvrirons l'enseignement religieux de l'ancienL'évêque épiscopal John Selby Spong, dont la vision du christianisme exprime parfaitement l'humanisme chrétien, estime que nos croyances religieuses culturelles dominantes actuelles sont en voie de disparition, ou du moins devraient l'être. La société a évolué. Nous assistons aujourd'hui à une mutation culturelle de la religion. Pour ceux qui ont été prisonniers d'une tradition religieuse stricte dès leur plus jeune âge et qui sont contrôlés par des relations étroites et étroites avec autrui limitant leur exposition à toute croyance contradictoire, ces églises peuvent encore perdurer. Mais au sein des religions dominantes, on constate une baisse de la fréquentation. Même l'Église catholique s'inquiète du déclin de la fréquentation des millennials et des plus jeunes. C'est pourquoi elle espère que ses papes momifiés s'adresseront à eux.

Si toutes les églises chrétiennes enseignaient leur foi selon la vision de l'évêque Spong, même la religion dominante pourrait survivre et peut-être même se développer. La différence introduite par l'évêque Spong réside dans l'ajout de symboles chrétiens à la vérité humaniste. Sinon, les églises chrétiennes dominantes pourraient disparaître à mesure que notre culture mûrit.

La philosophie épicurienne que nous connaissons aujourd'hui sous le nom d'« humanisme » semble désormais suffisamment solide pour devenir un concept à part entière, accessible aux générations futures. Espérons que cette philosophie sera désormais une vision universelle, accessible à tous. Quel que soit le contexte religieux dans lequel elle s'exprime, elle a pour objectif de permettre à chacun de réaliser sa propre existence, quel que soit le chemin qu'il juge acceptable pour y parvenir.

La religion qui tente de contrôler notre société diminuera à mesure que les gensNous atteindrons des niveaux plus élevés de la pyramide des besoins de Maslow, et la société offrira davantage d'alternatives pour combler les besoins de sécurité et les faibles besoins sociaux. À mesure que notre culture mûrira, le mème religieux évoluera : ceux qui s'adapteront pour répondre aux besoins de leurs fidèles et maintenir leur pertinence survivront, tandis que ceux qui tarderont à changer dépériront et devront

fusionner ou disparaître. Ces millennials et les plus jeunes détermineront l'avenir des religions, tandis que l'humanisme continuera de se développer.

Chapitre quatre
Pourquoi suis-je né ?

Une fleur qui s'épanouit dans une forêt déserte n'a-t-elle aucune valeur ? Sa vie n'a-t-elle aucun but ? Accomplir sa propre destinée, en plus depolliniser sa postérité est peut-être son seul but, mais pour cette fleur, être la meilleure qu'elle puisse être suffit pour que sa propre vie ait un sens.

Grâce au télescope Hubble, les astronomes ont déjà découvert des centaines de milliers de galaxies, chacune comptant des millions d'étoiles. Carl Sagan, astronome humaniste réputé, m'a dit un jour : « Dans l'univers connu, il existe au moins 300 000 planètes, chacune capable d'abriter une vie semblable à celle de la Terre. » Il affirmait donc : « Il est plutôt vain de supposer que les humains sont la forme de vie la plus élevée de l'univers. » S'il existe des formes de vie supérieures, notre objectif, en tant qu'humains, est-il d'évoluer vers cette forme ? C'est peut-être vrai, mais quelles implications le fait de ne pas être la forme de vie la plus élevée a-t-il sur la raison pour laquelle nous vivons notre vie sur Terre aujourd'hui ? C'est la déclaration de Sagan qui m'a amené à me demander : « Pourquoi suis-je né ? » J'ai décidé de consacrer ma vie à trouver la réponse à cette question.

J'ai discuté de mes inquiétudes concernant la déclaration de Sagan selon laquelle nous pourrions être la forme de vie la plus élevée avec Donald Johansson, le paléoanthropologue humaniste qui a découvert « Lucy », le singe vieux de quatre millions d'années reliant les humains à nos ancêtres (le lien évolutif reliant l'existence humaine à la chaîne évolutive naturelle de la vie, allant du niveau de l'amibe à celui du singe). Johansson a affirmé que Lucy prouve que l'existence humaine est un accident – connu en

science sous le nom d'« anomalie ». Tout comme le bras d'un cactus Saguaro causée par une rupture de sa surface qui permet au fluide interne de suinter en formant un bras sur le côté de la tige principale, l'existence humaine semble être due à une rupture de l'évolution génétique normale.

En réponse à mes commentaires sur l'observation de Sagan, Johansson a souligné que les probabilités statistiques qu'une telle anomalie se reproduiseIl y en a environ un sur deux millions. Sur une population connue de seulement 300 000 planètes, une seconde occurrence serait assez rare. Par conséquent, nous, les humains, pourrions être la forme de vie la plus élevée de l'univers. Si les humains sont la forme de vie la plus élevée de l'univers, cela donne-t-il un sens particulier à notre propre vie ? Peut-être.

À un moment ou un autre de leur vie, beaucoup se demandent pourquoi ils existent. Dès leur plus jeune âge, d'autres ont tenté de répondre à cette question.Pour nous. Nous acceptons leurs idées, du moins au début, surtout si elles correspondent à celles de nos parents, et ces expériences influencent durablement nos croyances. La plupart d'entre nous perpétuent ensuite ces réponses en les transmettant à nos enfants. Après tout, le but de notre existence est une question à laquelle il est difficile de répondre seul. Malheureusement, la plupart de ces réponses sont peu fondées. Notre compréhension du monde est criblée d'incohérences ; et aucune connaissance fondée sur des preuves de notre présence sur Terre n'existe aujourd'hui. Les faits suggèrent qu'il n'y a peut-être pas de raison.

De nombreuses questions sur notre monde restent sans réponse de la science. Par exemple, lorsqu'on leur demande si « Dieu » existe, certains citent Stephen Hawking, l'humaniste « Einstein » d'aujourd'hui. Il affirme que, si l'on considère les forces fondamentales de l'univers selon une théorie unifiée, il existe une lacune qui, jusqu'à présent, n'a été expliquée que par la présence de la nature. Même si Hawking ne le pense pas, certains pensent que cette force est Dieu.

Même si Hawking n'était peut-être pas religieuxAu sens traditionnel du terme, il partageait une admiration pour la nature.

La vision de Hawking n'implique pas l'idée d'un dieu intelligent microgérant l'univers de manière surnaturelle, comme certains le soutiennent encore. Hawking affirme simplement que, jusqu'à présent, nous ne pouvons comprendre certaines forces de l'univers. Nous ne pouvons pas fonder une existence utile sur Terre grâce à la guidance de

Un dieu si impersonnel, si ce n'est qu'il suppose que nous sommes censés vivre en harmonie avec la nature. Nous devrions déjà le savoir. Ne pas vivre en harmonie avec la nature est dangereux pour notre santé.

Mais pourquoi suis-je ici ?

Dans Spiritualité sans foi (L'Humaniste, janvier 2002), ThomasClark rapporte que la science actuelle nous montre que l'univers est en expansion, mais qu'il n'a pas assez de masse pour s'effondrer dans un autre « Big Bang ». Il affirme qu'à terme, toute matière se transformera en poussière ; l'univers deviendra noir et froid. La science montre que, apparemment, notre destinée ultime est de devenir poussière spatiale, ce qui ne rend pas l'idée d'immortalité très attrayante. Peut-être n'est-elle pas très réaliste ?

Dans l'article suivant de ce numéro de The Humanist, intitulé « D'où vient la mort », Joshua Mitteldorf explique pourquoi les humains meurent. Nous savons que notre corps se développe à partir d'une seule cellule qui se subdivise selon un plan génétique unique, créant ainsi toutes les parties de notre corps. De plus, au moins tous les sept ans, la plupart des cellules du corps se renouvellent. Apparemment, il n'y a aucune raison biologique pour que nous ne puissions pas exister éternellement, ou du moins jusqu'à ce que le soleil cesse de briller.

Mitteldorf souligne que notre détérioration physique liée au vieillissement est due à l'évolution naturelle du patrimoine génétique. En tant qu'individus, nous perdons notre pertinence après avoir eu des enfants. Par conséquent, nos gènes contiennent un mécanisme d'autodestruction qui anéantit notre existence individuelle et permet au patrimoine génétique de continuer à évoluer. Si chaque être humain vivait éternellement sur Terre, le patrimoine génétique ne changerait jamais. Apparemment, le but de la vie humaine est lié à la survie de l'espèce, et non de l'individu. Le but ultime, ou le sens, de notre propre existence reste sans réponse. En vérité, il se pourrait qu'il n'y en ait pas.

51

Certaines personnes n'acceptent pas la science comme étant pertinente pour leur vision de la vie.Certains affirment : « Les humains ne font que vivre le plan de Dieu. » Certes, cette idée répond à la question simplement et clairement, mais elle transforme les humains en marionnettes. Pour beaucoup, cette idée est naïve. Si le scénario de notre vie est déjà écrit, pourquoi se donner la peine de vivre ? De même, certains croient en

la réincarnation, où nous vivons des vies successives jusqu'à ce que nous devenions finalementParfait. Aussi infondée que soit une telle croyance, on peut comprendre que ceux qui trouvent leur vie inadéquate soient ravis de pouvoir revenir et réessayer. Malheureusement, peu de ces théories, voire aucune, résistent à un examen intellectuel approfondi. Nombreux sont ceux qui refusent tout simplement de vivre leur vie sur la base de prémisses aussi irréalistes ou banales. Il doit donc sûrement y avoir une meilleure réponse.

Face à l'immensité du temps et de l'univers, notre existence individuelle devient insignifiante. Pourquoi un dieu voudrait-il microgérer une particule infime et bien trop éphémère de la Terre ? À quoi bon ? De telles visions de la vie ne peuvent être acceptées que par une « foi aveugle ». Pourquoi devrions-nous agir ainsi ?

Pourtant, chacun de nous a « foi » en quelque chose, ne seraitce que dans le pouvoir de la nature de réagir à nos actions. Tel est le cas lorsque nous plantons une graine correctement. Nous avons foi que la nature la fera pousser.

Mon action a consisté à planter la graine. Hormis le fait que la graine est issue de l'évolution de plantes antérieures, nous ne savons pas vraiment pourquoi.La graine pousse, même si la science nous dit comment elle pousse. Ce qui se passe après la plantation échappe à mon contrôle, même si je peux continuer à influencer le résultat en arrosant la plante. Cependant, la nature ne se soucie peut-être pas vraiment de savoir si cette graine vit ou meurt. Après tout, elle en a beaucoup d'autres. La nature ne fait que fournir l'opportunité. Personne ne sait vraiment « Pourquoi », même si certains « Contrôleurs » peuvent prétendre le savoir. Nous sommes raisonnablement certains que la fleur poussera grâce à la « foi », car nous en avons observé d'autres pousser auparavant. Cette forme de foi est acceptable. La « foi aveugle », fondée uniquement sur des autorités, ne devrait être acceptée qu'avec hésitation, jusqu'à ce qu'une réponse plus raisonnable nous apparaisse. Il y a une grande différence lorsqu'on ajoute le mot « aveugle ». Toutes les vérités fondées sur la foi n'ont pas le même niveau de vérité. En cas de doute, les humanistes n'accepteront toute croyance qu'avec

hésitation.

Nous apprenons rapidement qu'en tant qu'individus, nous faisons partie de quelque chose de plus grand et de plus puissant que nous. Le problème est que notre relation ultime avec l'univers nous échappe. De nos jours, beaucoup plus de gens se contentent de croire que la nature n'a pas besoin d'être pleinement préservée.

Si l'on considère que la nature est tout ce qui existe, les humanistes en font partie. La plupart d'entre eux sont prêts à admettre que cette croyance laisse de nombreuses questions sans réponse. La nature semble être tout ce qui nous permet d'interpréter et, par conséquent, de comprendre notre propre existence. La science est en constante évolution et nous continuons d'apprendre. Les humanistes peuvent reconnaître que nous n'avons pas besoin de connaître toutes les réponses pour que notre vie ait un sens.

Cependant, certaines personnes s'attendent à des réponses plus complètes et immédiates.et, n'ayant que peu d'alternatives, ils comblent souvent les lacunes de connaissances vérifiables avec des réponses religieuses historiquement acceptées depuis des temps plus primitifs, ou peuvent même créer leurs propres réponses. Une fois une réponse acceptée, personne n'aime voir ses propres réponses remises en question. Chacun de nous estime que sa propre réponse est « juste » et, par conséquent, suffisante pour lui-même. Ainsi, pour certains, exiger que sa « vérité » soit fondée sur des faits devient sans importance. Ces personnes acceptent souvent un mythe comme leur vérité personnelle. Une fois accepté, ils le défendront jusqu'à la mort, même si la science a prouvé la fausseté de cette croyance.

Les hommes en uniforme existent encore, et les masses d'aujourd'hui sont ignorantes sur presque tous les sujets. Nous sommes tous ignorants avant même d'avoir appris. Il faut s'efforcer d'être stupides en niant les preuves valables qui diffèrent des opinions.Vous préférez croire. Puisque c'est une voie plus simple, certains préfèrent être stupides. Heureusement, ce n'est pas le cas de la plupart aujourd'hui. Ils manquent peut-être simplement de motivation ou d'opportunités d'apprendre. Être uniforme est une chose ; nous le sommes tous sur certains sujets. Se voir offrir l'opportunité d'apprendre et la rejeter uniquement parce qu'elle entre en conflit avec une croyance que vous privilégiez, même après avoir été exposé à des preuves valables du contraire, frise la stupidité. Vous n'êtes pas de ceux-là, sinon vous auriez déjà confié cette dissertation à un plus jeune ou l'auriez cachée quelque part pour vous hanter jusqu'à ce que vous compreniez enfin qu'il y avait peut-être encore beaucoup à apprendre. 53

La différence pour les humanistes est que nous ne voyons aucune preuve valable queLes puissances de l'univers, supérieures à nous, humains, n'ont aucune intention de nous contrôler en tant qu'individus. Nous ne trouvons aucune preuve de l'existence d'un Dieu "surnaturel". Nous ne trouvons pas non plus de preuve de l'existence d'une vie.

Au-delà de notre vie sur Terre aujourd'hui. Si tout cela est vrai, cela changera-t-il notre façon de vivre, différente de nos anciennes traditions culturelles ? Certainement ! Cela nous permet, en tant qu'individus, d'être libres de profiter au maximum de notre existence dans le peu de temps dont nous disposons.

Comment faire ? Poursuivez votre lecture.

Chapitre cinq
Quoiest-ce que la « vérité » est pour moi ?

Notre capacité à accepter une croyance pour nous-mêmes repose sur notre capacité à déterminer ce qui est vrai pour nous-mêmes. Évidemment, nous ne pouvons pas tester chaque fait avant de l'accepter comme vrai pour notre propre usage, du moins temporairement. Pour beaucoup de nos croyances, chacun de nous acceptera l'opinion de personnes en qui nous avons confiance, surtout lorsque ces croyances ne nous importent pas particulièrement à ce moment-là.

Au début de notre vie, nous comptons sur nos parents, nos frères et sœurs aînés, nos enseignants,Les pasteurs et les soignants nous demandent des réponses à nos questions. C'est particulièrement vrai lorsqu'on nous donne des réponses à des questions que nous n'avons pas posées, comme le fondement de nos convictions religieuses. Nous acceptons ces réponses pour des raisons émotionnelles. À ce moment-là, la vérité n'avait aucune importance.

En mûrissant, du moins pour les plus courageux, certains mettront à l'épreuve certaines croyances. Mais même les plus courageux continueront d'accepter certaines réponses d'autrui sans s'y intéresser personnellement. Laisser les autorités nous donner des réponses est plus facile, et la plupart des gens choisissent la voie de la facilité. Cependant, ceux qui sont moins enclins à accepter aveuglément les réponses des autres doivent pouvoir obtenir les mêmes résultats en testant au moins certaines de leurs croyances avant de les accepter comme leur « vérité ».

Ce qui distingue les humanistes de nombreuses autres

philosophies de la vie, ce sont les moyens qu'ils utilisent pour trouver des vérités acceptables. Certains affirment que nous disposons de quatre moyens distincts pour déterminer notre propre vérité.

L'approche de Socrate pour discerner la vérité

Le premier de ces principes se manifeste dans la manière dont nous examinons la question de la culpabilité ou de l'innocence lors des procès pénaux, selon une méthode de débat socratique. Deux avocats, aux positions opposées, vérifient la véracité des preuves disponibles, et, à partir de ces efforts, un décideur, qu'il s'agisse d'un juge ou d'un jury, détermine ce qu'il croit être la vérité. C'est le meilleur système dont nous disposons pour protéger les droits d'un accusé innocent, mais il est loin d'être parfait.

Même si Socrate a pu trouver que c'était le meilleur moyen de déterminer ce qui est vrai pour lui, les humanistes n'accepteraient jamais cela comme un moyen valable de déterminer leurs propres vérités sur lesquelles ils seraient prêts à fonder leur existence même sur Terre.

S'appuyer sur les autorités pour établir nos vérités.

Le deuxième moyen d'établir nos vérités est démontré par la volonté de la plupart des gens de se fier aux autorités pour établir ce qui est vrai pour eux. Les humanistes peuvent accepter une autorité provisoirement pour répondre à un besoin actuel, mais ne s'y fieraient pas sans poser de questions. Dans la mesure où une proposition revêt une importance pour leur vie, les humanistes peuvent accepter l'opinion de leurs autorités jusqu'à ce qu'une meilleure réponse apparaisse, mais ils conservent le droit de douter et testent continuellement la véracité de cette croyance.

Un humaniste a tendance à être sceptique. La plupart des humanistes ne peuvent accepter l'opinion de quiconque, ni aucun écrit, comme une vérité ultime sur laquelle fonder toute leur existence. Au mieux, leurs prétentions d'autorité peuvent être acceptées avec hésitation. Les humanistes estiment que toutes les idées et croyances doivent être soumises à un examen constant, à la lumière de ce que chacun a validé comme vrai et de ce qu'il peut observer dans notre monde. En cas de conflit, un humaniste doutera de cette autorité et ne s'appuiera pas sur son point de vue. La plupart des autorités finissent par prouver qu'elles ne constituent

pas la vérité absolue. Elles ne représentent que la meilleure interprétation ou analyse actuelle de cette personne, car nos connaissances s'enrichissent continuellement. Ainsi, accepter

l'opinion d'une autre personne, ou placer sa foi dans un texte quelconque comme une vérité immuable, est très difficile pour un humaniste.

Examinons plus en détail un exemple que j'ai utilisé plus tôt : il n'existe aucune preuve valideLa preuve que la Bible est la « parole divine de Dieu ». Seuls les « Contrôleurs » vous l'ont dit. Parmi les manuscrits de la mer Morte, on a retrouvé quarante et un exemplaires d'un livre de la Bible, tous différents. Quelle version Dieu a-t-il inspirée ? Ou ce livre de la Bible était-il simplement la meilleure idée d'une personne impliquée, écrivant dans une culture plus primitive, et chaque personne qui a copié le livre original s'est sentie libre d'ajouter ses propres réflexions aux efforts des anciens humains pour interpréter la vie avec les meilleures informations dont ils disposaient alors ? La personne qui vous a dit de croire chaque mot de la Bible parce que c'est « la parole de Dieu » cherche-t-elle simplement à vous contrôler « pour votre bien » ? Ou êtes-vous simplement son mouton ? Comment déterminer ce qui est vrai pour vous-même ?

La logique est la base de la vérité testable pour la plupart des humanistes.

La logique est une troisième technique pour déterminer la vérité. Les humanistes sont plus enclins à appliquer la logique en appliquant leurs connaissances antérieures à toute situation afin de vérifier la véracité d'une nouvelle proposition. Ceux qui doivent valider la véracité de ce que leurs autorités leur disent doivent être capables de déduire logiquement la vérité résultante en réfléchissant étape par étape à partir de vérités déjà validées, afin de parvenir à une acceptation raisonnable (et même provisoire) de toute nouvelle proposition. Nos connaissances évoluent continuellement avec de nouvelles informations. Par conséquent, notre acceptation de nos vérités évolue également à mesure que nos connaissances s'accroissent. C'est pourquoi vous devez avoir l'esprit ouvert pour lire ce livre. Il remettra en question votre réflexion, mais il vous fournira également suffisamment d'informations pour vous permettre de surmonter les obstacles qui vous empêchent de voir tout ce qui entre en conflit avec une croyance antérieure. Ainsi, pour tirer le meilleur parti de ce livre, gardez constamment l'esprit ouvert. N'oubliez pas que vous pouvez toujours revenir à une croyance antérieure si nécessaire.

Vous n'êtes pas d'accord avec la direction que vous prenez dans notre discussion.toujours en contrôle de soi-même.

La science exige une validation pour être acceptée comme vraie.

Cependant, toutes les vérités ne sont pas déductibles. Le quatrième moyen de déterminer les vérités que les humanistes jugent les plus fiables est celui auquel ils parviennent par la méthode scientifique, une grande partie des informations étant acquise par le raisonnement inductif. En science, le chercheur commence par observer ou considérer certains phénomènes ou événements, puis formule une hypothèse sur leur cause, puis teste cette hypothèse pour déterminer si elle constitue une explication plausible des phénomènes. Pour être considérée comme une théorie valide, d'autres scientifiques doivent pouvoir reproduire les résultats. Même dans ce cas, l'hypothèse n'est acceptée qu'à titre provisoire, et d'autres scientifiques la testeront continuellement, tentant de la discréditer ou de l'améliorer au fur et à mesure que de nouvelles preuves apparaissent. Un humaniste est le plus enclin à accepter ce moyen d'établir ce qu'il considère comme une vérité fiable. Cependant, même ces vérités sont toujours provisoires.

La science repose sur le principe de la vérification des croyances. Pour chaque observation de phénomène, les scientifiques proposent une hypothèse explicative. Pour que la théorie soit acceptée comme vraie par les scientifiques, d'autres doivent pouvoir la tester en reproduisant le résultat. Si d'autres y parviennent, l'hypothèse est provisoirement acceptée comme vraie jusqu'à ce qu'une nouvelle hypothèse émerge, généralement fondée sur une explication plus approfondie des origines de ces faits. Ainsi, le processus d'élaboration de la « vérité » que nous acceptons actuellement évolue vers un niveau de croyance plus profond et plus éclairé.

La théorie de la relativité d'Albert Einstein a été publiée pour la première fois en 1915. Ce n'est que récemment qu'elle a été acceptée par la science comme un fait, au lieu d'une théorie,2017, plus de cent

ans plus tard.

Pour certains, accepter les autorités de l'enfance dans des croyances religieuses établies peut suffire pour le reste de leur vie. D'autres, en particulierceux capables de vivre avec des niveaux de besoins psychologiques plus élevés, peuvent

Devenir sceptique. Ils peuvent estimer que davantage de preuves sont nécessaires pour qu'une chose soit acceptable. À l'instar des scientifiques, de nombreux sceptiques reconnaissent qu'il n'existe pas de vérité absolue. Toutes les croyances doivent être acceptées avec réserve. Une notion peut être acceptée comme provisoirement vraie par tous parce qu'elle nous est utile pour le moment, même si nous reconnaissons que cette croyance ne peut être considérée comme une « vérité » indiscutable.

De nombreux scientifiques appliquent à leurs convictions religieuses les mêmes critères qu'à l'observation de notre monde physique. D'autres encore considèrent leurs convictions religieuses comme une question de relations sociales ou familiales.Ils sont par commodité et ne se soucient donc pas de vérifier la véracité de leurs convictions religieuses personnelles. La vérité peut leur être indifférente. Comme un objet d'art, ils l'apprécient simplement ; la vérité n'a donc aucune pertinence pour leurs convictions religieuses. Pour un humaniste, la distinction entre l'acceptabilité et la maîtrise de soi réside dans le fait qu'il ait conservé le contrôle. Beaucoup de gens sont incapables d'accepter une vérité simplement par « foi aveugle ».Que leur autorité a raison, ou que « souhaiter » que quelque chose soit vrai revient à savoir que c'est le cas. Certaines personnes ont besoin d'être certaines avant d'accepter une croyance importante comme une vérité immuable. Les humanistes sont souvent parmi eux. Pour accepter quelque chose comme « vrai », la plupart des humanistes doivent être capables de vérifier les faits par eux-mêmes. S'ils ne peuvent le prouver, ils ne s'y fieront pas. Une croyance non vérifiée n'est qu'un souhait qu'un sceptique reconnaît ne pouvoir accepter qu'avec hésitation. Peu importe pour les sceptiques que cette croyance soit une théorie scientifique ou leurs croyances religieuses. Les humanistes sont prêts à reconnaître que nous ne pouvons pas vivre éternellement. À mesure que la vérité se révèle par la découverte et la recherche – généralement en utilisant la méthode scientifique – nos croyances, y compris nos propres opinions religieuses, devraient également évoluer et s'adapter continuellement au monde en constante évolution dans lequel nous vivons.

Si vous aviez grandi sur ce qui, avant votre arrivée, était une île déserte, vous n'auriez pas eu d'autorités vous dictant vos croyances. La plupart des gens dans cette situation adopteraient naturellement la philosophie de l'humanisme.

C'est parce que lorsque vous regardez la vie sans l'influence d'aucune autorité extérieure, vous n'avez que la nature comme guide.

L'humanisme ne requiert pas la foi pour que notre vie ait un sens et pour que nous puissions vivre une vie heureuse. En fait, les humanistes estiment queL'absence de foi confère un sens plus profond à leurs valeurs éthiques. Un problème pour un humaniste est qu'exiger une foi aveugle pour guider sa vie revient à laisser quelqu'un d'autre contrôler son existence. Il convient de rappeler que ce qui distingue les humanistes de la plupart de nos sociétés culturelles est qu'ils assument leur propre responsabilité et veulent être les maîtres de leur propre vie. Ils refusent de confier à quiconque le contrôle absolu de leur vie, sauf s'ils accordent un contrôle momentané à une personne de confiance pour répondre à un besoin immédiat.

Les humanistes reconnaissent que leurs raisons d'accepter les valeurs qui régissent leur vie sont simplement parce qu'un tel comportement est la bonne chose à faire.à faire et produit les meilleurs résultats pour eux. Ils ne dépendent pas d'une déclaration divine que nous devons suivre, sous peine d'en subir les conséquences. Le comportement d'un humaniste n'est pas motivé par la peur des représailles qu'une personne autoritaire nous aurait imposées.

L'humanisme n'a pas pour but de remettre en question la foi d'autrui, mais les humanistes affirment que chacun peut vivre une vie vertueuse en se basant exclusivement sur les connaissances empiriques actuelles, sans avoir à vérifier ses propres vérités en s'appuyant sur une « foi aveugle » ou à fonder sa vie sur Terre sur la recherche d'une vie après la mort, sans aucune preuve valable. Tout ce que nous savons avec certitude, c'est qu'elle pourrait ne pas exister.

Il existe peut-être une vie après la mort, mais faute de preuves valables de son existence, les humanistes ne la considèrent tout simplement pas comme un facteur de préoccupation pour leur propre vie. Peu nous importe que vous croyiez au Père Noël, que vous en ayez encore besoin ou envie, mais nous préférons considérer le Père Noël comme un souhait culturellement imposé pour susciter l'enthousiasme chez nos enfants. Le Père Noël n'est qu'un mythe raconté aux enfants de notre société avant l'âge de raison afin de rendre notre tradition de Noël significative et

stimulante pour eux. Certains parents utilisent également ce mythe pour contrôler le comportement de leurs propres enfants à Noël. Je ne veux pas insinuer que perpétuer cette tradition est mal, mais simplement souligner ceci : de même, la notion d'une vie après la mort est imposée aux adultes par des personnes qui contrôlent, qui ont

ont été acceptées comme autorités, sur la base exclusivement d'une « foi aveugle ».Il n'existe aucun autre fondement à l'idée que quelque chose existe pour nous, en tant qu'individu, après notre mort, si ce n'est notre souhait que cela soit vrai. Ce n'est pas une raison suffisante pour que la plupart des humanistes acceptent qu'une vie après la mort puisse influencer notre comportement. Nous croyons que la seule forme d'immortalité dont nous soyons certains est la mesure dans laquelle le monde est meilleur parce que nous étions ici. Cette croyance, nous le savons, est vraie.

Nombreux sont ceux qui croient que leur religion doit être fondée sur la « vérité » pour être acceptable. Culturellement, la religion répond à une part importante des besoins de nombreuses personnes, notamment celles qui vivent dans des conditions de précarité. Leur participation n'a que peu de rapport avec les traditions historiques, le mythe ou l'histoire qui unifie ses membres. La vérité peut ne pas les concerner. Pour beaucoup, elle ne fait que satisfaire leur sécurité et leurs besoins sociaux les plus modestes.

Chaque religion, et la philosophie de l'humanisme, contient une éthique,ou un ensemble de valeurs morales, car elles sont nécessaires au maintien de toute société organisée. Chaque tradition prétend que la sienne est « la vérité ». Malheureusement, la plupart des confessions religieuses revendiquent la leur comme la seule vérité, afin de contrôler leurs propres membres. Pour notre société organisée, chaque religion est un système autonome qui permet à un grand nombre de personnes de vivre ensemble en toute sécurité, en s'apportant le soutien mutuel nécessaire à chacun. La religion répond à un besoin culturel précis. Chaque église, temple, synagogue ou mosquée a une utilité dans la vie quotidienne de ses membres, qui dépasse leurs propres croyances. Par conséquent, chaque religion répond à des besoins importants dans la vie de ses membres, qui ont peu à voir avec la vérité du mythe qui les unit. C'est pourquoi de nombreux humanistes peuvent y participer sans difficulté. Et il y a des humanistes au sein de toute tradition religieuse ; la plupart ignorent tout simplement l'existence de cette philosophie. Alors, voyez si vous êtes humaniste. C'est peut-être la raison pour laquelle vous lisez cet essai.

Même s'il n'y avait pas de « vérité » dans le mythe sous-jacent d'une religion, il n'y a que la tradition, cela ne devrait pas être une raison pour qu'une personne rejette simplement ses propres symboles religieux, à moins qu'elle n'adopte quelque chose

Cela devient d'autant plus important pour eux à mesure que leur vision du monde se développe grâce à leur éducation. L'éducation est nécessaire pour qu'une personne soit capable de remplacer les symboles de son enfance et de répondre à ses besoins, car ces symboles ont des valeurs émotionnelles qui ont été très importantes dans sa vie.

Par conséquent, il faut un réel effort à de nombreux membres de notre société pour parvenir à la philosophie de l'humanisme. Nombreux sont ceux qui pensent qu'ils renieraient leurs convictions profondes. Ils ne réalisent pas qu'ils peuvent placerleurs opinions religieuses, en plus de la philosophie humaniste. Il ne s'agit pas de choisir entre l'un ou l'autre. Il s'agit simplement de prendre sa vie en main.

Il serait erroné, et contraire à l'éthique humaniste, de condamner la religion fondée sur la vérité, car l'Église, en tant qu'institution organisée, répond à un besoin culturel et personnel très légitime pour de nombreuses personnes, qui n'a rien à voir avec la vérité de son mythe central. La philosophie humaniste ne répond pas actuellement aux besoins de ceux qui, au niveau social moyen, comblent leurs besoins par leur propre religion.

La plupart des humanistes s'accorderaient cependant à dire que si l'on savait que le mythe central de nos religions traditionnelles n'est pas fondé sur des faits, cela changerait la façon dont cette religion contrôle nos vies. Notre contrôledoit alors être fondée uniquement sur la raison, et non sur une vérité primitive dont nous savons maintenant qu'elle n'existe peut-être pas.

Les humanistes, quelle que soit leur religion, estiment généralement que leurs membres ne devraient pas être influencés par la culpabilité ou la peur, ni par la promesse d'une vie après la mort, réservée à ceux qui croient à la vision limitée d'une Personne de Contrôle. Les humanistes ne sont motivés à agir que par des raisons qu'ils acceptent volontiers, et ils garderont le contrôle de leur vie.

Comme indiqué précédemment, même si les humanistes se trouvent dans la plupart des religions, la plupart d'entre eux 62

trouvent impossible d'accepter une doctrine ou une autorité religieuse particulière comme une vérité immuable en se basant uniquement sur une « foi aveugle », ou en acceptant une autorité quelconque, sans qu'elle soit fondée sur une quelconque croyance.

Sur la base de faits qu'ils jugent eux-mêmes vrais. Nombre d'humanistes ne le feront pas, même provisoirement, surtout comme unique fondement de leur vie. Cependant, ils peuvent accepter la personne qui contrôle leur religion comme leur autorité sur de nombreux aspects de leur vie, en raison de la qualité de son travail et de ses connaissances supérieures dans un domaine de pensée qu'ils ne souhaitent pas reproduire eux-mêmes.

La plupart des humanistes ne se soucient guère de ce qu'une autre personne souhaite accepter comme vérité, pourvu que cette personne ne tente pas de leur imposer ses idées. Une personne qui vous attaque est offensante, qu'il s'agisse d'un fondamentaliste évangélique militant ou d'un athée militant qui insiste pour que vous croyiez comme lui. Dans certaines religions, on croit même que si vous ne le faites pas, vous avez le droit de vous tuer. Certains croient même que leur livre d'autorité, que ce soit le Coran ou la Bible, leur enseigne que c'est leur devoir de le faire. Les humanistes ne cherchent généralement pas à changer la vision de la vie d'autrui et ne le feront généralement pas, sauf si quelqu'un d'autre tente de limiter leur capacité à vivre pleinement leur vie comme ils l'entendent.

En effet, l'humanisme, en tant que philosophie, ne s'intéresse pas particulièrement aux religions, car il se concentre exclusivement sur notre vie sur Terre. Nombre d'humanistes ne s'intéressent qu'aux méthodes transmises par la religion, qui influencent la manière dont chaque être humain est censé vivre aujourd'hui sur Terre et limitent le droit ou la capacité de chacun à vivre sa propre vie. Les humanistes veulent que nous ayons tous le droit d'accepter toute croyance que nous jugeons bénéfique pour nous-mêmes ou pour ceux dont nous nous sentons responsables, ainsi que le droit de rejeter toute croyance. Tout humaniste est libre d'accepter toute partie des traditions religieuses qui lui convient.

De nombreux humanistes estiment qu'ils peuvent intégrer certains éléments de nos traditions culturelles et religieuses à leur philosophie de vie. Si un humaniste considère qu'une tradition religieuse particulière est importante pour lui, afin de répondre à ses propres préoccupations auxquelles l'humanisme ne répond pas,

ou pour ajouter une dimension spirituelle à leur approche philosophique de leur vie, Qu'ils souhaitent le soutien de leur communauté religieuse, qu'ils estiment utile de répondre aux besoins des autres membres de leur famille ou pour toute autre raison, personne ne devrait s'en soucier ni les critiquer. Les humanistes estiment que chacun peut vivre sa vie comme il l'entend. Ils reconnaissent que nous n'avons pas toutes les réponses à la vie. Nos connaissances continuent de s'accroître, et personne ne détient toutes les réponses.

Nous considérons l'humanisme comme une philosophie de vie complète. Cependant, il n'a pas vocation à remplacer la religion pour ceux qui souhaitent aller au-delà de notre philosophie.

Le principal dénominateur commun entre l'humanisme et la religion est leur système de valeurs. La différence réside dans le fait que les humanistes se préoccupent avant tout de la manière dont nous vivons aujourd'hui sur Terre. Pour la plupart d'entre eux, rien d'autre n'a vraiment d'importance. Envisager la vie exclusivement du point de vue de notre vie sur Terre revient à la prendre beaucoup plus au sérieux, lui donnant ainsi le sens et la signification que l'on peut lui accorder. Les humanistes ne veulent pas renoncer à la seule vie dont ils sont certains, tout en s'inquiétant d'une vie après la mort qui pourrait ne pas exister.

Puisque nous n'avons aucune preuve réelle autre que les autorités pour validerFace à de nombreuses croyances religieuses, la plupart des humanistes n'accepteraient généralement pas leurs décrets, et encore moins les préceptes de toute autorité s'exprimant au nom d'une religion particulière, comme fondement principal de leur vie. Cela est particulièrement vrai pour les affirmations selon lesquelles notre refus d'accepter la croyance d'une autorité, fondée exclusivement sur sa « foi aveugle », entraînerait la damnation éternelle. Personne ne connaît la réponse à ces questions de manière univoque et absolue. Nous ne pouvons qu'affirmer le contraire ; et ces affirmations n'ont jamais été prouvées.

Les humanistes peuvent adhérer à n'importe quelle tradition religieuse, mais la plupart le font principalement pour des raisons sociales ou familiales, et chacun conserve la liberté de douter. De

plus, ils considèrent généralement leur relation avec une communauté religieuse comme une tentative de combler une lacune dans leur quête de réponses aux questions que nous sommes tous capables de nous poser au quotidien, et que la science fournit actuellement.

Il n'y a pas de réponse claire. Nos religions fournissent les symboles pour décrire notreL'univers, alors que nous n'avons pas de meilleur moyen de l'exprimer pour ceux qui cherchent une réponse à la question du « pourquoi », qui autrement n'existerait peut-être pas. Pour un humaniste, l'idée est que la question du « pourquoi » ellemême n'est peut-être pas pertinente. La « vérité » est qu'il n'y a peut-être pas de réponse à cette question.

Chapitre six
Qui sont les personnes qui contrôlent ?

Notre société est fondée sur le concept de « Personnes de Contrôle ». Nous avons des présidents, des gouverneurs, des parents, des enseignants, des policiers, des pompiers, des membres du clergé, des médecins et des avocats, entre autres, qui tiennent leur rang dans notre société de la loi. Leur élection, leur licence ou leur délégation confèrent leur autorité. Essayez de dire à un commandant militaire ou à un policier, ou à votre directeur de prison ou à votre geôlier, qu'il ou elle n'est pas une Personne de Contrôle. Ou que vous refusez de lui obéir. Chacun exerce un contrôle sur certains aspects de notre existence ; certains indépendamment de notre volonté, d'autres dans la mesure où nous le permettons, la plupart d'entre eux volontairement. Certains sont nécessaires car ils contrôlent notre système social qui nous permet de vivre ensemble en harmonie.

Nous permettons à de nombreuses personnes d'exercer un contrôle sur certains aspects de notre vie par accord mutuel, notamment nos employeurs, nos chefs scouts, notre conjoint, notre médecin traitant, nos avocats, nos agents de change et d'autres personnes qui, avec notre consentement, valorisent notre vie. De plus, certains tentent d'imposer leur autorité. Essayez de dire à un agent de recouvrement qu'il n'a aucune autorité. Le fait est que beaucoup de gens tentent d'exercer un certain pouvoir sur nos vies et nos comportements. La question pertinente demeure : leur transférez-vous le contrôle de votre vie, ou conservez-vous la responsabilité de votre propre vie en décidant de ne coopérer à leurs diktats que si vous comprenez que c'est dans votre intérêt ? Si c'est votre cas, vous êtes peut-être humaniste et ne le saviez tout

simplement pas avant de lire cet essai.

Dans la mesure où vous acceptez de suivre leurs diktats tout en continuant à assumer la responsabilité de votre propre comportement, cela est acceptable pour un humaniste. Dans la mesure où vous vous sentez obligé d'obéir sans

Question : vous êtes contrôlé. Vous vous êtes laissé manipuler. Être manipulé par la peur, la culpabilité ou la récompense pour agir au-delà de vos propres désirs est inacceptable pour un humaniste, car vous cessez de vivre votre propre vie. Vous n'êtes pas seulement une marionnette, mais vous êtes soumis au contrôle d'autrui, souvent contraire à vos propres intérêts. Vous êtes devenu un mouton.

C'est pourquoi les humanistes résistent à ces individus qui prétendent que nous devons croire ou accepter quoi que ce soit comme vrai par une simple « foi aveugle », surtout s'ils ne peuvent étayer leur position que par un texte qu'ils considèrent comme fondé sur « la parole de Dieu », leur autorité suprême. Cela signifierait que les autorités ne peuvent être validées que par des autorités. Ce raisonnement serait facilement perçu comme défiant la logique, même par le commun des mortels. Si ce n'était pas le mystique qui crée le prisme trouble à travers lequel nous percevons nos propres religions, vous seriez d'accord.

Culturellement, on s'attend à ce que l'on croie à sa propre religion ; c'est pourquoi beaucoup veulent y croire. C'est une logique tortueuse. Le problème pour un sceptique est le suivant : si nous ne reconnaissons la vérité d'une chose que parce que les personnes de contrôle nous l'affirment, comment pouvons-nous valider la « vérité » de cette personne de contrôle sur la base de preuves validées uniquement par ces personnes ? Cela défie la logique. Cette forme de contrôle est inacceptable pour les humanistes.

Nous ne savons peut-être jamais quand notre vie influencera celle d'autrui. Un grand-oncle vivant dans l'Illinois était un sceptique qui a eu une influence significative sur le parcours professionnel de Tony Hileman, ancien directeur exécutif de l'American Humanist Association, résidant à Washington. En effet, ce parent, qu'il n'a jamais connu, a publié en 1899 un livre intitulé « L'expérience de vie d'un sceptique », dans lequel il soulignait : « Quand ils (les « Contrôleurs ») vous disent de croire, ils vous disent de ne pas penser. Car penser, c'est douter. Et en doutant, les pouvoirs en place qui tentent de vous contrôler ne peuvent pas vous

supporter. »

Cette seule pensée a changé la vie d'un proche que l'auteur n'a jamais connu personnellement. Il faut rappeler que l'auteur écrivait avant le renouveau de la philosophie épicurienne en Amérique.

Par John Detrich. Pour l'auteur, cette pensée fut une révélation. Il en a fait son propre raisonnement et l'a immortalisée par écrit. Tony a alors réfléchi à sa véritable signification durant ses années de formation. Cela a guidé Tony vers sa philosophie de vie, qui a profondément marqué sa vie, faisant de lui un leader humaniste quatre générations plus tard. Le plus intéressant dans cette histoire est que la sœur de Tony est religieuse catholique et qu'il a été élevé dans une famille catholique. Pourtant, sa transition vers l'humanisme lui a semblé naturelle, car il a percé le voile de sa religion grâce au message de son arrière-grand-oncle, qui lui a apporté une lumière qui l'a touché quatre générations plus tard. Nous avons tous le pouvoir d'influencer les autres. Certaines influences sont bénéfiques pour les autres, car elles les mènent à une vie épanouie. D'autres sont néfastes, car la personne de contrôle a créé une barrière sous la forme d'un scatome qui a bloqué l'épanouissement de certains et les a empêchés de devenir « pleinement vivants ».

Ce même processus logique est vrai même si la personne de contrôle est notreNotre propre médecin et notre vie dépendent de son jugement. Nous pouvons être mal informés à ce sujet, mais notre principal besoin est de toujours rester responsables de nousmêmes. Nous nous sentirons libres de faire nos propres recherches pour valider les conseils de notre médecin. Nous refusons généralement de céder le contrôle de notre existence à un autre, sauf si nous décidons, de manière raisonnée, que cela est dans notre intérêt, et nous conservons le droit, et la capacité, de modifier, voire de revenir sur nos décisions.

Nous devons tous, dans une certaine mesure, nous soumettre aux personnes qui nous contrôlent pour subvenir à nos besoins dans notre société. Maintenir notre société est nécessaire pour subvenir à nos besoins supérieurs, car cela nous permet de satisfaire d'autres besoins supérieurs. Après tout, de nombreux exemples historiques nous montrent que l'anarchie pourrait réduire notre existence à un niveau de chaos, ne dépassant pas le niveau de sécurité nécessaire à notre propre survie.

Un problème que rencontrent les humanistes avec toute

structure organisée est lorsque ses dirigeants tentent d'abuser de leur pouvoir, notamment en utilisant des techniques telles que la peur ou la culpabilité. Vous devez conserver le droit de résister.

Nous devons être libres de ne pas obéir, quelle que soit la raison qui nous importe, pour pouvoir accomplir notre vie et, en fin de compte, lui donner un sens, à nos yeux et aux yeux des autres. Sans ce pouvoir et sans notre responsabilité personnelle, notre vie n'aura aucune valeur réelle. Nous vivrons la vie de quelqu'un d'autre.

Certes, nous ne devrions pas renoncer à notre liberté personnelle au profit du soutien de la Personne au Contrôle. Nous ne sommes plus sous l'emprise du système féodal qui a produit les rois. Rappelez-vous que seuls les Personnes au Contrôle religieux insistent sur le paiement de la dîme. Pourquoi ? Lorsque nous renonçons à notre contrôle, nous pouvons alors nous sentir obligés de travailler pour le bien d'autrui, pour satisfaire ses besoins ou ses souhaits, qui peuvent facilement entrer en conflit avec les nôtres. Même dans notre religion, nous ne devrions agir que parce que nous pensons que c'est dans notre propre intérêt. Toute vie est un exercice d'équilibre.

L'un des objectifs de cet essai est de vous amener à réfléchir à ce qu'il fautPour pouvoir conserver ou reprendre la responsabilité de vos décisions sans vous laisser manipuler par une Personne de Contrôle. Un tel contrôle pourrait bien nuire à votre qualité de vie. Vous ne le saurez peut-être jamais. Vous avez le droit d'accepter toute Personne de Contrôle que vous jugez bénéfique et acceptable, et aucun humaniste ne s'opposerait à ce que vous conserviez le droit de vérifier sa véracité. La question est : saurez-vous faire la différence ?

Chapitre sept
Comment Devrait Nous En direct NotreVie?
(Donc, quoi fait ce mêmesignifier?)

La question la plus pertinente demeure : si tout ce que nous savons, c'est que nous existons, comment pouvons-nous donner un sens à notre vie ? Si notre but ultime est uniquement la survie et la croissance de notre espèce, notre raison d'être est-elle simplement de procréer puis de mourir, comme une abeille mâle, une fourmi mâle ou une veuve noire ? Si tel est le cas, nous, les aînés, ferions mieux de faire notre devoir et de cesser de gaspiller les ressources de la Terre. Ce n'est pas une pensée très satisfaisante.

Nous devrions au moins avoir une réponse à cette question pour nous-mêmes. L'existence humaine est peut-être le fruit du hasard, comme le suggère Donald Johansson. Un dieu surnaturel ne dicte peut-être pas notre comportement. Pourtant, cela ne signifie pas que tant que nous sommes ici-bas, notre vie ne devrait pas avoir de valeur, du moins pour nous-mêmes. La psychologie est peut-être la seule science actuellement disponible que nous pouvons utiliser pour mieux comprendre ce qui est finalement important dans notre vie.

C'est le chapitre le plus important de ce livre pour votre vie. Prenez le temps de bien comprendre ce que vous lisez avant de poursuivre, puis relisez-le si vous avez d'autres questions ou préoccupations. Comprendre ce chapitre est essentiel pour une existence épanouie.

La psychologie comme science

La psychologie est née en tant que science avec Sigmund Freud. Freud a aidé les malades mentaux à améliorer leur vie en se concentrant sur

ce qui n'allait pas dans leur comportement. Ainsi, la psychologie a commencé commescience négative.

Les « behavioristes » représentent la deuxième phase de la psychologie moderne. Tout le monde a entendu parler du chien de Pavlov qui associait le tintement d'une cloche à la distribution de nourriture. Son chien salivait lorsqu'il sonnait. Cela prouvait que le comportement pouvait être conditionné. BF Skinner, psychologue humaniste, a construit des labyrinthes dans lesquels il a mené des expériences sur des rats blancs, démontrant leur capacité d'apprentissage. Le béhaviorisme montre que la privation de besoins engendre une pulsion, qui se traduit par un comportement. En modifiant un stimulus antérieur, on peut modifier le comportement. Alors que j'étudiais les sciences du comportement au département de psychologie de l'université Drake, on m'a dit un jour : « On pourrait apprendre la propreté à un enfant en une journée avec un aiguillon à bétail. » (Le professeur a reconnu : « Bien sûr, cet enfant deviendrait névrosé pour le restant de ses jours, mais son comportement pourrait certainement être modifié. » Le professeur voulait dire que toute science, comme toute connaissance, peut être détournée.)

Skinner était humaniste. Je lui écrivais en tant que président de l'American Humanist Association le mois de sa mort. Skinner travaillait sur un livre expliquant l'évolution de la psychologie du point de vue de Darwin. Je suis profondément désolé qu'il soit décédé avant sa publication. Edwin Wilson, premier directeur exécutif de l'AHA, était assis sur un tabouret de bar entre BF Skinner et Abraham Maslow lors d'une réunion annuelle de l'Association. Ils discutaient de leurs interprétations personnelles de l'humanisme. J'aurais adoré être une souris dans un coin, écoutant leur discussion. Je me suis reproché à plusieurs reprises de ne pas avoir demandé à Ed Wilson d'écrire un article relatant leur discussion pour nos archives humanistes, aujourd'hui conservées à la bibliothèque du séminaire unitarien MeadvilleLombard à Chicago. Cet article aurait été un classique parmi les psychologues.

Le but de Maslow pour nos vies

La psychologie humaniste est devenue la troisième force de la psychologie dans ce domaine scientifique et a révolutionné notre compréhension decomment nous pouvons vivre notre propre vie à notre plein potentiel.

Le Dr Abraham Maslow, fondateur de la psychologie humaniste, aIl a formulé une théorie scientifique viable pour trouver un sens à chaque vie. Maslow a grandi à l'ère du béhaviorisme. Pour comprendre pourquoi deux de ses professeurs de psychologie étaient des personnes si remarquables, Maslow n'a pas trouvé de privation de besoins pouvant expliquer leur comportement exceptionnel. Soudain, il a réalisé que la psychologie avait peutêtre une conception inversée des « besoins ». En cas de privation de besoins, les individus deviennent anormaux, jusqu'à tomber malades, comme les patients de Freud. Mais en parfaite santé, Maslow a découvert qu'ils ne souffrent pas de privation de besoins. Après avoir sérieusement réfléchi à ce problème, Maslow a reconnu qu'il existe plusieurs niveaux, ou catégories, de besoins humains très distincts, selon la force motrice de ce besoin pour sa satisfaction. L'intensité de la privation de besoins n'est pas linéaire, comme on l'avait cru auparavant.

Maslow alorsNous avons découvert que les humains vivent sur de multiples niveaux psychologiques, et que notre comportement, ainsi que notre orientation individuelle vers la vie, varient considérablement selon le niveau auquel nous nous trouvons à ce moment précis. Notre niveau de besoin prédominant du moment régulera notre existence momentanée.

Notre objectif doit être de continuer à croître dans l'ensemble de notreTout au long de notre vie. Notre sentiment de réussite découle de la mesure du chemin parcouru. Le succès ne se résume pas à l'atteinte d'un objectif. Il s'agit du sentiment que nous ressentons en reconnaissant notre propre évolution à mesure que nous progressons vers un but. Lorsque nous atteignons un objectif, un nouvel objectif devrait déjà avoir remplacé le précédent, à mesure que nous étendons notre vie et lui donnons le plus de sens et d'importance possible. Notre croissance continue tout au long de notre vie est notre objectif, afin de nous épanouir et d'atteindre le niveau de vie le plus élevé possible. Nos objectifs sont temporaires et doivent constamment élargir nos horizons à mesure que nous grandissons pour que notre vie ait une réelle valeur pour nous. Maslow fut le premier psychologue à croire que l'objectif de chacun dans la vie est de s'épanouir en atteignant le niveau de vie 73

le plus élevé que nous sommes individuellement capables d'atteindre.

Maslow reconnaissait que la signification de notre propre épanouissement varie selon chaque niveau de besoin. La plupart des gens se contentent de vivre avec un niveau de vie inférieur.

Niveaux de besoin. Certaines personnes peuvent atteindre les niveaux de vie les plus élevés.Pourquoi la différence ?

La hiérarchie des besoins de Maslow

Maslow a découvert que les besoins pouvaient être catégorisés selon l'intensité de l'impulsion provoquée par leur déficience ; et que les besoins les plus intenses prédominent. Si une personne a suffisamment faim, par exemple, son comportement répondra d'abord à cette attente, en repoussant son désir d'aider les autres ou en continuant à écouter de la musique classique. Maslow a établi l'existence de six niveaux hiérarchiques bien distincts de besoins humains. De plus, il a découvert que l'intensité des besoins du niveau inférieur est en moyenne deux fois supérieure à celle du niveau immédiatement supérieur. Ces besoins orientent donc le comportement de la personne à ce moment-là pour la satisfaire, afin qu'elle puisse ensuite satisfaire ses besoins du niveau supérieur.

Besoins essentiels

La survie est la préoccupation première de tous les organismes vivants (et de toutes les institutions, gouvernements et systèmes organisés). Il s'ensuit que les besoins les plus importants, ou primaires, sont ceux d'ordre physiologique. Parmi ces besoins fondamentaux figurent notamment le besoin de nourriture, d'eau, d'air, de relations sexuelles, d'élimination, de chaleur et de sommeil. Si l'on doit absolument aller aux toilettes, rien d'autre n'est particulièrement important à ce moment-là. À titre d'exemple, ces « besoins fondamentaux » peuvent être caractérisés comme les besoins dont l'intensité est de un. Nombreux sont ceux qui, dans certaines régions du monde, peinent à dépasser ce niveau, même aujourd'hui. Prenons l'exemple de la vie actuelle, au cours de cette décennie, de ceux qui, en Asie, ont été chassés de chez eux par un dictateur détraqué.

Besoins de sécurité

Une fois nos besoins fondamentaux suffisamment satisfaits, nous nous préparons naturellement à leur future satisfaction.

Nous cherchons un abri pour nous protéger des éléments. Nous devenons protecteurs. Maslow a classé ce niveau supérieur sous le nom de « besoins de sécurité » et a constaté que ces besoins ont généralement une force motrice inférieure de moitié à celle des besoins fondamentaux. Comme nous l'avons décrit en introduction, certaines personnes aisées, mais qui ont choisi une vie qui défie la société, doivent passer la majeure partie de leur vie à vivre à ce niveau, se protégeant des autres pour leur survie même.

Lorsque nous nous sentons en sécurité, nous ne pensons généralement pas à la proximitédes toilettes les plus proches. Cependant, lorsque nous ne pouvons pas nous soulager, nous nous inquiétons certainement de ce qui se passera la prochaine fois, surtout si des obstacles empêchent notre soulagement immédiat. Un simple soldat de l'armée qui doit aller aux toilettes alors qu'il est au garde-à-vous en formation l'apprend très bien. Cela ne se reproduira plus.

Besoins sociaux

Une fois en sécurité, nous avons naturellement tendance à rechercher l'amitié et les relations amoureuses. Nous sommes capables de vivre au niveau du besoin « social » ou d'appartenance. Nous voulons appartenir, être acceptés et aimés. Nous intégrons alors les autres à nos mécanismes de défense et leur permettons de partager avec nous la satisfaction de nos besoins. Bien que cela soit très important pour nous tous, ces besoins sociaux présentent un déficit d'intensité équivalant à environ un quart de celui de nos besoins fondamentaux (essayez d'expliquer ce concept à un adolescent sous l'effet des hormones). Aujourd'hui, 70 % des Américains sont bloqués au niveau social ou en dessous, sans même se rendre compte qu'il existe trois niveaux au-dessus.

Ego, conscience de soi ou besoins identitaires

Lorsque nos propres besoins, ainsi que ceux de nos proches – ou de ceux dont nous nous sentons responsables – sont également

satisfaits et que leurs besoins fondamentaux sont satisfaits, nous sommes alors libres de rechercher la reconnaissance des autres. Maslow a classé ce niveau comme « besoins d'ego », « conscience de soi » ou « besoins d'estime de soi ». Bien que la force de l'ego puisse paraître forte, la force motrice de ces besoins n'est généralement que la moitié de celle de nos besoins sociaux.

Actualisation

L'objectif constant de chacun devrait être d'« actualiser » sa propre existence ici sur Terre. Se sentir « épanoui » : une fois convaincu d'être non seulement accepté, mais apprécié par les autres, nous sommes libres de nous identifier et de nous intégrer à notre environnement. Nous pouvons alors reconnaître et être en phase avec notre propre réalité. Ce n'est qu'alors que nous sommes psychologiquement capables d'actualiser notre propre existence.

Maslow estimait que les personnes qui s'actualisent deviennent des « personnes entières ». Il a défini les besoins d'actualisation en quinze adjectifs différents : vérité, bonté, beauté, unité, vitalité, unicité, perfection et nécessité, accomplissement, autosuffisance, justice et ordre, simplicité, richesse, facilité, espièglerie et sens. Lorsque nous savourons le monde qui nous entoure, nous cherchons à satisfaire nos propres besoins actualisés.

Nous ne pouvons atteindre cet objectif que si nos besoins fondamentaux, de sécurité, sociaux et de conscience de soi sont raisonnablement satisfaits. À ce niveauNous nous intéressons à des concepts abstraits, comme l'esthétique, et améliorons notre environnement. Nous commençons à devenir une personne entière, épanouie, en paix avec nous-mêmes. Nous sommes alors, pour la première fois, capables de chercher à accomplir la vie des autres uniquement pour leur bien, et non pour le nôtre. Pour la première fois, nous sommes alors capables de nous dépasser pour devenir pleinement vivants.

Jusqu'au point d'actualisation, Maslow a reconnu que nos besoins,Les besoins de déficit, ou de carence, sont de plus en plus faibles. En cas de déficit, nous ressentons le besoin de le combler. L'ampleur de ce déficit détermine la force de notre comportement actuel, alors que nous cherchons à satisfaire ce besoin. Puisque notre comportement inné est essentiellement motivé par le besoin de survie, ces besoins sont primaires, et donc les plus forts. Maslow disait que ces besoins sont « instinctoïdes », de type instinctif. Entre les besoins fondamentaux et les besoins de conscience de soi liés à l'ego, nous améliorons progressivement

notre qualité de vie. Les besoins d'actualisation se transforment en besoins d'« être ». Nous nous efforçons de devenir le plus complet, le « soi le plus complet », une personne entière.

D'où le terme utilisé par Maslow : « réalisation de soi ». Toutes les créatures sont totalement égoïstes aux niveaux les plus bas de l'existence. Notre pulsion égoïste diminue au même rythme que tous les autres besoins, jusqu'à ce que tout égoïsme disparaisse au niveau actualisé. L'altruisme n'apparaît qu'à mesure que nous approchons de l'actualisation.

Ce qui se produit une fois que nous avons pleinement réalisé notre existence est la plus importante des découvertes de Maslow. Lorsque nous réalisons notre plein potentiel, nous atteignons momentanément un état d'épanouissement total. Dans cet état de contentement, nous pouvons vibrer en harmonie avec notre environnement. Pendant au moins cet instant, nous sommes libérés de tout stress et pouvons alors reconnaître notre propre sentiment de paix comme une « expérience suprême ». Maslow a constaté que seulement 6 % environ de notre société actuelle atteint ce niveau. Seul 1 % a atteint une expérience suprême. L'un des principaux objectifs d'une société organisée est de créer un environnement qui permette à tous ceux qui sont prêts à fournir les efforts nécessaires d'atteindre ce niveau.

Lorsque nous vivons une expérience de pointe, nous avons, à cet instant, une vision complète de notre situation actuelle et nous sommes pleinement satisfaits. Tel un hors-bord sillonnant l'eau et atteignant un plan d'eau, nous fonctionnons avec beaucoup moins d'énergie et accélérons beaucoup plus vite et avec une compréhension beaucoup plus profonde, car, à cet instant, nous pouvons penser et comprendre notre propre situation avec plus de clarté. Nous voyons alors momentanément notre propre vie et tout ce qui nous entoure, comme si nous étions un observateur extérieur, observant sans retenue. Plus que lors de toute autre expérience antérieure, la plupart des gens se sentent véritablement euphoriques, libérés et épanouis lors d'une expérience de pointe.

Cependant, même ceux qui ont concrétisé leur propre existence doivent consacrer la majeure partie de leur vie à subvenir à leurs besoins élémentaires afin de pouvoir atteindre momentanément leur niveau de vie le plus élevé. Nous vivons principalement sur un seul niveau à la fois. Nous commençons notre vie au niveau le plus

bas, mais si nous ne sommes pas inhibés par des forces extérieures et disposons des ressources nécessaires pour répondre à nos besoins, nous pouvons progresser naturellement à chaque niveau. Maslow a constaté que l'objectif et le but naturels de

Notre vie est destinée à notre croissance continue. Elle vise à la maintenir au plus haut niveau possible et, à terme, à nous permettre d'atteindre une expérience ultime. Nous saurons alors que nous vivons pleinement notre vie. Dès lors, nous cessons d'être motivés par nos propres besoins égoïstes. Nous pouvons alors devenir pleinement vivants.

Comment dépasser notre égoïsme ?

Maslow a découvert qu'une fois parvenue à un sommet, certaines personnes sont capables de se détacher de leurs motivations les plus égoïstes et de diriger leurs efforts vers un autre monde. Certaines personnes sont alors capables d'accepter une motivation extérieure qui transcende une cause, une autre personne, voire un engagement à vie. Nous pouvons alors nous satisfaire pleinement de vivre pour le bien d'autrui, ou pour une cause pour le bien commun, parfois même à notre propre détriment physique. Se transcender permet à notre vie de prendre encore plus de sens et, en fin de compte, de prendre encore plus de sens pour nous-mêmes. Lorsque nous nous transcendons et devenons, de fait, « transhumains », nous nous sentons alors « pleinement vivants » et en harmonie avec tout ce qui nous entoure.

De nombreux étudiants en psychologie de premier cycle insistent sur le fait que Maslow n'a identifié que cinq niveaux de besoins. Il s'agit essentiellement de sa hiérarchie. Plus tard dans sa carrière, Maslow a extrapolé jusqu'à un sixième niveau, reconnaissant que certaines personnes peuvent fusionner leur propre existence avec des causes qui les dépassent.

Ce sixième niveau, ou le plus élevé, ouvre un nouveau domaine de vie. Une mèreUn enfant ne fait plus qu'un avec son fils ou sa fille ; un artiste se perd dans sa peinture, au point de ne plus pouvoir manger ni dormir ; un médecin s'efforce de sauver le patient qu'il soigne, au point de mettre ses propres besoins en danger ; et un enseignant peut perdre son identité et s'investir pleinement auprès de ses élèves. L'enseignant est absorbé par la croissance de ses élèves. Un avocat s'identifie à la réussite de son client.

Une personne vivant actuellement à ce niveau a fusionné les besoins des personnes qu'elle sert, ou d'une cause ou d'une idée, avec elle-même, et ainsi ces besoins externes peuvent dicter ses propres besoins et désirs, même à l'exclusion des besoins personnels de cette personne.

Un test pour déterminer si une personne peut vivre à ce niveau consiste à analyser la façon dont elle décrit ses propres efforts. La description de son œuvre inclut-elle une référence personnelle à elle-même ? Si oui, ses motivations relèvent peut-être encore de l'ego. Les questions à poser à ces personnes sont : « Quelles activités vous procurent le plus de satisfaction ou de récompense dans votre vie ? » « Qu'est-ce qui donne le plus de sens à votre vie ? » Les valeurs transpersonnelles exprimées par les personnes qui ont transcendé leurs propres besoins en disent long sur cette personne. Lorsqu'une personne parvient à vivre à ce niveau, le soi fusionne avec la cause, qui devient alors le but premier de son existence.

Par la suite, la signification de la vie de cette personne devient entièrement liée à la cause pour laquelle elle se sent née. Elle s'identifie, même aux yeux des autres, à la passion qu'elle sert alors. Toute sa vie antérieure n'était qu'un prélude à celle qu'elle mène aujourd'hui. L'un des avantages pour cette personne est que la majeure partie du reste de sa vie peut être vécue au niveau actuel, voire au-delà.

L'écrivain humaniste Isaac Asimov était animé, durant les dernières années de sa vie, par l'objectif de publier son cinq centième livre. Il en publiait un environ tous les soixante jours avant sa mort. Lorsque je lui écrivais pour lui demander des informations ou pour solliciter son autorité en tant que mon successeur à la présidence de l'Association humaniste américaine, il répondait toujours. Mais il me répondait par cartes postales, ne voulant pas retarder l'accomplissement de son projet de vie. L'épouse d'Asimov, Janet Jepson, m'a conseillé de ne pas m'en vouloir ; il faisait cela avec tout le monde, y compris sa famille.

De nombreux ouvrages d'Asimov portaient sur des domaines

scientifiques et proposaient une étude approfondie d'un sujet. Comme je l'ai mentionné précédemment, le Guide de la physique et le Guide des sciences d'Asimov sont des classiques. Le Guide de la Bible d'Asimov, en deux volumes, reprend chaque chapitre de la Bible et le replace dans son contexte historique afin de mieux comprendre pourquoi chaque chapitre biblique a été écrit. Ces ouvrages sont toujours disponibles en librairie aujourd'hui, plus de 40 ans après leur publication.

Après sa mort, il a publié 480 livres de son vivant, dont un tiers de science-fiction, qui l'ont rendu célèbre auprès des jeunes générations.

Lorsqu'une personne peut aller au-delà de l'actualisation, elle devient unUne personne entière, libérée de ses propres besoins, peut désormais se consacrer exclusivement aux besoins des autres ou à ses tâches quotidiennes. Elle devient alors altruiste et son comportement ne répond plus à la satisfaction de ses propres besoins. Sa vision et sa motivation sont exclusivement tournées vers le bien qu'elle apporte aux autres et au monde dans lequel nous vivons.

Pour mettre cela en perspective, Maslow a dessiné un diagramme d'une pyramideIl a montré les niveaux de besoins des êtres humains. Sa conclusion était que, plutôt que de manière linéaire, les besoins biologiques et psychologiques varient en intensité, produisant un besoin de satisfaction quantifiable à cinq niveaux. Un niveau de besoins plus élevé prévaut et doit être satisfait en premier.

Le but pour chacun de nous est d'accomplir notre propre existence en réussissant leNous atteignons le point culminant d'une expérience et nous contribuons librement à l'immortalité en laissant un monde meilleur grâce à notre passage. La pyramide des besoins de Maslow nous montre la voie pour maximiser notre vie. Lorsque nous atteignons un sommet, nous savons que nous sommes pleinement vivants.

Les humains se distinguent des autres formes de vie animale par la taille de leur cerveau. Grâce à ce volume, nous pouvons penser de manière abstraite.Cela nous permet d'imaginer des situations ou des objets qui n'existent peut-être même pas. Nous pouvons penser bien au-delà de nous-mêmes, d'une manière que nos chiens ou nos chats ne peuvent pas imaginer. Ainsi, nous évoquons l'idée de Dieux qui pourraient exister, que nos animaux de compagnie sont incapables de comprendre. Nous avons créé l'illusion d'une vie après notre mort, qui n'a aucun sens pour aucune autre forme de vie. Nous pouvons vivre à tous ces niveaux. Nos animaux de compagnie ne peuvent atteindre qu'un niveau social moyen. Les fourmis peinent à dépasser le niveau élémentaire. Les amibes, elles, ne peuvent pas dépasser ce niveau élémentaire. Examinons la hiérarchie des besoins de Maslow telle qu'il l'imaginait.

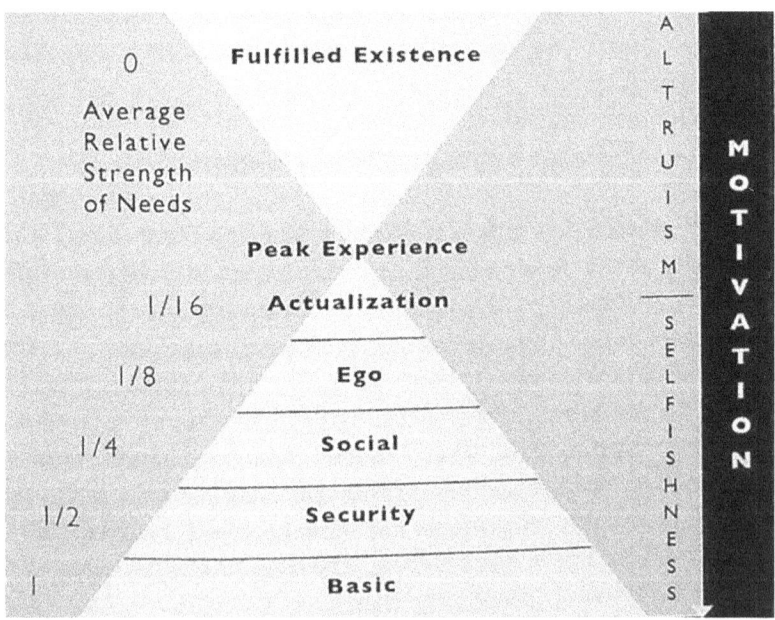

LA PYRAMIDE DE LA HIÉRARCHIE DES BESOINS DE MASLOW

Notez que la force relative de nos besoins à chaque niveau est d'environLa moitié de celle du niveau précédent. L'intensité de notre égoïsme diminue également chez la plupart des gens par rapport au niveau primaire auquel ils vivent actuellement. Au cours d'une journée normale, la plupart des gens franchissent plusieurs niveaux en fonction de leurs activités actuelles, des ressources disponibles, du stress et du sens des responsabilités qu'ils éprouvent dans la recherche d'objectifs et, surtout, de leur attitude du moment.

Nous, les humains, sommes complexes.

La taille réduite de chaque niveau dans ce diagramme reflète non seulement laLa force motrice de chaque niveau, mais elle représente aussi assez bien la population actuelle de la Terre. Il y a beaucoup plus de personnes vivant au niveau de base qu'au niveau supérieur. Très peu atteignent le niveau d'actualisation. Notre existence reste relativement primitive à l'échelle mondiale.

Le but ultime de l'humanisme organisé devrait être d'éduquer le public sur l'existence de niveaux de vie supérieurs que chacun d'entre nous peut finalement atteindre, d'identifier et d'encourager le développement des moyens pour que notre société grandisse, et d'encourager ceux qui peuvent fournir les voies pour que notre société grandisse afin que chacun puisse parvenir à l'actualisation un jour dans notre avenir.

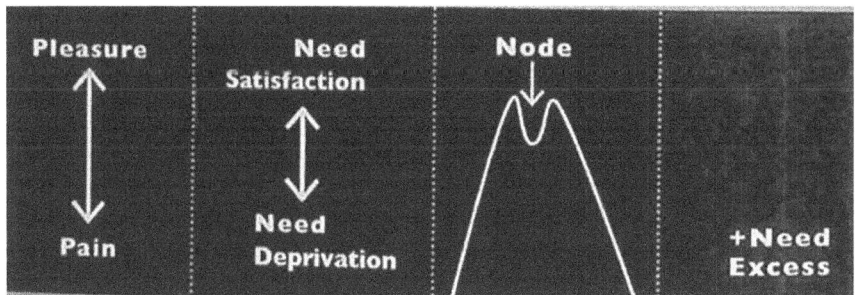

Ceux qui ont une existence épanouie

Maslow a identifié les personnes qui ont réalisé leur propre vie comme étant capables de s'élever au-dessus d'elles-mêmes pour atteindre un niveau d'existence pleinement épanouie. Il a constaté que ces personnes avaient connu un changement significatif de leurs valeurs. Maslow a qualifié ce phénomène de « cognition de l'être » ou « valeurs B », ce qui signifie qu'une personne est capable d'identifier le but de sa propre existence à quelque chose qui la dépasse. La « cause » devient sa motivation à exister. Elle devient indissociable de sa cause. Au final, les personnes pleinement réalisées deviennent non seulement des personnes à part entière, dotées d'un but significatif pour elles-mêmes, mais elles sont également importantes pour les autres et sont alors capables de mesurer la valeur de leur propre vie à l'aune du bien qu'elles créent.

Les individus peuvent se transcender à n'importe quel niveau de la hiérarchiedes besoins. Cependant, à moins qu'une personne ne se soit pleinement réalisée, sa motivation reste principalement égoïste. Seule une personne pleinement épanouie est dépourvue de

motivation personnelle altruiste. En dessous du sixième niveau, les degrés d'égoïsme influencent principalement notre comportement.

Idéalement, chacun gagnerait sa vie en exerçant ce qui satisfait ses propres besoins d'épanouissement et de transcendance. Pour ceux qui en sont capables, leur mission de vie donne un sens à leur vie ; ainsi, nous pourrions être capables de subvenir à tous nos besoins grâce à un travail qui comble notre passion. Enseignants, pasteurs, artistes, médecins, voire certains avocats, et bien d'autres professions peuvent éprouver un sentiment de bien-être et d'épanouissement en subvenant à tous leurs besoins grâce à leur expérience professionnelle.

Les méthodes de recherche de Maslow

Souhaitant interroger en profondeur des personnes hautement fonctionnelles afin de mieux comprendre comment elles parviennent à l'épanouissement personnel et l'impact des expériences de pointe sur la vie des individus, Maslow a d'abord dû déterminer lesquelles, parmi les personnes interrogées au hasard, étaient capables d'actualiser leur propre existence. Il a d'abord dû développer des tests pour identifier celles qui vivaient à un niveau actualisé, afin de distinguer ces personnes à interroger de la masse des volontaires.

Son premier test était la musique. Maslow a découvert qu'une personne vivant surAu niveau élémentaire, seule la musique forte et affirmée – forte, hard rock ou percussions – avait du sens. Comme nous débutons notre vie au niveau élémentaire, cela peut expliquer pourquoi nos enfants préfèrent les percussions fortes au début de leur vie. Comme pour tous les autres aspects de la vie, malheureusement, certains ne s'en lassent jamais.

Une personne socialement reconnue peut facilement apprécier la musique populaire.À l'inverse, au niveau actuel, une personne sera plus encline à trouver belles les orchestrations subtiles, comme celles de Beethoven. Une personne au niveau actuel pourrait également apprécier le hard rock, ainsi que toute la musique, même si elle préfère généralement une orchestration plus classique ou subtile. En revanche, une personne au niveau basique ou sécurisé n'appréciera généralement jamais Beethoven.

Pour un autre test, Maslow a utilisé l'humour. Pour une personne vivant dans un environnement précaire ou sécurisé, la violence, le sexe ou tout autre événement difficile

Pour être perçue comme humoristique, une blague doit être incluse. Sur le plan social, les blagues sur les gens peuvent être perçues comme drôles. Sur le plan concret, l'incongruence peut être humoristique. Là encore, une personne au niveau élémentaire comprendra rarement pourquoi une incongruence pourrait être drôle, tandis qu'une personne au niveau concret appréciera une blague déplacée, tout comme une gamme plus large d'humour. Pour une personne vivant au niveau élémentaire, ou sécurisé, la perception de l'abstraction, sous quelque forme que ce soit, est sérieusement limitée. Ces tests nous aideront à différencier le niveau de vie de ceux que nous rencontrons et, par conséquent, à mieux comprendre ceux avec qui nous devons interagir.

Compréhension des besoins

La satisfaction de chaque besoin n'est pas linéaire, mais plutôt une courbe en cloche avecUne fossette, ou « nœud », apparaît au sommet. La douleur peut résulter aussi bien d'une privation que de la satisfaction excessive d'un besoin. Par exemple, une personne peut avoir soif, commencer à boire de l'eau et se sentir nettement mieux jusqu'à atteindre un pic. Ensuite, un peu plus d'eau entraînera une légère baisse, jusqu'à ce que la soif soit totalement satisfaite. Boire plus d'eau entraînera un excès, et la douleur reviendra alors. On peut mourir de privation ou d'excès. Le même phénomène s'applique à tous les besoins.

Cheminement typique des besoins sur une échelle plaisir-douleur

L'homéostasie est l'état d'équilibre. Atteindre l'homéostasie est un effort naturel et constant de notre corps. L'objectif de la satisfaction de tout besoin est de rester dans le nœud, ou point d'équilibre. Notre objectif dans la vie est de vivre une existence équilibrée, en satisfaisant raisonnablement tous nos besoins. Si tous nos besoins sont pleinement satisfaits à un instant donné, nous pouvons atteindre cet état unique où nous sommes en harmonie avec notre environnement immédiat. Cet état, que Maslow qualifie d'« expérience de pointe », nous indique que, pendant cet instant,

nous vivons pleinement au plus haut niveau de notre existence. Une personne pleinement rassasiée

profiter d'une expérience de pointe, c'est se reposer au cœur de tous ses besoins, à la fois physiquement et psychologiquement.

Lorsqu'une expérience de pointe se produit, tel un diapason, vous entrez en résonance avec votre propre réalité. Vous êtes, à cet instant, « en phase » avec votre propre univers. Cela peut être subtil et passer inaperçu. Ou bien cela peut vous frapper comme une pierre, surtout s'il s'agit d'une première expérience. Vous pouvez ressentir une sensation euphorique, comme flotter dans l'air. Dans cet état, vous comprenez pleinement et vous sentez à l'aise avec tous les aspects de la vie qui vous entoure, même si vous pourriez autrement être coincé dans une situation négative. Les personnes en prison, même celles qui viennent de déposer le bilan, ou en instance de divorce, et celles qui font face à leur propre mort, sont encore capables d'atteindre cet état dans les bonnes circonstances. Évidemment, c'est plus difficile si l'attention de la personne est occupée par autre chose. Cependant, l'épanouissement est conditionné par notre attitude face à la situation actuelle.

Certains d'entre nous, dans notre culture et notre environnement américains, auront ressenti unOn vit des expériences de pointe de temps à autre, parfois sans en reconnaître l'origine ni en comprendre la signification. Au moment d'une expérience de pointe, tout semble aller pour le mieux. Cela peut être très effrayant si l'on ne dispose d'aucune base pour comprendre ce qui se passe. Maslow pensait que l'expérience typique de renaissance d'un fondamentaliste évangélique est probablement une expérience de pointe qualifiée de religieuse. C'est un moment d'illumination. La plupart des gens étant incapables d'exprimer leur expérience en termes scientifiques, ils se tourneront vers ce qu'ils savent pour expliquer le phénomène et pourraient ainsi attribuer leur propre bien-être à leur conception de Dieu.

Pour une personne condamnée à mort, vivre une expérience intense ne signifie pas qu'elle approuvera son incarcération. Cependant, à ce moment-là, elle comprendra au moins sa situation et sera alors capable d'accepter l'inévitable. Elle aura, au moins momentanément, une vision beaucoup plus claire. Une personne en fin de vie d'un cancer peut également vivre une telle expérience si

elle s'est résignée à son sort. Les services de soins palliatifs font des merveilles pour aider les personnes à accepter leur propre mort grâce à ce principe.

Pour Maslow, être capable d'atteindre une expérience de pointe est le « sommet »de notre existence personnelle, vivant pleinement en nous-mêmes. Nous devenons une personne pleinement « saine », au sens psychologique du terme. Ce faisant, nous avons, à cet instant, accompli tout ce qui était pertinent. Nous sommes, l'espace d'un instant, « pleinement vivants » et parfaitement satisfaits. Vivre continuellement au niveau actualisé, avec des expériences intenses et soutenues, serait difficile, voire impossible. Cependant, si nous parvenons à saisir cet instant où nous n'avons plus de besoins personnels, nous pouvons alors nous transcender et nous harmoniser avec un but plus élevé. Nous pouvons alors devenir une personne pleinement fonctionnelle, dont la vie a du sens non seulement pour nous-mêmes, mais encore plus pour les autres. Nous sommes alors « pleinement vivants ». Une fois le chemin trouvé, c'est encore plus facile la fois suivante. Nous pouvons apprendre à revenir régulièrement.

Le chemin de croissance normal et sans entrave tout au long de la vie

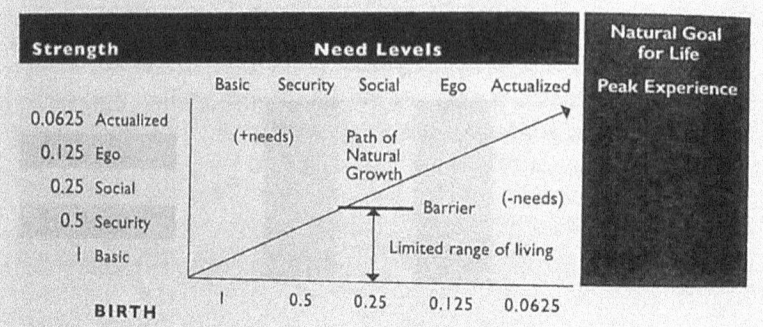

Le chemin normal de croissance tout au long de la vie commence par la satisfaction des besoins fondamentaux et, sauf obstacle, progresse finalement vers leur actualisation. Notez que la force motrice des besoins devient progressivement plus subtile et moins déterminante pour notre comportement à mesure que nous progressons sur le chemin de croissance. Nous grandissons mieux sur un chemin relativement neutre entre besoins positifs ou d'attraction et besoins négatifs ou d'évitement. Nous empruntons 86

naturellement le chemin de moindre résistance. Cependant, à mesure que notre force motrice diminue, il devient plus facile pour nos traditions culturelles et sociales et pour les personnes qui nous contrôlent que nous rencontrons dans nos vies d'introduire ou d'imposer des obstacles à notre croissance naturelle continue. Certains

sont subtiles et peuvent même dépasser notre conscience. Ainsi, nous pouvons ignorer que nous sommes contrôlés. De telles barrières peuvent ralentir, voire stoppernotre croissance future.

Considérez l'effet de la culpabilité que nous imposent nos parents ou certains membres du clergé. Une fois que nous rencontrons un obstacle, si sa force dépasse notre motivation pour le besoin que nous répondons actuellement, notre croissance naturelle dans ce domaine de nos activités s'interrompt temporairement jusqu'à ce que l'obstacle soit levé ou contourné. Si les obstacles se fixent et deviennent un scatome, nous risquons de passer le reste de notre vie sans jamais dépasser cet obstacle imposé. Nombreux sont ceux qui se contentent alors d'un cadre de vie plus étroit et plus limité, ignorant même l'existence d'un niveau de vie supérieur. Nous pouvons nous contenter et nous sentir en sécurité dans notre cadre de vie restreint. Une fois qu'un obstacle est accepté comme étant le meilleur pour nous-mêmes, il devient un scatome. Nous ne pouvons alors plus accepter que quiconque le défie de front. Contourner notre obstacle nécessite de construire un pont ou un détour. Cela nécessite généralement une éducation non menaçante pour ouvrir une nouvelle voie. Élever notre vision de la vie au-dessus des scatomes de l'enfance est l'un des principaux objectifs de notre expérience universitaire.

Nous pourrions reconnaître que nos besoins au niveau d'une expérience de pointesera très subtile, car il n'y a pas de pulsion forte à ce moment-là. Ou bien, l'euphorie peut être intense, car l'expérience est si nouvelle. Ou bien, comme il n'y a pas de pulsion forte en nous pour déclencher un comportement lorsque nous atteignons un pic, si nous n'y prêtons pas attention, nous pouvons simplement nous sentir bien sans savoir pourquoi. L'expérience peut être passagère. Car un besoin plus faible, mais plus fort – nous avons inévitablement faim ou sommes confrontés à un besoin naturel – prendra bientôt le dessus, et notre comportement s'adaptera pour satisfaire ce nouveau besoin, grâce à sa pulsion plus forte. Nous pourrons alors reprendre le chemin de l'épanouissement, à moins que nous ne rencontrions un obstacle qui limite notre développement futur.

Imaginez l'excitation que vous ressentiez en tant que débutant au piano lorsque vous avez pu jouer pour la première fois avec des « baguettes ». Cette euphorie n'a duré que jusqu'à ce que vousOn a été mis au défi par la leçon de musique suivante, plus difficile. Mais ensuite, on pouvait toujours jouer des « baguettes ». Une fois que nous avons

Une fois parvenu au niveau d'actualisation, il en va de même pour atteindre à nouveau une expérience optimale. Si nous ne sommes pas freinés par des obstacles ou des forces extérieures, nous apprendrons naturellement à transcender notre niveau de vie actuel, pour finalement atteindre le niveau d'actualisation. Notre objectif devrait être de continuer à progresser dans nos efforts pour donner du sens à notre vie et au bien des autres, tout en cherchant à nous épanouir.

Voyager sur le véritable chemin de la croissance grâce à Lite

La croissance ne se fait pas en ligne droite. Nous traversons des périodes deVivre sur un plateau tout en répondant aux besoins de chaque niveau au fur et à mesure de notre progression. Passer à chaque niveau supérieur pour la première fois est un véritable défi. Comme un semis au niveau fondamental, puis une plante au niveau de la sécurité, nous continuons à grandir et à mûrir. Prendre conscience d'avoir atteint un niveau supérieur est aussi évident que si vous étiez un bouton de rose au niveau social qui s'épanouit en une rose de beauté américaine au niveau de la conscience de soi. Au niveau concret, nos préoccupations se tournent généralement vers la perpétuation de l'opportunité de s'épanouir pour les autres.

Pour atteindre le niveau suivant, nous devons être ouverts et accessibles à la croissance. À mesure que nous vieillissons, une croissance plus élevée peut devenir plus difficile car nous avonsNous avons acquis davantage de biens ou un statut qui exige une protection accrue, et nous nous sommes fixés des objectifs artificiels qui absorbent une grande partie de notre énergie. Après tout, nous pouvons avoir des enfants, puis des petits-enfants, que nous devons protéger. Notre objectif est de rester centrés et de grandir continuellement. Pour y parvenir, nous devons être constamment conscients des obstacles que nous dressent les autres au sein de notre culture.

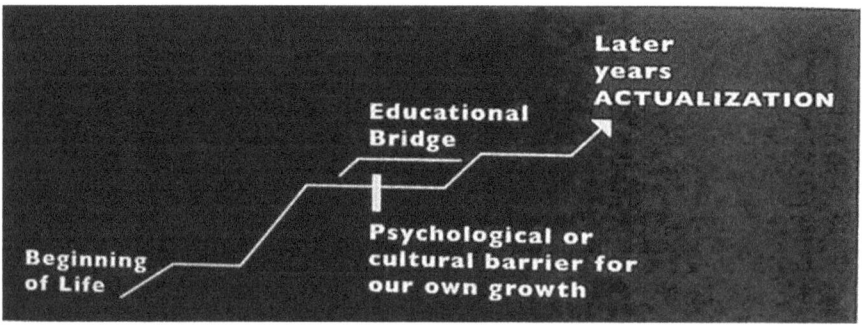

Chemin de croissance typique et réussi tout au long de la vie

En général, nos mécanismes de défense deviennent beaucoup plus forts et moins flexibles à l'âge mûr. Nous ressentons le besoin de protéger ce que nous avons construit.D'un autre côté, à l'approche de la retraite, la réalisation de nos rêves peut devenir plus facile, d'autant plus que les objectifs que nous nous étions fixés perdent de leur importance. À ce stade de notre vie, nous avons peut-être atteint nos objectifs personnels, ou ils ont été remplacés par des besoins plus immédiats. Nous avons peut-être traversé une crise de la quarantaine et finalement accepté de ne pas être immortels, et nous sommes peut-être même prêts à accepter que nous ne réussirons jamais un trou d'un coup au golf.

Si nous ne nous sentons plus menacés par l'échec, si nous ne ressentons plus le besoin de prouver quoi que ce soit à autrui, si nous ne ressentons plus le besoin d'impressionner les autres pour réussir, ou si nous ne ressentons plus aucune autre source de stress, nous pourrons alors surmonter ou trouver de meilleures voies pour surmonter les obstacles qui ont freiné ou bloqué notre propre développement dans notre vie antérieure. Cette libération des besoins inférieurs les plus importants peut enfin nous permettre d'atteindre les plus hauts niveaux de vie. À ce stade de notre vie, nous pourrons peut-être accroître notre propre importance au bénéfice des autres.

Si nous devons devenir président de la Ligue Junior pour nous satisfaire momentanément, on ne peut guère s'attendre à ce que nous reconnaissions d'autres opportunités au-delà de l'ego. Il est louable d'être président d'une organisation aussi méritante. La

distinction réside dans le besoin qui a motivé notre désir d'être président. Avons-nous cherché à être président pour la reconnaissance et la satisfaction de notre ego, ou avons-nous recherché ce poste pour le bien que nous pouvons apporter au monde ?

en dirigeant une organisation aussi méritante ? La réponse reflète le besoinniveau auquel nous vivons actuellement.

Au niveau de l'ego et en dessous, nous pouvons absorber tellement de problèmes dans la vie quotidienne que nous ne pouvons pas apprécier pleinement la vie. Nombre d'entre nous doivent atteindre la retraite avant de pouvoir nous libérer de nos engagements envers des objectifs artificiels et d'être alors libres d'accepter de nouvelles opportunités et de progresser dans notre vie.

Ce n'est qu'en surmontant nos barrières inférieures tout en satisfaisant nos autres besoins actuels que nous pourrons ressentir que tout va bien, au moins pour un instant, dans notre vie. À ce moment précis, nous serons libérés de nos propres limites. Nous pourrons alors transcender nos propres besoins égoïstes et amplifier le bien que nous pouvons accomplir en vivant pour les autres.

Cela devrait être notre objectif si nous souhaitons vraiment accomplir notre propre existence.pendant que nous sommes ici sur Terre.

Une fois cet objectif atteint, nous pourrons à nouveau nous élever à ce niveau, même si cela demande d'abord des efforts, car nous sommes arrivés en terrain inconnu. Tout comme la première fois où nous atteignons le palier supérieur dans la hiérarchie des besoins. Avec un effort concentré, cela devient plus facile.

Maintenant que vous comprenez votre chemin de croissance, vous pouvez rechercher des opportunités pour vivre votre vie à un niveau supérieur jusqu'à le maîtriser. Vous saurez que vous pouvez atteindre votre objectif de vie lorsque vous vivrez une « expérience de pointe ». Pour tirer le meilleur parti de votre vie, concentrezvous sur votre capacité à faire une différence significative dans la vie des autres, sans vous soucier de vos propres bénéfices. Cet effort peut facilement devenir dévorant. La récompense, c'est lorsque vous réalisez que vous pouvez faire une différence réelle et significative dans notre monde.

Lorsque nous nous rendons compte que nous consacrons la majeure partie de notre énergie à aider les autres, ignorant nos propres besoins pour atteindre cet objectif, nous comprenons que notre vie a un sens. Lorsque cela devient notre principal objectif, cela devient

bientôt nous sembler naturels, et ces besoins à nos niveaux inférieurs diminueront enL'importance de la nourriture. On le voit avec les artistes qui oublient de manger pendant qu'ils créent leurs œuvres. On le voit avec les médecins qui oublient de manger alors qu'ils soignent un patient dans un état critique. On le voit avec les enseignants qui achètent les fournitures nécessaires à leurs élèves malgré un revenu qui couvre à peine leurs besoins fondamentaux.

Le fait est que ceux qui arrivent à ce niveau se sentent euphoriques, leurLeurs besoins ont pris le dessus et ils ont désormais un but qui les comble. Leur vie compte vraiment pour eux, car ils voient l'impact de leur vie à travers les personnes ou les projets qu'ils servent. Tel devrait être votre objectif de vie si vous souhaitez être « pleinement vivant ».

Le résultat est ce qui crée votre propre immortalité. Le monde est devenu meilleur grâce à votre passage. Votre immortalité devient permanente, dans la mesure où ce que vous avez accompli perdure pour les générations futures. Tout comme l'arrière-grandoncle de Tony Hileman, qui a changé la vie de Tony pour qu'il puisse changer le monde aujourd'hui pour tant d'autres, qui, par la même occasion, amélioreront la vie d'autrui. Cela se multiplie de façon exponentielle.

Chapitre huit

Pourquoi atteindreActualisation donc Difficile?

Nous vivons dans un monde de violence. Toute vie sur Terre est prisonnière d'un environnement où les plus aptes ont les meilleures chances de survie. L'objectif premier de chaque être humain, quelle que soit sa forme – des insectes aux formes de vie artificielles des gouvernements, de la politique, des entreprises et des institutions – est le même. L'objectif premier de toute chose est de survivre. Tout le reste est secondaire ou inférieur à notre échelle d'importance. Le changement menace l'existence. Maintenir l'équilibre et préserver le statu quo est un effort constant pour chaque forme de vie ou entité. Ce faisant, nous affectons la vie d'autrui, parfois négativement. La chaîne alimentaire impose aux formes de vie les plus faibles de sacrifier leur propre vie pour que celles qui sont plus haut dans la chaîne survivent – mais cela ne signifie pas qu'elles le fassent de leur plein gré. Ceux qui sont sur le point d'être dévorés luttent pour leur propre existence. Il suffit de pêcher pour comprendre ce principe.

Les humains font partie intégrante du monde naturel, au même titre que toute autre espèce. L'environnement de chacun sur Terre est souvent cruel. Dès notre naissance, nous apprenons à nous défendre contre la douleur. Notre quête constante de la vie nous pousse à chercher constamment à améliorer nos conditions de vie. Notre survie étant un besoin fondamental, nous ne pouvons pas faire autrement. Cependant, nous ne pouvons pas nous développer sainement au-delà du niveau de sécurité par nos propres moyens.

Pour survivre, nous devons interagir avec notre environnement et avec les autres membres de notre culture. Ces facteurs extérieurs conditionnent notre comportement.

Il nous faut l'aide des autres pour atteindre le niveau supérieur de notre propre vie.

Les nombreuses techniques que nous créons dès notre naissance pour nous protéger des menaces, notamment celles générées par des forces extérieures, peuvent elles-mêmes entraver notre développement personnel. Toutes ces barrières peuvent entraver notre progression naturelle vers l'accomplissement de notre plein potentiel. Un effort conscient et continu est nécessaire pour contourner ces obstacles et poursuivre notre croissance normale sur notre chemin naturel vers notre objectif : l'accomplissement de notre vie.

Pour retrouver une véritable santé et accéder à un nouveau niveau de vie supérieur, la première étape consiste à identifier les obstacles. Nous les percevons rarement. On se sent plus en sécurité en vivant avec des paramètres connus et, par conséquent, beaucoup se satisfont de leur existence actuelle. En effet, la suppression de ces obstacles peut même être menaçante. Cela exige notre énergie, des efforts et des risques que beaucoup sont prêts à assumer. La plupart vivent sans savoir que des opportunités plus enrichissantes et plus enrichissantes s'offrent à eux. L'interaction avec les autres, tout en gardant une attitude ouverte qui nous permet d'expérimenter et, éventuellement, d'accepter de nouvelles informations, est essentielle pour nous ouvrir des voies qui nous permettent de surmonter nos propres obstacles et de progresser.

C'est souvent une tendance bien trop humaine de suivre le chemin de la moindre résistance. Grandir n'est pas toujours facile. Il y a quelques années, My Fair Lady l'a bien montré. Le personnage, Eliza Doolittle, a passé tout le film (ou la pièce de Broadway) à apprendre à dépasser sa vie passée, vendant des fleurs dans la rue. Nombreux sont ceux qui refusent de fournir cet effort et se contentent de rester confinés dans leur existence réduite. Ils sont ainsi condamnés à ne jamais pouvoir accomplir leur propre existence. C'est véritablement tragique. Elle en a ressenti le bienfait lorsqu'elle a enfin compris qu'elle était parvenue à un niveau supérieur de sa vie, sans inhibitions.

Nous devons continuellement nous concentrer sur la recherche et l'élimination des obstacles si nous souhaitons nous épanouir et être capables de concrétiser notre propre existence. Les obstacles surviennent généralement à notre insu ouconsentement. Nous créons certaines barrières à cause de nos peurs.

se développent au fil de notre vie et de nos échecs. D'autres nous sont imposés.Nous sommes influencés par des personnes motivées, pour une raison ou une autre, à contrôler nos pensées, nos sentiments et surtout nos actions. Comme mentionné précédemment, il existe toutes sortes de « personnes qui contrôlent » qui nous forcent à développer des barrières culturelles que nous rencontrons quotidiennement, allant des parents aux menaces de personnes en position d'autorité, comme la police ou nos enseignants. Nous pouvons même rencontrer des personnes exerçant une autorité plus subtile, comme des membres de notre religion qui, avec la meilleure intention du monde, tentent de nous inculquer leur notion de comportement éthique. Nous pouvons également accepter comme autorités des personnes davantage motivées par leurs propres besoins que par l'aide qu'elles nous apportent.

Les expériences de la petite enfance créent certains de nos plus grands obstacles àLa vie. Par exemple, la menace de la damnation éternelle, qui nous menace dès notre jeunesse, avant l'âge de raison, est un obstacle que la plupart d'entre nous ne peuvent surmonter. Quelle que soit la bonne volonté du clergé qui véhicule un tel message, de telles menaces peuvent facilement créer un obstacle qui limitera à jamais la vie de la plupart des gens, et probablement à leur détriment. La plupart des humanistes ne voient aucune raison valable de le faire, quelle qu'en soit la raison.

Certaines croyances, devenues barrières, peuvent créer des scatomes qui limitent notre vision de la vie, et donc notre existence même. Un « scatome » est un angle mort dans notre perception de la réalité. Les scatomes sont des croyances immuables pour cet individu. Pour tout ce qui affecte notre vie, nous devrions être les seuls à pouvoir prendre ces décisions.

Nous avons tous des personnes qui nous contrôlent et que nous ne parviendrons peut-être jamais à surmonter. J'ai encore peur de mon instituteur de CP, qui m'a dit que je ne savais pas écrire.Une écriture cursive lisible, et elle est morte depuis trente ans. C'est peut-être pour surmonter ce scatome que je suis devenu avocat, où je dois écrire sans cesse. De nombreux obstacles engendrent des résultats

irrationnels. Peut-être m'a-t-elle rendu service. Elle avait de bonnes intentions. Je me suis vengé d'elle, cependant. J'étais le seul survivant à sa mort, alors, en tant qu'avocat, je l'ai enterrée, mais la peur qu'elle a suscitée dans ma vie n'a pas disparu avec elle.

Tous les obstacles doivent être immédiatement remis en question pour être facilement éliminés. Si on les laisse faire, les croyances irrationnelles qui deviennent des obstacles peuvent se durcir, passant de protections temporaires à des installations permanentes.

Elles peuvent même devenir des mécanismes de défense qui finissent par prendre le contrôle de cet aspect de notre vie, limitant ainsi notre liberté de comportement. De cette façon, les barrières deviennent un scatoma.

Scatomas

Les scatomas agissent comme des bloqueurs de spam sur vos ordinateurs. Ils repoussentToute information contradictoire visant à protéger une croyance actuelle peut rendre cette personne hostile à toute autre vision de la réalité. Souvent, une personne limitée par un scatome peut même devenir violente lorsqu'elle est contestée agressivement au sujet d'une croyance, en particulier lorsque celleci touche à sa sécurité, ce qui est le cas de ses croyances religieuses.

Il suffit de rencontrer un fondamentaliste religieux activiste ou un athée activiste, puis de remettre en question sa pensée, pour observer l'effet de son scatoma. Les activistes aux convictions religieuses opposées aux vôtres réagissent généralement comme vous si on vous disait : « Ta mère ou ton enfant est laid ». Les personnes qui osent s'en prendre à quelqu'un, comme beaucoup d'activistes des deux extrêmes du spectre religieux, sont souvent évitées. La plupart des gens acceptent souvent de nouvelles informations concernant leurs croyances en matière de sécurité comme une menace. Ils deviennent alors violents. On pourrait penser que les personnes qui osent s'en prendre à quelqu'un comprendraient vite que la confrontation avec un athée ou un fondamentaliste agressif est tout simplement inefficace. Alors pourquoi le feriez-vous ?

L'éducation formelle est peut-être le meilleur, voire le seul,

moyen deIl faut aborder et, à terme, changer ces angles morts ou remettre en question ces scatomas. Apprendre de nouvelles informations dans un environnement non menaçant est le seul moyen efficace de surmonter les obstacles, plutôt que de s'attaquer de front à nos croyances, là où nos propres scatomas résisteront toujours au changement. Provoquer directement le changement, c'est se heurter à un mur.

Nous forcer à aller un peu plus loin avec chaque activité peut fairedes merveilles pour empêcher les barrières de se fixer dans notre propre vie, ainsi que dans la vie de nos enfants et de nos proches, que nous avons autorisés à entrer dans nos propres mécanismes de défense à notre niveau social.

Certains obstacles peuvent être physiques, comme les contraintes d'espace, de temps ou de régime alimentaire, tandis que d'autres peuvent être liés à des croyances. Certains sont causés par une mauvaise santé ou par nos propres échecs passés. Mais le plus souvent, ils sont causés par notre culture ou nous sont imposés par des personnes bien intentionnées qui cherchent à contrôler notre comportement – pour « notre bien », bien sûr !

À titre d'exemple apparemment innocent, leLa population juive a historiquement refusé à ses fidèles le droit de manger du porc, car la Bible exige qu'un animal rumine pour être casher. Les porcs ne le font pas. Cette restriction perdure donc comme une tradition. Par conséquent, un Juif mangeant du porc peut se sentir coupable, se privant ainsi du plaisir de cette nourriture. Comme l'eau qui coule d'une colline, nous empruntons le chemin le plus facile. Le plus simple pour chacun d'entre nous est de ne participer à aucune activité source de stress ou d'inconfort.

De même, certains membres de la foi catholique peuvent encore penser que c'est un péché deManger de la viande autre que du poisson le vendredi (du moins pendant le Carême), même si cette tradition a été créée en grande partie pour soutenir une industrie de la pêche en déclin. Cette tradition prend aujourd'hui une toute nouvelle signification symbolique pour les fidèles catholiques. C'est un bon exemple de l'évolution de nos traditions religieuses.

Ces exemples sont relativement peu importants, et s'ils ont de la valeurPour un individu, personne d'autre ne devrait s'en soucier. Cependant, certaines restrictions culturelles irrationnelles peuvent être néfastes. Un scientiste chrétien qui refuse à un enfant des soins médicaux essentiels en raison de ses convictions religieuses personnelles en est un exemple. Une récente décision de justice condamnant deux parents à la prison pour homicide involontaire

pour avoir laissé mourir leur enfant alors qu'ils priaient Dieu d'intervenir plutôt que de lui fournir les soins médicaux nécessaires illustre bien ce point. Pourtant, il est facile de comprendre comment ces limitations se manifestent dans la société. Parce que toutes les formes de barrières irrationnelles prévalent dans notre culture, trouver de meilleures voies de vie est un terrain fertile.

pour ceux qui souhaitent améliorer notre société. L'humanisme organisé devraitse préoccuper de cet effort.

Chemins alternatifs vers l'actualisation

Notre corps est le « temple » de notre vie. Il semble insensé de ne pas le protéger. On pourrait se demander : « Si notre objectif est simplement d'atteindre une expérience ultime, pourquoi ne pas raccourcir le chemin en consommant des drogues, voire de l'alcool ? » Certaines drogues peuvent certainement franchir toutes les barrières, mais l'expérience ultime obtenue grâce aux drogues estelle réelle ? On ne le saurait jamais. Dans les années 1960, de nombreux adeptes du « New Age » ont tenté cette approche sans succès.

Le but de la barrière était de vous protéger de quelque chose. AvecSous l'emprise de drogues, une personne aurait franchi ses barrières personnelles. L'expérience pourrait avoir de graves effets psychologiques négatifs, sans parler du fait que les drogues ellesmêmes pourraient nuire irrémédiablement à l'organisme. Par conséquent, la consommation de drogues n'est pas une voie acceptable vers l'épanouissement personnel.

Vivre pleinement chaque étape de sa vie semble être la seule voie acceptable pour un épanouissement véritable. Il n'y a pas de raccourci vers une qualité de vie optimale. La réussite est le chemin parcouru, ou la mesure de la valeur du chemin choisi, et non l'objectif. Une fois atteint, chaque objectif doit être remplacé par un nouveau. C'est notre cheminement qui devrait nous intéresser, du moins tant que nous sommes ici. C'est tout ce qui a une véritable valeur. Les biens accumulés et les titres acquis ne signifient finalement pas grand-chose sans la qualité de vie que nous avons pu vivre. Atteindre le niveau de vie le plus élevé possible est tout ce qui compte vraiment.

Le Maison et Jardin de CharlesDarwin

Chapitre neuf
Qui ou quoi a créé les humains ?

Comment en sommes-nous arrivés là ? Depuis toujours, l'opinion publique soutient l'idée que l'homme a été créé par Dieu. Certains ont même cru que nous avions été créés à son image. Cette vision primitive, acceptée, n'avait jamais été véritablement remise en question. Autrefois, contester une croyance religieuse entraînait généralement l'excommunication, voire la mort sur le bûcher pour hérésie.

Le grand-père de Charles Darwin, Erasmus Darwin (1731-1802) etJean-Baptiste Lamarck proposait une vision différente de la théorie judéo-chrétienne actuelle, selon laquelle toute vie est apparue spontanément il y a 4 000 ans, voire 6 000 ans selon certains, mais certainement pas à une époque aussi lointaine que celle des millions d'années que nous connaissons aujourd'hui. Certains croyaient que des formes de vie simples étaient peut-être apparues spontanément par Dieu, mais qu'elles avaient évolué vers des formes plus complexes grâce à une « force vitale », que ces espèces pouvaient s'adapter et que celles qui s'adaptaient le mieux à leur environnement avaient de meilleures chances de survie. Seuls les plus aptes survivaient pour la génération suivante.

À cette époque, les gens pensaient que les poissons avaient des nageoires parce qu'il y avait un « dieu créateur ».Il voulait qu'ils nagent, et les oiseaux avaient des ailes parce que le même créateur, Dieu, voulait qu'ils volent. Charles Darwin trouvait tout cela absurde. Les oiseaux pouvaient voler simplement parce qu'ils avaient des ailes. Ils ont développé des ailes pour chercher de la nourriture. Personne n'y avait pensé auparavant.

Charles Darwin (« Darwin ») est né à Shrewsbury, dans le Shropshire,L'Angleterre en 1809. Il souhaitait étudier les origines de la vie. Biologiste et géologue, il découvrit dans son jardin les nombreuses différences

dans la même espèce vivante. Il étudia les vers, les pigeons et même les balanes et confirma ses conclusions en tant que scientifique à bord du navire Beagle, dont le voyage autour du monde devait durer cinq ans. Il put financer son voyage car son grand-père maternel était Josiah Wedgwood, fabricant de porcelaine fine. Darwin épousa sa cousine, Emma Wedgewood, petite-fille du magnat de la poterie.

Lors de son voyage, Darwin visita les îles Galápagos. Il y découvrit des espèces animales connues ayant développé des caractéristiques uniques. Ses observations lui permirent de conclure que la nature connaissait un changement constant, passant de formes de vie simples à des formes plus complexes. Il en conclut que la vie évolue à la manière d'un arbre doté d'une seule racine et de nombreuses branches. Toutes les espèces vivantes descendent au fil du temps d'ancêtres communs. C'est une vision de la vie bien différente de la croyance populaire selon laquelle « toute vie a été créée par Dieu comme une espèce unique », comme l'Église et ses prédécesseurs le proclamaient depuis plus de deux mille ans.

L'idée qu'il pourrait exister une autre réponse que la théorie créationniste de l'Église a nécessité beaucoup de courage pour être démontrée. L'idée même que la vie ait progressé de formes d'existence simples vers des formes plus complexes rendait Dieu inutile pour expliquer l'apparition des humains. C'était une idée révolutionnaire, car elle signifiait que toute vie telle qu'elle existe aujourd'hui n'avait pas besoin d'être créée par Dieu seul.

Parce que c'était toujours dangereuxÀ l'époque de Darwin, craignant des représailles, il défia la religion bien avant la publication de son livre désormais célèbre, L'Origine des espèces. Ce livre a eu un impact encore plus grand sur notre vision de la vie que la déclaration de Galilée. Galilée prouva que la Terre n'était pas le centre de l'Univers, contrairement à ce que l'Église avait déclaré. Galilée fut excommunié et banni chez lui pour le reste de sa vie. Darwin prouva que toute vie a évolué à partir d'une vie plus primitive. Nous n'avons pas besoin de Dieu pour expliquer notre existence sur Terre.

Ce n'est qu'au siècle dernier que l'Église catholique a finalement absous Galilée, décédé en 1642, de l'hérésie et a admis qu'il était

C'est exact. Pourtant, l'Église a continué à dominer les croyances du public, et elle tente encore de le faire aujourd'hui. Considérez le conflit.

Entre les souhaits des femmes et ceux de l'Église concernant la contraception, telle qu'elle existe aujourd'hui. Pensez-vous que cela soit dû au désir de l'Église d'augmenter ses effectifs ? Après tout, ceux qui naissent deviennent des contributeurs qui versent la dîme pour soutenir leur clergé. Au rythme actuel des changements dans l'Église, il faudra peut-être plus d'un siècle avant qu'elle ne reconnaisse enfin le droit des femmes à utiliser la contraception.

En raison du contrôle extraordinaire que l'Église exerce encore aujourd'hui, elle régit la vie de ses membres bien au-delà des bienfaits publics que la religion procure par ailleurs. Ceux qui « ont la foi » et, par conséquent, « croient » sont incapables de le percevoir. Leur croyance en l'Église est en soi un scatoma, et notre simple remise en question de cette croyance est accueillie avec hostilité par les véritables croyants. Ce qui confirme assez bien l'effet d'un scatoma. L'Église a exercé un contrôle déraisonnable sur la vie publique pour des raisons égoïstes. Dans l'un des pires exemples de pouvoir débridé, Jacques de Molay fut lentement brûlé sur des charbons ardents par l'autorité combinée de la Couronne et de l'Église pour ses croyances « hérétiques » en 1314. Darwin avait donc toutes les raisons de s'inquiéter pour sa propre vie. Il venait d'expliquer que les humains avaient évolué à partir de formes de vie inférieures et n'avaient pas été créés par Dieu « à son image ». Cela surpasse les propos de ses prédécesseurs, qui avaient causé leurs souffrances.

L'histoire embryonnaire a depuis prouvé que nous avons évolué à partir des poissons grâce à notre propre ADN. Je parie que vous ignoriez qu'à un moment de votre développement embryonnaire, vous aussi aviez des branchies. Darwin avait prouvé que toute vie avait évolué à partir de protozoaires unicellulaires, comme l'amibe, et que, par l'évolution, la nature seule avait finalement créé l'Homo sapiens. Dieu n'était plus un élément nécessaire à la création de l'homme. C'était un bond en avant pour Darwin d'affirmer que tous les humains participent autant à l'évolution de la vie que toutes les

autres formes de vie.

Le fait que, dans une phase de notre développement embryonnaire, nous ayons chacun les branchies de notre héritage de poisson prouve que chaque embryon réaffirme

l'histoire évolutive de son passé, y compris celle des humains. Notre anciennes ancêtres étaient en fait des créatures marines.

Depuis l'époque de Darwin, les scientifiques ont découvert les gènes. Dans notreAu cours de notre vie, les scientifiques ont cartographié la double hélice de notre ADN. Nous savons désormais qu'il existe des gènes dominants et récessifs ; que les gènes mâles et femelles se combinent pour déterminer la composition génétique de nos enfants. Nous savons aujourd'hui que notre rôle dans la vie est de préserver et de transmettre nos gènes à la génération suivante. C'est important pour l'évolution de notre espèce. Notre existence n'est que temporaire, le temps que le patrimoine génétique évolue.

Nous savons aujourd'hui qu'en tant qu'individus, nous devenons inutiles après notreLes jours de procréation. Le gène est ce qui est perpétuel et possède une vie propre. Les gènes sont indépendants de nous. Nous ne sommes que l'hôte de ce gène pour le moment. Si nous pouvions vivre éternellement, le patrimoine génétique ne changerait jamais et les formes de vie supérieures n'évolueraient pas. Ainsi, toute vie doit disparaître, y compris nous, mais, espérons-le, notre patrimoine génétique perdure.

Chapitre dix
Que doit faire notre époque ?
Qu'en est-il de nos valeurs ?

Nous sommes tous guidés par nos valeurs. Vos valeurs ne sont généralement pas celles de vos enfants. Pourquoi cela serait-il vrai ? Les valeurs ne varient pas tant selon la ville où l'on vit que selon le niveau technologique et les enjeux sociaux du pays où l'on est né à cette époque. Nos valeurs se sont forgées dans le contexte culturel qui a marqué notre petite enfance. Nous pouvons certes les modifier au fil du temps, grâce à notre éducation, mais changer qui nous sommes est difficile. Autrement dit, si l'on considère le grand public, on peut s'attendre à ce qu'une grande majorité d'entre nous perçoivent la vie selon le contexte social qui prévalait à l'époque de leur développement.

Ainsi, nos enfants auront généralement des valeurs différentes des nôtres. Vous pouvez influencer leurs valeurs à mesure qu'ils grandissent, mais à moins que vous ne les ayezComprendre l'ancrage de leurs valeurs afin de leur parler en utilisant un langage adapté à leur perspective est une tâche ardue. Le président Trump s'est fait élire grâce à cette stratégie. Les agences de marketing en sont conscientes et adaptent leurs publicités à un public spécifique. Elles nous apprennent que nous, aujourd'hui, avons généralement une perspective mondiale qui conditionne nos valeurs, lesquelles peuvent être catégorisées comme suit :

(*Toutes les informations statistiques sont basées sur les chiffres de

2017 aux États-Unis)

La « génération silencieuse »

Il s'agit des personnes nées entre 1925 et 1942.

22,4 millions de personnes nées à cette époque sont encore en vie en Amérique, selon cet essai.a été écrit*. On l'appelle aussi « la génération loyale ». La plupart sont traditionalistes. Les gens de cette époque ont été influencés par leurs parents, qui ont vécu la Grande Dépression, et leurs craintes de la voir se reproduire ont déteint sur leurs enfants.

De plus, la Seconde Guerre mondiale a nécessité de nombreux sacrifices, allant deLa vie des familles et des amis appelés au service militaire, le rationnement de la nourriture et la disponibilité des produits manufacturés. La Grande Dépression et la Guerre ont certainement engendré de nombreuses incertitudes. La période qui a suivi la « Grande Guerre » a apporté fierté et prospérité économique à la plupart des gens. La religion et le sentiment patriotique ont favorisé l'ordre social et l'importance accordée à la famille, devenue le centre d'intérêt de la plupart des foyers. Ces aspects de notre vie étaient hautement valorisés. Les gens avaient confiance les uns envers les autres, envers leur gouvernement et, plus généralement, envers les entreprises. Le conformisme et la résistance au changement étaient monnaie courante. De plus, les possibilités d'éducation étaient plus limitées qu'aujourd'hui.

Les gens de la Génération Silencieuse sont de grands utilisateurs desIls lisent généralement les journaux et/ou regardent les informations télévisées quotidiennement. Ce sont des utilisateurs peu avertis des technologies en ligne.

Ils ne sont pas particulièrement sensibles aux prix, mais sont néanmoins conservateurs sur le plan financier. Ce sont des consommateurs très fidèles si la qualité est perçue. Ils achètent pour satisfaire un besoin plutôt que pour se faire plaisir. Par conséquent, si vous ciblez cette tranche d'âge, une approche émotionnelle est généralement plus efficace qu'une approche rationnelle ou logique. Lorsqu'ils regardent une publicité, ils sont davantage attirés par les personnes que par les produits. Une image isolée a plus d'impact qu'un collage. Ils sont négativement

hypersensibles aux attraits liés à l'âge, plus réceptifs à la publicité télévisée, mais peu réceptifs aux publicités numériques.

Ils sont principalement motivés par la satisfaction du travail bien fait,et leurs valeurs les plus élevées sont centrées sur la famille et la communauté.

La « génération du baby-boom »

La génération d'après-guerre est composée de ceux nés entre 1943 et1964. 74,9 millions de personnes nées à cette époque sont encore en vie. Cette époque a donné naissance à la génération optimiste, dont les membres ont centré leur vie sur le « moi ». On les appelle aussi la « génération de l'amour ». Ils sont motivés par l'argent, les titres et la reconnaissance. La réussite figure parmi leurs valeurs les plus chères.

Cette vision du monde a été en grande partie façonnée par la culture des médias de masse et le développement de la télévision. Cette vision s'est renforcée grâce à la bonne santé économique de l'après-guerre et à l'hégémonie américaine. Les enfants étaient ouvertement choyés par leurs parents, qui avaient grandi dans la pauvreté et le sacrifice. Il régnait un profond sentiment d'optimisme et un esprit d'équipe. Les membres de cette époque manifestaient un désir intense d'influencer le changement. Leurs parents avaient des valeurs plus traditionnelles et il était plus difficile de comprendre leurs enfants. Le changement fut radical.

Les baby-boomers sont de grands utilisateurs des médias traditionnels tels que les journaux, la télévision et la radio. Ils sont plus réceptifs aux médias non traditionnels/numériques que leurs parents. La majorité d'entre eux sont connectés et possèdent un téléphone portable. Ils deviennent de plus en plus confiants dans leurs technologies en ligne.

Les baby-boomers apprécient le service et les prix bas, mais ils sont prêts à payer plus pour une qualité ou un rapport qualité-prix supérieur. Ils sont beaucoup moins fidèles aux marques et leurLes achats sont souvent motivés par l'importance qu'un produit peut apporter à leur statut social ou à leur image. Ils apprécient particulièrement la commodité et la personnalisation. En ce qui concerne les attraits liés à l'âge, les baby-boomers sont hypersensibles aux aspects négatifs et préfèrent être représentés comme ayant un mode de vie actif et sain. Ils sont de grands consommateurs de voyages. Il est intéressant de noter qu'ils représentent plus de la moitié des ventes de produits emballés.

Génération X

Ces personnes sont celles nées entre 1965 et 1980. 61,5 millionsDes gens de cette génération sont encore en vie aujourd'hui en Amérique. Ils sont

généralement sceptiques et ont été qualifiés de « génération Pourquoi moi ».Ils sont également connus sous le nom de « génération à clé ». Ils sont motivés par la liberté. Leur temps libre et l'équilibre entre vie professionnelle et vie privée sont primordiaux.

Cette génération a été influencée par le fait que leurs deux parents, qui travaillaient, les ont forcés à compter sur eux-mêmes. Les médias de masse ont façonné leur culture. Ils étaientÉlevés en garderie, ils affichent un scepticisme général, notamment à l'égard de l'autorité. La technologie fait partie de leur quotidien. Après tout, ils sont la première génération à posséder des téléphones portables et des ordinateurs. Ils bénéficient d'une excellente éducation.

Ils sont consommateurs de médias traditionnels, de télévision et de journaux. Appeler et envoyer des SMS sur leur smartphone occupent une place importante dans leur vie. Ils maîtrisent parfaitement les technologies en ligne. Cependant, ils sont infidèles aux marques. En raison de contraintes financières, la valeur est leur principal critère de choix.

Pour les attirer, une publicité directe et honnête est essentielle. La présentation des produits fait partie intégrante de leur processus d'achat. Les caractéristiques des produits doivent être clairement affichées et expliquées. À mi-carrière, la plupart ont des enfants. Ils s'identifient davantage aux formats publicitaires numériques que les générations précédentes.

La génération du millénaire

Cette génération est née entre 1981 et 1997. Réalistes, ils sont parfois appelés « génération Y », « les Echo-Boomers » ou « génération We ». Aux États-Unis, cette génération compte 75,4 millions de personnes. Ils sont motivés par un travail qui a du sens. Leurs valeurs les plus chères sont l'individualité et le bonheur plutôt que le pouvoir et l'argent.

Cette génération, et celles qui la suivent, s'éloignent rapidement de la religion traditionnelle. Plus de 40 % des personnes nées après

1981 répondent « aucune » lorsqu'on leur demande leur religion dans les sondages. L'Association humaniste américaine a désormais davantage de contacts via les réseaux sociaux.

Ils ont également créé, pour la première fois de l'histoire, un Caucus de la Libre Pensée parmi les membres du Congrès. Les millennials sont bien plus attirés.à la philosophie de l'humanisme que la génération de leurs parents.

Les millennials ont grandi dans un environnement relativement privilégié. La plupart ont bénéficié de parents très encourageants et bienveillants. Ils recherchent une plus grande diversité et acceptent les différences entre les personnes. La technologie s'intègre naturellement à leur vie.

Ils regardent davantage la télévision, mais dépendent de moins en moins des journaux et de la radio. Ils sont constamment connectés à Internet et utilisent de multiples plateformes en ligne. Ils sont beaucoup moins attirés par la publicité télévisée, mais davantage par le numérique. Ils sont plus enclins à interagir en ligne et s'expriment plus librement. Ils recherchent davantage de produits en ligne et apprécient les achats en ligne.

Ils sont beaucoup plus fidèles à la marque, mais ils veulent que leur fidélité soit récompensée.Ils effectuent des recherches approfondies sur les produits avant d'acheter. Ils se renseignent sur les promotions avant d'entrer en magasin. Ils achètent une marque générique ou paient plus cher en fonction des promotions ou de l'image de marque. Ils recherchent des marques « authentiques » qui font preuve de fiabilité, de respect et de réalisme. Ils recherchent des marques socialement responsables pour améliorer leur image et récompenser l'entreprise qui leur fournit ce produit.

Les millennials veulent être aidés, pas qu'on leur vende des produits. Ils sont enclins à prendre des décisions d'achat impulsives. Ils achètent plus que les autres générations. Ils sont plus enclins à interagir avec les marques et à les recommander à leurs amis sur les réseaux sociaux.

Génération Z

Cette génération est née entre 1998 et 2009. On prévoit qu'elle sera la génération la plus connectée à ce jour. Elle n'a jamais connu

la vie sans technologie. C'est la génération la plus diversifiée à ce jour. Son pouvoir d'achat sera supérieur à celui de toutes celles qui l'ont précédée. Elle sera la génération la plus instruite. Elle est motivée.

par la créativité et l'esprit d'entreprise. Ils accordent une grande importancetechnologie, adaptabilité et ouverture d'esprit.

Ils sont continuellement connectés en ligne et effectuent facilement plusieurs tâches à la fois.Sur davantage d'appareils. Ils regardent la télévision, mais généralement sur Internet. Les smartphones sont considérés comme indispensables par la génération Z.

Bien que la fonctionnalité soit importante, les produits esthétiques sont plus performants. Ils sont plus sceptiques, moins fidèles aux marques que les Millennials et plus sensibles au manque de sincérité des entreprises. Ils économisent davantage que les jeunes Millennials de leur âge.

Ils veulent des marques qui leur permettent de partager leur créativité et leur innovation.Pour eux, il est important de créer une image de marque cohérente sur toutes les plateformes. Ils influencent fortement les décisions d'achat des parents. Ils s'intéressent vivement à la nourriture, aux boissons, aux activités sociales, aux applications, à la musique et aux réseaux sociaux.

Il a récemment été découvert que Tic Tok, actuellement détenue par une entreprise chinoise et donc contrôlée par le Parti communiste chinois, a ciblé cette génération durant ses années de formation, ce qui a conduit une grande partie de cette tranche d'âge à adopter une attitude hostile aux valeurs américaines, partagées par notre culture actuelle. On soupçonne qu'il s'agit d'un test des outils à la disposition des dirigeants chinois pour évaluer l'influence que la Chine peut finalement acquérir pour changer les croyances américaines, alors qu'ils poursuivent leur ambition de devenir le leader mondial en remplaçant l'Amérique dans le rôle qu'elle occupe aujourd'hui.

Génération Alpha

Cette génération comprend tous ceux nés après 2010 et, selon les prévisions, cette génération culturelle devrait raisonnablement perdurer jusqu'en 2025. Il s'agit de la génération la plus connectée au monde. À ce jour, on estime qu'elle comptera 35 millions de

personnes aux États-Unis lorsque le premier atteindra 40 ans.

Leurs valeurs seront fortement façonnées par leurs parents milléniaux. Ils sont plus susceptibles d'être enfants uniques. Ils sont déjà plus connectés au numérique.

Intégrés. Parce que leurs parents ont eu leur enfant plus tard, ils vieilliront plus tôt. Nous savons que la diversité culturelle et raciale sera bien plus grande que dans les générations précédentes. Le climat socio-économique offrira une richesse légèrement supérieure. Les familles seront plus petites, tandis que l'espérance de vie continuera de s'allonger. À terme, on prévoit que cette génération sera la plus riche, la plus instruite et la plus technocentrée à ce jour. Qu'est-ce qui les motivera réellement à l'avenir ? Espérons que ce ne seront pas les Chinois.

En résumé

Il s'agit des valeurs culturelles largement partagées, créées par l'environnement social dans lequel chaque génération a grandi. De toute évidence, les individus sont très différents, car leurs expériences et les institutions qui influencent leur développement sont différentes. Voyons maintenant comment nous, en tant qu'individus, influençons ce que notre culture nous offre comme valeurs fondamentales.

Chapitre onze
Quels contrôles avons-nous ?pour notre vie ?

Il ne fait aucun doute que certaines personnes ne pourraient pas exister sans l'aide de notre gouvernement. L'aide sociale n'est pas toujours mauvaise. Le problème réside dans la façon dont nos programmes sont administrés. La plupart des personnes qui deviennent dépendantes des autres renoncent sans le savoir à vivre leur propre vie. La vie est un processus de croissance. Les personnes dépendantes cessent souvent de grandir. Elles existent, tout simplement. Certains de nos programmes gouvernementaux privent les participants de leur estime de soi. Personne au gouvernement ne semble remarquer qu'ils sont la cause d'une part importante de nos problèmes sociaux. Comment changer cela ? Premièrement, nous devons mettre en place des programmes gouvernementaux qui encouragent les participants à développer une attitude positive envers eux-mêmes. Pour développer une attitude positive, nous devons encourager les gens à se fixer des objectifs en leur montrant comment leur vie peut s'améliorer avec un peu plus d'efforts. Pour pouvoir faire le premier pas, les participants doivent être capables de voir une opportunité de réussite. Une attitude d'anticipation positive doit précéder tout changement de comportement avant qu'un réel changement puisse se produire.

Il ne fait aucun doute que les besoins fondamentaux de chacun doivent d'abord être satisfaits pour qu'il puisse percevoir ce qui les dépasse. Cependant, nos efforts pour aider les bénéficiaires de nos aides sociales ne doivent pas s'arrêter là. Nous devons aider les personnes dont nous souhaitons changer le comportement en les

encourageant à accepter des objectifs personnels si nous attendons un comportement différent pour leur avenir. Cela pourrait bien dépasser les capacités de nombreuses personnes de deuxième ou troisième génération vivant de l'aide sociale aujourd'hui. La réalisation de cet objectif pourrait dépasser notre propre énergie et la volonté de la société de les aider à changer. Cependant, si des opportunités se présentent,

correctement présentés à leurs parents, leurs enfants en prendront conscience et seront beaucoup plus sensibles aux changements qui les éloignerontde bien-être.

Une fois engagés sur la voie de la croissance, à l'instar d'un athlète qui se sent bien chaque fois qu'il réalise une performance légèrement supérieure à la précédente, la plupart des gens ressentent une récompense, perçue comme une réussite. S'efforcer d'atteindre ses objectifs, même après un effort minime, renforcera leur estime de soi. Il suffit de les mettre sur la voie, de leur fixer des objectifs intermédiaires atteignables, puis de récompenser leurs réussites intermédiaires pour que de nombreuses personnes comprennent les bénéfices qu'elles peuvent tirer de leurs propres efforts. Certains échoueront, mais l'effort en vaut la peine pour ceux qui réussissent. Et cela permettra à terme à la plupart des gens de se libérer de la dépendance à l'aide sociale. Nous pourrions mettre en place des programmes sociaux qui répondent à des besoins réels et améliorent la qualité de vie de leurs bénéficiaires au lieu de la détruire. Pour être efficaces, nous devons nous intéresser à l'image que les bénéficiaires ont d'eux-mêmes.

Contrairement à la croyance populaire, le succès est le voyage et non le résultat.Atteindre un objectif. Une fois un objectif atteint, un nouvel objectif doit le remplacer afin que nous puissions poursuivre notre propre croissance. Les marketeurs exploitent constamment ce processus en créant en nous de nouveaux désirs grâce à une attitude positive envers leur produit, qui deviendra bientôt notre besoin d'acquisition. L'attitude influence grandement la réussite de chacun. Même avec une attitude positive, l'épanouissement doit être mérité par chacun pour avoir une valeur durable. Le succès engendre un succès plus grand. Le résultat de notre comportement commence par notre attitude. Votre attitude détermine vos propres résultats, positifs ou négatifs.

Comment mon attitude fait-elle une différence ?

Le choix m'appartient entièrement d'ouvrir mon esprit à l'apprentissage.et de croissance, ou si je ferme mon esprit, satisfait de mon monde actuel. L'attitude, en effet, fait la plus grande différence. Mon monde actuel

L'attitude est l'un des rares facteurs de mon existence que je considère personnellementJe peux contrôler. Mon attitude est l'élément le plus déterminant pour déterminer ma qualité de vie et l'influence que j'exerce sur les autres.

Certaines autorités déclarent qu'il existe une « loi d'attraction » qui agit comme un aimant attirant nos opportunités, ou nos échecs, hors de la masse.des stimuli qui nous entourent quotidiennement. À l'instar des idées reçues sur certaines marques de vêtements ou certains aliments, notre orientation mentale filtre l'acceptation ou le rejet de toute nouvelle information, ainsi que notre interprétation des nouvelles données issues de notre expérience actuelle. Nous prenons des décisions basées sur nos préjugés. Notre attitude est le filtre qui définit notre réaction aux informations reçues.

L'attitude que nous projetons envers les autres influence également la réaction que nous recevons d'eux. Même seul, notre propre attitude devient une prophétie autoréalisatrice. Nous recevons en retour ce que nous projetons et notre attitude façonne notre réaction à ce que nous recevons. Cela crée un effet de spirale qui peut soit nous mener vers des sommets et des opportunités plus grandes, soit renforcer nos sentiments négatifs, provoquant notre chute, ce qui peut nous conduire à un état de malheur et de chaos. Plus simplement, une attitude positive et heureuse doit précéder nos actions si nous voulons influencer notre capacité à obtenir des résultats positifs.

En changeant notre réception de toutes les nouvelles informations que nous recevons, nousmodifier son effet sur nous. Notre attitude actuelle déterminera l'effet que les nouvelles informations auront sur nous. Adopter notre attitude actuelle est le principal contrôle quotidien que nous exerçons sur notre vie. En étant réceptifs aux nouvelles informations, nous pouvons grandir et élargir notre vision de la vie, et accepter le changement qui peut l'améliorer.

Si nous ne choisissons pas intentionnellement notre attitude à un moment donné, nous sommes soumis au destin. En gardant l'esprit ouvert, nous sommes plus à même de remettre en question

les informations négatives et d'en assimiler de nouvelles bénéfiques. Si nous restons indifférents, les informations que nous recevrons ensuite risquent d'être influencées par l'attitude que nous avons adoptée lors de l'événement précédent. Au lieu d'assumer la responsabilité de notre propre vie, les événements nous gouverneront.

Nous ne pouvons vivre que dans l'instant présent. Vivre dans le passé peut nous donnerNous nous sentons faussement accomplis ou nous attendons avec impatience l'échec. Cela influencera non seulement nos attitudes et nos sentiments actuels, mais déformera également la réalité. En fin de compte, vivre dans le passé n'améliore en rien notre avenir, si ce n'est nous fournir des informations, une tentative primitive de nous protéger de l'échec ou de susciter des vœux que nous ne sommes peut-être pas suffisamment motivés à réaliser. Le passé n'est qu'un prélude. Il peut influencer notre attitude actuelle ou être ignoré. C'est notre choix exclusif. Le seul aspect de notre vie que nous contrôlons est la façon dont nous percevons et acceptons les nouvelles données ou stimulations que nous recevons continuellement.

Nos expériences passées peuvent améliorer notre capacité à prédire l'issue de notre situation actuelle, mais celle-ci n'est pas inéluctable. Si une personne souhaite un résultat différent, la seule façon d'influencer son obtention est de modifier son interprétation de la situation actuelle. Une vision positive d'un objectif augmente ses chances d'obtenir un résultat positif.

J'aime les affirmations « Vous êtes ce que vous pensez être » ou « Comme« Tu penses, tu deviendras » et « Que tu penses pouvoir le faire ou non, tu as raison. » L'opinion que nous avons de nousmêmes dans notre situation actuelle déterminera souvent l'issue de notre comportement. Il faut le destin ou la chance pour provoquer tout autre résultat. Nous ne devrions pas vouloir vivre notre vie en nous fiant au destin. Si nous voulons vraiment vivre notre vie, nous devons être la cause de tout ce qui se passera ensuite.

Quelle différence fait une attitude positive ?

Les personnes qui réussissent augmentent leurs chances d'obtenir de bons résultats parce qu'elles y croient. Tout commence par leur attitude. Elles croient en elles et savent qu'elles peuvent atteindre leurs objectifs. L'inverse est également vrai, et encore plus puissant. Une attitude négative peut facilement devenir votre pire ennemi.

Si nous abordons notre situation actuelle en espérant réussir et rencontrer unSi nous subissons un contretemps momentané parce que le ballon n'a pas touché le panier, ou qu'un événement a entraîné un résultat différent de celui escompté, nous devrions considérer cet événement comme une nouvelle occasion d'apprendre et d'avancer avec plus d'enthousiasme. Ceux qui ne prennent pas en main leur propre attitude seront plus enclins à maudire la cause ou le résultat, à se culpabiliser et à regretter leur « échec ». Imaginez ce qui se passera ensuite lors de leur prochain tir. Notre réaction déterminera la suite. Les personnes qui réussissent considèrent la perte comme un moment et une occasion d'apprendre afin de gérer ces facteurs différemment la prochaine fois. La réaction de chacun appartient à chacun. Le seul contrôle que nous ayons sur notre vie est notre attitude présente, et celle-ci influencera notre comportement futur.

Si nous avons peur, nous perdrons la course, ou le match de catch, ou nous raterons le tir parce que nous ne nous sommes pas entraînés, ou parce que nous avons ratéSi la dernière fois, ou si nous pesons trop, ou quoi que ce soit, nous avons créé l'environnement qui produira ce résultat. Notre attitude devient notre propre prophétie autoréalisatrice.

La prière est-elle utile ?

Certaines personnes prient pour obtenir un résultat et continuent ensuite à le faire avec le suivant.Ils rencontrent un problème parce que cela semblait fonctionner auparavant. C'est peut-être parce qu'ils ont développé une attitude positive envers la réalisation de leur objectif, et non parce que Dieu est intervenu dans leur vie. Un des aspects de la prière est qu'elle permet de se mettre à l'écoute de la réalité. Ceux qui ont une perspective religieuse peuvent dire : « Dieu récompense ceux qui croient. » À l'inverse, lorsqu'ils échouent, certains n'assument pas leur responsabilité en disant : « C'était la volonté de Dieu. »

C'est la méditation qui fonctionne vraiment. Dieu n'y est peutêtre pour rien. Après tout, il est terriblement vaniteux de croire que

notre propre « Dieu » interviendra pour opérer un changement dans nos vies qui affectera notre comportement au détriment d'autrui. Cela implique que nous sommes les seuls à être spéciaux aux yeux de Dieu, et que nos concurrents sont les seuls à être spéciaux aux yeux de Dieu.

Ce n'est pas le cas. En réalité, nous influençons notre propre attitude en nous concentrant sur le résultat que nous souhaitons obtenir. Cela est vrai, que nous l'appelions prière ou méditation. Personne d'autre ne nous écoute vraiment.

Il existe de nombreuses façons d'être en harmonie avec soimême. La méditation est efficace. Elle chasse toutes les autres pensées de l'esprit et permet de se concentrer sur une pensée à la fois. En se concentrant sur une pensée, on l'accueille de manière positive ou négative, selon notre attitude du moment. La psychologie explique que c'est notre attitude qui oriente notre vie et influence le résultat de notre comportement en augmentant nos attentes, notre énergie et notre motivation pour atteindre un objectif, ou en nous obligeant à le rejeter. Une attitude positive actuelle nous permet de nous concentrer sur l'objectif et d'être plus réceptifs aux opportunités subtiles qui amélioreront le résultat souhaité. L'inverse est également vrai. Imaginez l'effet du comportement d'un parent qui ressent un manque de réussite et projette cette attitude sur ses propres enfants. Le parent se demande alors pourquoi son enfant a une faible estime de soi, ce qui entraîne des échecs et, dans certains cas, des problèmes de discipline. Le résultat est totalement différent pour l'enfant dont les parents soutiennent et croient en ses capacités de réussite. Votre propre attitude fait la différence pour les autres.

Si nous voulons obtenir uniquement de bons résultats, nous ne devons pas permettreNous nous empêchons de penser négativement à quoi que ce soit. Pour le vérifier, essayons de ne penser que positivement pendant une journée et observons notre ressenti envers nous-mêmes et le monde qui nous entoure à la fin de la journée. Avec le temps, cela deviendra une habitude qui fera des merveilles. Il est important de se rappeler que notre attitude est primordiale, car elle influence les résultats que nous obtenons en vivant notre vie en nous efforçant de donner le meilleur de nousmêmes.

Nous sommes responsables de nous-mêmes.
Vous ne pouvez pas blâmer les autres pour qui vous êtes

Pour tirer le meilleur parti de notre propre vie, nous devons assumer l'exclusivitéresponsabilité envers nous-mêmes. Nous ne pouvons plus nous cacher derrière les autres.

Nous attendons des autres qu'ils fassent ce qui est bon pour nous, tout en étant capables de vivre pleinement notre existence. Nous deviendrons le reflet de ces personnes et ne serons plus vraiment nous-mêmes. En nous fiant aux autres pour prendre nos décisions, nous ne saurons jamais qui nous sommes vraiment. En apprenant à vous connaître, vous pourriez être surpris de découvrir que vous vous aimez vraiment. La vie vous semblera alors juste, car vous saurez que vous êtes vous-même.

Votre groupe pense-t-il à votre place ?

La psychologie reconnaît le phénomène connu sous le nom de « pensée de groupe ». Cela signifie qu'en s'identifiant à une organisation, à mesure que nous devenons dépendants du groupe, ses personnes de contrôle réfléchissent à leur place. Leur appartenance devient leur validation de la vérité. On le constate dans les partis politiques, au lycée, dans toutes les églises, et surtout dans l'armée. Cela contraste vivement avec ceux qui revendiquent leur autonomie individuelle et restent maîtres de leur vie, comme beaucoup d'humanistes aimeraient le croire. Mais ils adhèrent même aux croyances de leur groupe.

Nombreux sont les « Démocrates » ou les « Républicains », voire les « Indépendants ». L'identité prime sur la politique. Appartenant à ce groupe, ils ne se sont pas plaints d'un événement auquel ils se seraient autrement fermement opposés. Si on les conteste, ils prétendront que « les circonstances étaient différentes » pour défendre leur « groupe », alors qu'en réalité, les circonstances sont identiques. L'« identité du groupe » est plus importante que la politique. Soyez vigilant ; cela peut vous concerner. Vous devez conserver votre capacité de penser par vous-même et ne laisser aucun groupe vous dicter vos convictions, sinon vous lui permettez de vous contrôler et vous cesserez de progresser dans ce domaine. Accepter la vision du groupe peut sembler plus facile, mais vous ne vivrez plus pleinement votre vie. Vous devez avoir le sentiment d'être toujours libre d'être en désaccord avec votre propre groupe et d'avoir étudié toutes les pistes pour résoudre le problème vous-même, indépendamment de

votre groupe, afin que votre vie ait vraiment de l'importance.

Chapitre douze
En direct unPlus heureuxVie avec un GratuitEsprit

Fred Edwords a été embauché comme directeur exécutif de l'American Humanist Association lorsque j'en étais président au début des années 1980, et il a depuis lors occupé de nombreux postes au sein de l'association. Il est passé maître dans l'art de transmettre son message, comme il l'a fait dans son excellent article paru dans le premier numéro du magazine Humanist, qui combine désormais le magazine avec le bulletin d'information des membres de l'AHA, publié depuis sa création en 1941 et depuis les années 1950, intitulé « Free Mind ». Fred a rédigé cet article en tant que rédacteur invité, et le titre de ce chapitre est tiré de ce texte. J'en ai résumé le contenu avec son autorisation, car il met en perspective la philosophie épicurienne.

« Le bonheur est un état d'esprit. » Selon Sonja

Lyubomirsky,Professeure de psychologie positive à l'Université de Californie à Riverside, elle définit le bonheur comme « l'expérience de la joie, du contentement ou du bien-être positif, associée au sentiment que sa vie est belle, pleine de sens et utile ». Cela donne une perspective plus réaliste aux propos d'Épicure. Cela fournit un cadre de réflexion pour votre propre vie quotidienne.

Vos réponses différeront selon le niveau de Maslow.La hiérarchie des besoins que vous vivez actuellement est telle que vous vous concentrez sur vos besoins actuels. La raison en est que les niveaux inférieurs présentent une telle insuffisance de besoins qu'une personne vivant au niveau de sécurité, par exemple, voit ses besoins immédiats prévaloir. Vous ne pouvez être heureux si votre vie est menacée. Au niveau de sécurité, vos besoins immédiats doivent être satisfaits avant même de pouvoir ressentir un sentiment de bonheur.

La vie est essentiellement un exercice d'équilibre, mais le résultat commence par savoir siVous avez une attitude positive et réceptive, ou négative. Même une attitude positive ne garantit pas le bonheur, mais elle ouvre la voie à de nouvelles opportunités qui peuvent mener à une vie plus heureuse et plus épanouissante que celle que vous pourriez atteindre avec une perspective négative. Or, si vos besoins fondamentaux ne sont pas satisfaits, vos besoins de sécurité sont protecteurs et insensibles à tout ce qui ne les satisfait pas.

Si l'on considère le bonheur sous l'angle du plaisir, explique M. Edwords, « le problème est que les plaisirs intenses sont fugaces, tandis que les plus durables peuvent se résumer à de la détente. De plus, un effort déterminé pour maximiser le plaisir et minimiser la douleur… peut exiger beaucoup d'efforts désagréables… les désirs inassouvis sont souvent longs, tandis que les satisfactions sont brèves. Et les sensations agréables, une fois éprouvées, sont souvent oubliées. » L'attitude d'une personne déterminera si les événements lui permettront ou non de les vivre avec bonheur.

Votre perception de la situation déterminera l'accueil réservé à vos efforts. Si vos besoins fondamentaux et de sécurité sont satisfaits et que vous travaillez pour subvenir aux besoins de votre famille, constater des progrès vers votre objectif vous procurera un sentiment de bonheur. À l'inverse, si quelque chose entrave vos efforts, votre réaction sera négative. Aux États-Unis, rares sont ceux qui souffrent de la faim aujourd'hui. Même un sans-abri vivant sous un pont pour se protéger de la pluie peut se sentir heureux, car il est momentanément en sécurité. Serait-il plus heureux si on lui offrait une chambre d'hôtel gratuite pour la nuit ? Probablement. Mais lorsqu'il se retrouve à la rue le lendemain soir, son malheur pèse sur sa nuit précédente. Lorsque vous vivez en sécurité, votre sécurité repose sur votre vision de l'avenir.

Des personnes en situation difficile qui œuvrent pour un avenir plus sûrcar leur famille peut avoir un plus grand sentiment de satisfaction avec leurs progrès, et est donc plus heureuse, que ceux qui ont tout, et donc aucun besoin, qui essaient de décider ce qu'ils peuvent faire.

suivant. L'activité vers un but est ce qui amène la première personne à êtreplus heureux que le deuxième.

M. Edwords prend l'exemple d'un chat américain qui joue avec la souris, au risque de la perdre car il n'a pas faim. Aucun défi n'est lié aux besoins du chat. Attraper la souris anéantirait le plaisir qu'il recherchait. Le premier peut être satisfait, mais un chat affamé qui attrape la souris sera plus heureux. C'est l'effort qui mène au succès qui fait le bonheur du second.

Selon les termes de Maslow, lorsque vos besoins sont tous dans le nœud, vous n'êtes plusNe soyez plus guidé par le manque afin de profiter pleinement de l'instant présent. Libéré des besoins immédiats, vous pouvez vous tourner vers le niveau supérieur pour vous épanouir si vous recherchez le bonheur. Ressentir le succès, c'est ressentir une amélioration dans la poursuite de votre prochain objectif, et non le résultat de son atteinte. Si vous souhaitez rester dans le plus grand bonheur de votre être, vous devez avoir remplacé le premier objectif par un autre avant d'atteindre le premier. Ce sont l'effort et le progrès qui créent le sentiment de bonheur.

Dans notre culture, nous ne sommes pas appelés à participer aux efforts de survie qui exigent toute l'attention de beaucoup dans d'autres régions du monde. Nous n'avons pas besoin de chercher de la nourriture comme les premiers habitants de nos terres. Même les sans-abri modernes sont nourris par des banques alimentaires, souvent gratuitement. Par conséquent, nous jouons, créons des œuvres d'art et participons à des activités communautaires. Pour une vie épanouissante, nous devons avoir des activités constructives. Même les retraités ont besoin d'objectifs de vie pour que leur vie ait de la valeur.

Si vous examinez votre situation actuelle, vous obtiendrez un résultat différent selon vos attentes. Nous considérerons notre vie comme valable si nous nous engageons dans une activité valorisante, en éprouvant un plaisir approprié à nos efforts. Même si l'objectif est d'éviter une menace sérieuse, accepter de persévérer pour obtenir un résultat positif, pour nous-mêmes ou pour ceux dont nous nous sentons responsables, procurera un sentiment de réussite qui se traduira par des résultats positifs.

sentiments heureux. Si nous n'avons pas d'objectifs, nous ne pouvons pas espérer être heureux oucontenu. Nous existons simplement.

Le contrôle principal que vous avez au-delà de la sélection des objectifs que vousLe résultat que vous souhaitez atteindre est votre attente. Quel est votre niveau de tolérance à une qualité inférieure à la perfection ? Si vous êtes perfectionniste et que le résultat est inférieur à vos attentes, vous êtes malheureux. Si vous abaissez vos attentes à la simple acceptation du changement pour atteindre cet objectif, vous obtiendrez bien plus de résultats. Concrètement, si vous rendez visite à un ami et que vous avez faim, le simple fait qu'il vous propose de la nourriture vous rend heureux. Si vous êtes un gourmet et que vous vous attendiez à de la porcelaine fine et du caviar et que vous recevez un cheeseburger, vous ne l'apprécierez pas, quoi qu'en dise votre hôte. Vos attentes sont la clé de votre bonheur.

Épicure disait qu'il faut vivre pleinement chaque instant pour obtenirTirer le meilleur parti de la vie. Cela signifie accepter la situation actuelle et apprécier pleinement ce qui se passe sans attentes. Il est nécessaire de ne rien désirer et de ne rien avoir besoin pour profiter pleinement de chaque instant. Cela ne signifie pas que vous ne vous êtes pas fixé d'objectifs. Un objectif est le chemin que vous empruntez. La façon dont vous réagissez aux obstacles, les acceptez ou réorientez vos efforts pour les atteindre est importante. S'attendre à rencontrer des obstacles vous évite la frustration. Intégrer l'idée que votre situation actuelle vous obligera à les surmonter pour poursuivre votre chemin vous procure un sentiment de réussite. Au football américain, presque chaque action est conçue pour marquer un touchdown. La plupart échouent. Les joueurs ne quittent pas le terrain au premier échec. Ils redoublent d'efforts la fois suivante. C'est la poursuite constante de leur objectif qui compte. Les obstacles immédiats importent peu. Il y a toujours une autre action dans leur stratégie.

Thomas Edison a essayé de trouver un filament capable de transformer l'électricité en lumière plus de 10 000 fois avant d'essayer le tungstène, qui a fonctionné. À la question « Que

pensez-vous de tant d'échecs ? », il a répondu : « Eh bien, je connais maintenant 10 000 choses qui ne fonctionneront pas. » Il a finalement

Il ressentait le succès et c'était là son objectif. Il ne se concentrait pas sur ses échecs. IlIl y trouvait même de la valeur. Il était donc heureux.

Nous ne contrôlons pas ce que la vie nous offre, pas plus que l'invité qui veut manger. Accepter la réalité et profiter pleinement de l'instant présent est source de bonheur. Des attentes qui dépassent la réalité rendent les imperfections et l'agitation du monde réel source de malheur. Prendre la vie telle qu'elle est et profiter de chaque instant pour ce qu'il est, tout en restant concentré sur des objectifs positifs, comme Edison, donne un sentiment de réussite et procure du bonheur dans l'effort pour y parvenir.

Si vous avez des attentes irréalistes sur des choses que vous ne pouvez pas contrôler, vous ne pouvez pas espérer être heureux très souvent. Vous ne pouvez jamais tout contrôler. Aidez une autre personne à réussir. Même si c'est votre propre enfant. Votre objectif devrait être de l'apprécier pleinement, de le guider autant que possible, de faire la différence sans le décourager ni l'abattre pour qu'il renonce à ses efforts, puis de prendre du recul et d'apprécier le fruit de ses efforts. Vous serez alors satisfait du résultat. Son succès sera le vôtre aussi.

Pour atteindre les étoiles, il faut commencer par faire un pas en avant à la fois. Lorsqu'on rencontre un obstacle, il faut parfois reculer, mais le plus souvent faire un pas de côté pour le contourner. En persévérant suffisamment longtemps, on finit par atteindre son objectif, ou par en trouver un autre qui nous semble préférable. Mon meilleur ami depuis notre naissance rêvait d'aller sur la Lune. Il est devenu scientifique spatial pour la NASA, responsable de la trajectoire du vaisseau spatial de la Terre à la Lune et du comportement des astronautes une fois arrivés sur place. La NASA a abandonné son programme permettant aux scientifiques d'être astronautes, mais il s'en est approché. Il a participé aux activités des astronautes sur la Lune.

Le titre de la newsletter de l'AHA, « Esprit libre », devrait rappeler aux humanistes qu'un esprit indépendant, libre du « contrôle des autres », nous permet d'analyser rationnellement les situations de la vie au fur et à mesure qu'elles se présentent, puis de gérer nos émotions personnelles de manière à favoriser une réponse positive.

vos attentes et vos réactions commencent toutes par votre attitude, et celles-cisont vos contrôles exclusifs pour produire votre propre bonheur dans n'importe quelle circonstance donnée.

Chapitre treize
Pourquoi avons-nous toutes ces nombreuses croyances que nous avons actuellement ?

Vous découvrirez que nous avons de nombreuses croyances infondées si vous en cherchez la vérité, ou la raison même de ces croyances. La plupart d'entre elles sont sans importance, et la réponse à cette question ne mérite pas qu'on s'y interroge. Cependant, certaines croyances culturelles universelles peuvent contrôler la vie, même si elles sont fausses. Par exemple, nous avons chacun notre propre conception de l'au-delà, qui nous semble acceptable.

Je n'ai certainement pas l'intention de remettre en question les croyances de qui que ce soit. Vous seul devriez le faire pour vousmême. Cependant, il est important de comprendre comment les notions qui constituent nombre de nos croyances ont été transmises culturellement au fil des millénaires. D'où vient cette croyance, alors qu'il n'existe aucune preuve valable de l'existence d'une vie après la mort ? Cette croyance ne peut être acceptée que par une « foi aveugle ».

Je discute de cette croyance parce que celaL'exemple le plus frappant est une croyance universelle. Tout le monde a été exposé à cette croyance. L'objectif d'une analyse approfondie d'une croyance universelle spécifique est de la mettre en lumière de manière spectaculaire afin de mieux comprendre l'impact ultime de toute croyance sur notre propre vie. L'objectif est de nous inciter chacun à prendre le temps de procéder à une analyse similaire avant d'accepter une croyance irrationnelle fondée sur une « foi aveugle »

qui aurait un quelconque contrôle sur notre existence. Ne pas penser par soi-même est dangereux pour notre existence même. Remettre en question toutes les croyances fondées sur une « foi aveugle » nous aidera chacun à faire de meilleurs choix quant à ce que nous sommes prêts à accepter comme notre propre vérité, afin de prendre notre vie en main et de ne pas nous laisser influencer.

Nous ne devrions certainement pas vouloir être la marionnette de quelqu'un d'autre.notre propre vie comme un mouton.

Pourquoi croyons-nous à une vie après la mort ? Ce n'est pas une question facile.Il est difficile de trouver des réponses acceptables. Non pas qu'il n'existe pas de multiples théories plausibles pour expliquer cette croyance. Le problème est qu'il y en a trop. La plupart des réponses manquent de profondeur. La plupart des gens partent du principe qu'une théorie doit exister parce que tout le monde le croit. Il est donc plus facile de ne pas remettre en question la véracité de cette idée. Il semble que ce sujet ait été largement abordé pour justifier cette croyance. Cependant, rares sont ceux qui abordent la question avec scepticisme. Cela m'a semblé la manière la plus efficace de commencer. C'est probablement parce que c'est ainsi que les avocats sont formés pour envisager la vie et les problèmes auxquels nous sommes confrontés quotidiennement dans notre société.

Ce que j'ai trouvé jusqu'à présent, pour donner un aperçu de quelques théoriesÀ titre d'exemple de ce que je considère comme les meilleures réponses à la question de la croyance humaine en une vie après la mort, je vous propose un éventail de réflexions suffisamment large pour que vous puissiez déterminer les réponses qui vous semblent les plus acceptables. La liste suivante résume parfaitement les réponses que j'ai trouvées les plus plausibles :

1.   Certains prétendent que la croyance en une vie après la mort n'est qu'un vœu pieux. Nous avons vécu hier, nous sommes vivants aujourd'hui et nous espérons donc vivre demain, même après notre mort. Chacun de nous a peur de la mort. C'est dans la nature humaine de craindre l'inconnu. Nous ne pouvons tout simplement pas imaginer que nous n'existerons plus, même si la plupart d'entre nous comprenons que nous n'existions pas avant notre naissance, dans le corps où nous vivons aujourd'hui. C'est pourquoi nous, les humains, sommes tout disposés à faire ce « saut de la foi ».

2.   D'autres pensent que cette croyance est un moyen de promouvoir un « comportement socialement désirable ». Autrement dit, il s'agit

simplement d'un instrument de contrôle de la société véhiculé par les parents et la classe sacerdotale.

3. Certains ont affirmé que la croyance en une vie après la mort était simplement issue des « croyances des anciens », fruit de leurs efforts pour expliquer des phénomènes étranges, comme les rêves. C'était une idée originale, mais superficielle.

4. Certains pensent que c'est le résultat naturel du fait que chacun de nousNous ressentons que « nous sommes plus que notre propre corps ». La conscience de notre environnement, grâce à la taille de notre cerveau, nous permet de penser au-delà de nous-mêmes. Nous pouvons donc penser indépendamment de notre propre corps. Cela nous donne le sentiment d'être quelque chose de distinct et d'au-delà de notre propre existence physique. Cette « entité » distincte possède donc une vie propre. C'est probablement la raison la plus logique, mais elle est facilement démentie car, aujourd'hui, les scientifiques peuvent reproduire ce résultat en laboratoire, prouvant ainsi que notre croyance n'a rien à voir avec une vie après la mort.

5. Une idée intéressante d'un auteur que j'ai lu est que la notion de vie après la mort est le fruit de « l'évolution par sélection naturelle » : ceux qui ne pensent pas que la mort est la fin de leur vie sont plus susceptibles d'être plus forts et plus agressifs au combat. Si vous saviez que votre comportement entraînerait votre perte, seriez-vous un kamikaze ?

6. Richard Dawkins, éminent professeur de biologie à Oxford, convient que les croyances sur l'au-delà sont le produit de la sélection naturelle ; mais pas de la sélection naturelle qui agit sur les gènes ou toute autre entité biologique telle que celle identifiée par Darwin. Dawkins affirme plutôt que les croyances sur l'au-delà sont le produit de la sélection naturelle de l'évolution des idées. C'est la sélection naturelle de notre cerveau, qui retient des idées spécifiques parmi la myriade d'idées auxquelles nous sommes continuellement exposés, plutôt que la sélection naturelle de nos gènes qui perpétue notre espèce. Cependant, les deux fonctionnent de la même manière. Ceux qui sont sélectionnés pour notre rétention sont ce que Dawkins a appelé les « mèmes ». C'était un mot.

Il a inventé un mème. Il a défini un mème comme toute information codée ayant le pouvoir d'influencer sa propre réplication. Tout comme les gènes sont nos réplicateurs biologiques contribuant à notre existence même, les mèmes sont les réplicateurs de nos idées qui se manifestent dans l'existence de nos croyances. Leur pertinence par rapport à la réalité est peut-être limitée.

Examinons plus en détail ces différents points de vue. Voici quelques explications plus approfondies qui, selon moi, méritent réflexion.

Vœu pieux

En explorant le premier point de vue, celui du vœu pieux, selon certains érudits et de nombreux philosophes de comptoir, la religion est pour eux une question de réconfort et de consolation. Pour le dire plus crûment et les distinguer des suivants, pour citer le plus véhément, « ces croyances sont des illusions édulcorées, surtout en ce qui concerne la vie après la mort ». Il a déclaré que la croyance en une vie après la mort est la preuve irréfutable que la croyance en une vie après la mort est un sous-produit du vœu pieux. Pour eux, la croyance en une vie après la mort est justifiée par le fait qu'elle peut éliminer, ou du moins atténuer, la peur de l'extinction personnelle, ou la tristesse accablante que nous ressentons à la mort d'un être cher. Un autre, plus intelligemment, a ajouté que cette croyance est amplifiée par le sentiment que beaucoup d'entre nous ont le sentiment qu'une vie limitée n'aurait aucun sens si la nôtre ne pouvait continuer.

Pour ceux qui adoptent cette position, la plupart des gens considèrent que la religionDes croyances qu'ils entretiennent simplement parce que leurs parents les leur ont inculquées enfant et que cette idée est partagée par leur entourage. Il est plus facile d'accepter cette idée parce que tout le monde croit à l'existence d'une vie après la mort que de la rejeter. C'est peut-être vrai, mais la vraie question est alors : pourquoi ces croyances sont-elles devenues si populaires ? Et si l'on peut répondre à cette question, pourquoi tant de personnes sont-elles réticentes à abandonner ou à changer de croyance, même après l'avoir fait ?

Face à des preuves solides démontrant que certaines croyances pourraient être fausses, voici les questions auxquelles les partisans de la théorie du vœu pieux ne parviennent pas à répondre.

En bref, leur explication est que les gens conservent et refusent d'abandonner toute croyance qui apaise les souffrances de la vie, tant pour nous que pour nos proches. Je pourrais l'accepter. Cependant, j'ai constaté que cela ne fonctionne pas. Croire en une vie après la mort ne soulage pas réellement notre peur de la mort. Elle n'évite pas non plus efficacement le deuil auquel nous sommes tous confrontés lors de la perte d'un être cher. Bien que, comme l'a déclaré un philosophe qui s'est un peu élevé au-dessus de son tabouret de bar, il est peut-être vrai que nos croyances religieuses persistent non pas parce qu'elles nous réconfortent, mais parce que, une fois acquises, les abandonner produit un profond malaise.

On pourrait faire une analogie avec la dépendance à la nicotine, aux drogues ou à l'alcool. Une fois accro, la cigarette procure peu de plaisir, mais dès qu'on essaie d'y renoncer, on ressent un besoin intense et désagréable. Par conséquent, la dépendance est moins contenue par le plaisir qu'elle procure que par le déplaisir qu'elle prévient.

En outre, des millions deLes gens ont vécu toute leur vie dans la peur de l'Enfer, de la damnation éternelle ou d'autres éventualités post-mortem effrayantes. L'idée qu'une éternité de souffrance puisse nous attendre est l'une des idées les plus déplaisantes jamais conçues par l'esprit humain. Comme indiqué précédemment, Darwin l'a qualifiée de « doctrine damnable ». Autrement dit, au lieu de dissiper les craintes de la mort, certaines croyances sur l'audelà suscitent souvent des peurs que les gens n'éprouveraient pas autrement. Par conséquent, la théorie des vœux pieux pourrait expliquer en partie ce phénomène, mais elle ne saurait certainement pas tout expliquer.

La religion organisée assure la cohésion sociale ou la « colle sociale ».

Le deuxième concept de cette liste expliquant pourquoi les gens ont de telles croyances, un auteur l'a appelé « colle sociale ». L'idée est que nos croyances religieuses sont le ciment qui maintient la cohésion des sociétés. Indépendamment de la véracité de la doctrine comme principale raison d'une croyance en

En ce qui concerne la vie après la mort, il ne fait aucun doute que la religion apporte une solidarité sociale et un sentiment d'appartenance à la communauté en transmettant des croyances et des valeurs communes, incitant ainsi les individus à la moralité. L'aspect réconfortant des croyances sur l'au-delà réside dans le fait qu'elles visent à encourager les comportements socialement bénéfiques, tandis que les croyances dérangeantes visent à décourager les comportements socialement nuisibles. Cette approche est fortement teintée de « Père Noël ».

Je l'admettrais, sauf que toutes les croyances religieuses ne sont pas bénéfiques socialement ; certaines peuvent déchirer des groupes et des nations. Voyez ce qui se passe aujourd'hui avec les croyances radicales de l'islam au sein de la communauté musulmane.communauté et leurs attaques contre le reste du monde au nom de leur religion. Autrement dit, la théorie du ciment social s'effondre, car elle conduit également à l'idée que c'est nous contre eux.

Contrôle social

Une autre façon d'aborder l'argument de la colle sociale, un peu plus sophistiquée que celle des philosophes de comptoir, consiste à considérer le concept de contrôle social du point de vue de ceux qui la produisent. Nous avons ici affaire à une catégorie de personnes qui promeuvent de telles croyances comme des outils de manipulation sociale. Parents et enseignants les utilisent pour contrôler leurs enfants, maris pour contrôler leurs épouses et vice versa ; propriétaires d'esclaves pour contrôler leurs esclaves. La classe dirigeante les utilise pour contrôler le prolétariat, et prêtres, rois et autres dirigeants pour contrôler les tribus, les guildes et les nations. La colle confère le pouvoir à celui qui la produit !

Si vous appliquez le même concept aux croyances sur l'au-delà, cela pourrait suggérerque les gens tentent de contrôler le comportement des autres avec la promesse du paradis et la menace de l'enfer exactement de la même manière dont les parents tentent de contrôler le comportement de leurs enfants, en leur disant que s'ils sont sages, le Père Noël leur apportera des cadeaux mais s'ils sont méchants, il ne le fera pas.

La croyance véhiculée peut n'avoir aucun rapport avec l'intention réelle de la personne qui exerce le contrôle. Cela peut être vrai même si, dans bien des cas, la personne qui exerce le contrôle agit avec la ferme conviction que c'est la bonne chose à faire. L'évêque John Shelby Spong suggère

Certains membres du clergé ont une compréhension religieuse bien plus profonde que celle qu'ils sont prêts à partager avec l'ensemble de leur congrégation, car ils estiment que leurs connaissances vont au-delà des intérêts de leurs fidèles, ce qui engendrerait de la détresse. Autrement dit, partager leurs véritables croyances pourrait détruire la « foi » actuelle de leurs paroissiens. Il ne fait aucun doute que les masses peuvent être ignorantes sur un sujet donné, mais le meilleur résultat est en fin de compte d'être totalement honnête. C'est peut-être la raison pour laquelle de nombreux membres du clergé qui réussissent restent superficiels lors d'un sermon, mais proposent une analyse approfondie lors de séances plus privées, réservées à ceux qui souhaitent en savoir plus, plutôt que de menacer leur congrégation en prêchant en chaire plus que ce que l'ensemble de leur auditoire peut accepter, sans pour autant remettre en cause leurs convictions.

Ce que suggèrent ceux qui utilisent cet argument, c'est que la raison pour laquelle nous croyons en une vie après la mort est la motivation des personnes de contrôle pour continuer à croire en leur contrôle de notre société, plutôt que, du moins pour certaines personnes de contrôle, une expression de leur véritable croyance dans la validité du message lui-même.

Cela ne veut pas dire que la plupart de ces croyances ont pour but d'exploitation par l'individu porteur du message. La plupart des personnes au pouvoir y croient probablement fermement. Cette croyance est plus universelle que l'individu. Selon ceux qui défendent ce point de vue, c'est notre culture qui crée la croyance en une vie après la mort, puis qui défend cette croyance comme socialement acceptable comme moyen de maintenir l'ordre social.

Science primitive (ou perpétuation des croyances anciennes)

La réponse qui prévaut dans les écrits disponibles est que L'explication de ces croyances, transmises culturellement de génération en génération, est la tentative sincère des peuples anciens de comprendre les phénomènes de la vie. Autrement dit, de nombreuses idées sont des vestiges de nos efforts antérieurs pour expliquer le monde qui nous entoure. avoir toutes sortes dedes expériences qu'il serait très difficile pour les gens pré-scientifiques d'expliquer.

Par exemple, lorsque nous nous couchons pour dormir, notre corps reste là où nous sommes.Nous les avons quittés, et pourtant, lorsque nous rêvons, nous avons souvent l'impression d'être ailleurs et de faire autre chose. Comment expliquer cela en l'absence d'une compréhension scientifique approfondie du monde ? Une explication serait qu'une partie de nous quitte notre corps physique, possédant une existence indépendante et capable d'explorer des mondes étranges, bien différents de notre monde éveillé. Et ce n'est pas tout. Il nous arrive à tous de faire des rêves intenses et chargés d'émotion, où nous rencontrons des personnes décédées. Comment expliquer cela ? Eh bien, peut-être que la partie de nous qui quitte le corps pendant les rêves survit à la mort corporelle – et voilà ! Nous comprenons maintenant comment de telles croyances ont pu émerger des efforts sincères des gens pour expliquer ce qui leur arrive. Il s'agit simplement de tentatives d'expliquer les faits de notre expérience réelle à mesure que nous acquérons une connaissance du monde dans lequel nous vivons tous.

Le problème avec ce concept est que, même si ces réponses peuvent être réconfortantes, elles n'expliquent pas pourquoi elles sont si facilement acceptées aujourd'hui, et cette croyance perdure, même si nombre d'entre elles ont été réfutées par la science, qui a analysé les faits et reproduit les résultats qui les ont initialement produites. Pourquoi cette croyance n'a-t-elle pas disparu avec la compréhension de l'explication de sa source ?

Évolution

La théorie de l'évolution est une autre explication alternative récente. Certains ont tenté d'appliquer la pensée de Darwin aux concepts religieux. Si nos croyances religieuses sont le produit direct de la sélection naturelle, tout comme certaines parties de notre corps ont été sélectionnées pour exploiter les individus qui les possèdent, cela nous ouvre un champ de réflexion intéressant. Autrement dit, même des idées, comme les croyances en l'au-delà, peuvent être acceptées comme des vérités et adaptées à notre usage, car elles donnent aux croyants confiance et un but dans la vie, ou parce qu'elles réduisent l'anxiété lors du décès d'un être cher. De telles croyances renforcent également les capacités au combat. Elles améliorent notre

Ils peuvent également contribuer à la santé en réduisant le stress. Ils peuvent aussi contribuer à souder les groupes et ainsi favoriser les intérêts du groupe et de ses membres.

Le problème avec cette raison universelle, c'est que la religion des gensLes croyances varient énormément selon les cultures et les traditions historiques. Il est donc très difficile d'imaginer qu'elles relèvent toutes de la même forme d'adaptation. Autrement dit, pourquoi ne se ressemblent-elles pas toutes ? Même les croyances sur l'au-delà diffèrent au sein de certaines religions. Certaines croient à une existence désincarnée, d'autres à la réincarnation, d'autres encore à la résurrection corporelle. Prenons l'exemple du judaïsme : tous les Juifs d'Israël sont enterrés face au mont Moriah, afin qu'à la « fin des temps », tous soient élevés au ciel et qu'ils soient les premiers à y arriver.

Les croyants juifs orthodoxes, du moins par le passé, croyaient que le paradis n'était pas un lieu de transition immédiate, mais nécessitait la seconde venue d'un Messie. Et ils attendent toujours. C'est une croyance totalement différente de celle que la plupart des chrétiens considèrent aujourd'hui comme acceptable. S'il est vrai que les croyances religieuses ne sont pas le produit direct de l'évolution, mais le produit dérivé d'une tendance plus générale de l'esprit, liée à la position de l'individu dans sa culture, la vision juive du chemin vers le paradis devrait rester la vision chrétienne d'aujourd'hui. L'acceptation de l'entrée immédiate au paradis pourrait peut-être expliquer en grande partie le succès du christianisme.

Une théorie expliquant pourquoi les chrétiens et les juifs diffèrent est que le christianismeLe Jésus d'aujourd'hui est l'œuvre de saint Paul. Son Jésus n'est peut-être pas le Jésus juif qui a réellement vécu. C'est la position défendue par l'évêque épiscopalien récemment retraité, John Shelby Spong.

La meilleure explication des différences culturelles est venue d'EO Wilson. Comme je l'ai mentionné précédemment, il fut un éminent professeur de biologie à Harvard pendant plus de 40 ans. Le Dr Wilson était surtout connu pour ses recherches qui ont abouti

au développement de la sociobiologie. Son postulat est que la biologie ne s'arrête pas à la naissance et que la sociologie est la science exclusive de ce qui se passe après. Il soutient que nombre de nos institutions sociologiques sont déterminées biologiquement. Par exemple, le Dr Wilson affirme que

La spiritualité est biologiquement nécessaire. Elle consiste essentiellement à accorder notreNous devons entrer en résonance avec la nature. Il s'agit d'un phénomène naturel pour tous, que nos religions ont intégré comme un axe central d'organisation. Ceci est cohérent avec la théorie du lien social selon laquelle la religion doit attirer tout le monde afin d'assurer le contrôle social nécessaire au maintien de notre capacité à vivre ensemble.

Le Dr EO Wilson, dans un livre récent intitulé « Le sens de la vie humaine »,Existence", affirme que des études montrent que dans les premiers stades de l'Homo Sapiensexistence, deux forces ont été intégrées à la nature humaine par la sélectivité.Le premier est l'égoïsme individuel. Celui-ci s'est développé parce que l'individu égoïste peut vaincre l'individu altruiste individuellement, contribuant ainsi à la satisfaction de ses besoins. Cependant, lorsque des groupes se sont développés pour assurer le succès de la chasse nécessaire à la survie, ou pour se protéger des tribus rivales, la perpétuation du groupe a nécessité un comportement altruiste des individus les uns envers les autres. Les individus altruistes, collectivement au sein du groupe, pouvaient vaincre l'individu égoïste, créant ainsi une dichotomie statique qui perdure encore aujourd'hui.

Le Dr Wilson affirme que cette dichotomie entre égoïsme et altruisme contribue à la réussite de l'existence humaine. Si l'égoïsme prévalait, nous vivrions dans l'anarchie et sans croissance culturelle. Si l'altruisme prévalait, nous serions privés de créativité et de croissance intellectuelle. Pour une société prospère, les deux sont indispensables. Sa thèse est que c'est le conflit entre l'individu et le groupe, issu de la sélection naturelle, qui a façonné notre qualité de vie – mais tout cela est dû à la sélection naturelle.

Cela pourrait également expliquer les différences dans nos opinions religieuses. C'estEn raison du développement de groupes spécifiques, grâce à notre « pensée de groupe », qui a créé des moyens uniques de s'identifier pour se protéger mutuellement. Comme une grande partie des recherches du Dr Wilson découlait de son étude de la colonisation culturelle des fourmis, je me suis demandé si les fourmis avaient une notion de vie après la mort. Si ce n'est pas une notion que les fourmis comprennent, et si seuls les humains partagent cette croyance, si la vie après la mort existe, existe-t-elle aussi pour d'autres formes de vie ? Si je dois exister éternellement, je veux que mon chien vive avec moi. Cependant,

La science a découvert que nos croyances sont le résultat de la taille de notre cerveau humain qui s'est agrandie jusqu'à la taille à laquelle nous sommes maintenant capables dePenser au-delà de nousmêmes. Nos chiens n'en sont pas capables, ils ne peuvent donc pas accepter nos croyances infondées. Seuls nous, les humains, pouvons le faire. Je ne peux donc pas m'attendre à ce que mon chien soit là, à m'attendre.

Sous-produits de la théorie de l'évolution

Ce que les recherches ultérieures ont montré, c'est que, selon l'approche de l'évolution par les sous-produits, la religion n'est pas un produit de la sélection naturelle. Elle est plutôt le résultat d'autres aspects de l'esprit, eux-mêmes produits par la sélection naturelle. Cela se produit parce que le cerveau humain est désormais suffisamment développé pour nous permettre de penser de manière abstraite. Par conséquent, nous pouvons créer de nouvelles pensées qui n'existent que dans notre cerveau, telles des licornes, et qui autrement n'existeraient pas. Cela serait cohérent avec l'affirmation du Dr Wilson selon laquelle la spiritualité est biologiquement déterminée. Nous portons simplement ce besoin à une nouvelle dimension. Une fois la religion devenue un mème, elle a acquis une vie propre.

Lors d'une conversation que j'ai eue avec le Dr Steven J. Gould, il a répondu à laQuestion suivante. J'ai personnellement connu le Dr Gould. C'était un humaniste actif. Il a été reconnu par les étudiants de Harvard comme leur professeur d'université exceptionnel de l'année pendant la majeure partie de sa carrière. Le Dr Gould qualifie les phénomènes religieux de « spandrel ». Cela impliquerait que la croyance en une vie après la mort pourrait être un sous-produit accidentel de la capacité à ce qu'il appelle la « théorie de l'esprit ». C'est ainsi qu'il a donné à la capacité humaine de considérer les autres et soi-même comme des agents indépendants, chacun ayant des croyances, des désirs et des états mentaux uniques. Cette capacité est présente chez tous les êtres humains au développement normal. Cependant, elle est absente, ou presque, chez tous les autres animaux, et cette capacité est très

vraisemblablement un produit de la sélection naturelle. Nous, les humains, sommes arrivés au stade de la connaissance et avons donc le droit d'y participer. Les autres animaux n'ont pas encore atteint ce niveau de compréhension. Nous pouvons nous interroger sur la question de la vie après la mort. Les autres animaux en sont incapables.

En combinant cette notion avec le conflit comportemental humain entre individus et groupes décrit par E.O. Wilson, on comprend pourquoi, dans le cadre du contrôle antiémeute, la psychologie de foule nous révèle où l'individu perd son identité au sein de la foule sous certaines conditions. Son comportement devient celui du groupe, comme celui d'une fourmi, même en l'absence de leadership. Le groupe acquiert littéralement son indépendance d'esprit. Les membres d'une foule feront subir à autrui des actes terribles qu'ils n'envisageraient jamais s'ils étaient séparés. C'est pourquoi l'une des techniques de contrôle d'une émeute consiste à séparer les individus de la foule. C'est pourquoi l'armée et la police utilisent la force pour séparer une foule en la rencontrant avec leurs boucliers ou leurs canons à eau et en la poussant dans des directions opposées afin de réduire continuellement la taille de la foule. En tant qu'officier de la Garde nationale, j'ai participé à des missions de contrôle antiémeute. J'ai constaté que cela fonctionne vraiment. Séparez l'individu, et il pense par lui-même. Tant qu'il est au sein du groupe, la volonté du groupe détermine sa pensée.

La raison d'être d'une vue en tympan est que les humains pensent naturellement àLes objets physiques et notre esprit utilisent des vocabulaires mentaux distincts. Par exemple, nous percevons les objets physiques, mais pas les états mentaux, comme ayant des dimensions spécifiques. Cette perspective nous permet d'imaginer facilement que l'esprit est distinct de notre corps. Nous attribuons naturellement à notre esprit une position indépendante dans l'espace, comme s'il avait des dimensions, en traduisant notre vision du monde et notre perception de nous-mêmes en tant qu'individu.

Cependant, la théorie de l'esprit n'impose pas cette conclusion, et elle n'impose certainement pas la conclusion supplémentaire selon laquelle l'esprit pourrait exister indépendamment du corps ou survivre à la mort corporelle. Ces conclusions ne sont pas obligatoires. L'éducation nous permet de corriger cette façon de penser. Mais cela signifie que ces idées pourraient venir naturellement aux êtres humains et facilement devenir des mèmes à

part entière, surtout lorsque nous voulons y croire. Autrement dit, ces pensées nous sont faciles à accepter car « elles s'intègrent aux contours naturels de notre esprit ». C'est-à-dire à la façon dont nous sommes faits. Ainsi, un curieux effet secondaire de la « théorie de l'esprit » est que nous sommes enclins à croire, même à tort,

Que l'esprit (certains appellent « l'âme ») est distinct de l'activité cérébrale et que, par conséquent, il nous est facile d'extrapoler, à partir de l'indépendance de l'esprit, pour imaginer que notre âme pourrait s'élever au ciel, renaître dans un autre corps, réapparaître dans une sorte de conscience collective, ou peut-être retourner à la vie en tant que chat ou chien. Mon chien a eu une vie meilleure que la mienne. Peut-être devrais-je essayer, s'il y a vraiment une prochaine fois ?

Mèmes

Les jeunes générations utilisent aujourd'hui le terme « mème » avec un sens différent de celui qu'il avait à l'époque où Richard Dawkins avait inventé, citant un corollaire montrant que nombre de nos croyances se répliquent de la même manière que nos gènes biologiques. Toutes deux ont une vie indépendante et évoluent au fil du temps pour s'adapter à leur environnement culturel actuel. Imaginez l'impact de sa découverte sur notre perception actuelle de nombre de nos croyances. Les « Control People » ont-ils inventé une nouvelle définition culturelle pour dérouter la théorie menaçante de Dawkins et ainsi soutenir leur insistance sur des croyances fondées sur une « foi aveugle » ?

Jusqu'à présent, nous avons examiné quatre explications traditionnelles non évolutionnistes des croyances en l'au-delà, les plus répandues dans les rares recherches qui ne justifiaient pas l'existence de ces croyances, mais cherchaient plutôt à en analyser les raisons. Dans le cadre de cette discussion, elles ont été qualifiées de « vœu pieux », de « colle sociale », de « manipulation » ou d'« outil de contrôle social » et de « science primitive ». Deux explications évolutionnistes des croyances en l'au-delà ont été qualifiées d'« addictions » ou de « sous-produits de l'allège ».

Il existe cependant une troisième explication évolutionniste, beaucoup plus logique, récemment proposée par Richard Dawkins.

Dans les années 1980, il a inventé le terme descriptif de sa théorie :

« mème ». Pour Dawkins, Il a défini un mème comme une forme

unique d'unification des différences culturelles. Pour étoffer ce que j'ai dit précédemment, plus précisément : un mème est une pensée ou une idée qui a évolué jusqu'à développer une vie propre. Les mèmes sont le bouillon social de nos pensées ou

croyances qui régissent toute société. La vérité et la réalité ont peu d'effet surMèmes. Pour Dawkins, les mèmes sont des croyances invérifiables partagées avec d'autres qui développent une vie indépendante qui les soutient, littéralement pour toujours. Les mèmes donnent l'impression d'être vrais à ceux qui les adhèrent, principalement parce que d'autres les partagent. Par conséquent, en tant qu'hôte temporaire de cette croyance, nous la transmettons à d'autres, et cette croyance se développe. Selon Dawkins, un mème est toute forme d'information codée ayant le pouvoir d'influencer sa propre réplication.

Par exemple, une blague peut devenir un mème. Les quatre premières notes de la Cinquième Symphonie de Beethoven sont devenues un mème. Les slogans, les légendes urbaines, les tics, les vidéos YouTube embarrassantes devenues virales et les mélodies accrocheuses et irritantes sont aussi des mèmes. Cela signifie qu'ils ont désormais chacun leur propre vie.

L'affirmation centrale d'un mème est que, comme les gènes, les mèmes sont soumis à une forme de sélection naturelle. Ils sont devenus auto-réplicatifs. Les mèmes qui finissent par prédominer dans une culture sont ceux qui, par accident ou intention, possèdent des propriétés qui augmentent leurs chances de prédominance. Ces mèmes ont des propriétés qui les rendent plus susceptibles de capter l'attention. Les mèmes sont tout ce qui est auto-réplicable, autre que les objets physiques, les plantes ou les animaux vivants. Ce sont des idées, des pensées, des croyances, des phrases, des impressions visuelles, des comportements, des chansons ou des concepts qui ont plus de chances de rester gravés dans l'esprit des gens. De par leur nature, ils sont plus susceptibles d'être transmis de cerveau en cerveau par le bouche-à-oreille ou par nos actions. Ils sont tout ce qui peut être copié ou reproduit par d'autres.

On ne choisit pas forcément les mèmes parce qu'on les aime ; les mélodies entraînantes ont un succès mimétique, même si on les déteste souvent. Essayez de vous sortir la chanson « It's a Small World, After All » de la tête après avoir fait un tour dans l'attraction pour enfants du Magic Kingdom de Disney World. Il faut des mois pour se sortir cette satanée chanson de la tête, même

si on finit par la détester. Imaginez alors comme il serait difficile de se sortir un mème de la tête quand on veut vraiment y croire. C'est pourquoi nous croyons en la vie.

Après la mort, car c'est ce que nous souhaitons tous. La vérité et la réalité n'ont pas grand-chose à voir avec un mème accepté. Il est important de toujours se rappeler que le mème existe par lui-même et que la vérité est sans rapport avec cette croyance.

Les mèmes ne sont pas nécessairement sélectionnés par nous parce qu'ils sont utiles àNous. Le mème du tabac à fumer a survécu pendant des siècles, malgré sa tendance à tuer son hôte et son manque de plaisir. Un mème peut être sélectionné parce qu'il nous est utile, mais il n'a pas besoin d'être utile pour être sélectionné. Il suffit qu'il possède des attributs qui le maintiennent en circulation au sein d'une culture. Fumer conférait un statut aux enfants. Une fois dépendant, il était plus douloureux de le rejeter que de continuer à fumer.

En appliquant l'approche mémétique aux croyances religieuses pour répondre à la question de savoir pourquoi nous croyons en une vie après la mort, il est facile de conclure que nos croyances religieuses sont le produit de la sélection naturelle dérivée de l'évolution culturelle, plutôt que de l'évolution biologique de Darwin, et que toutes les croyances religieuses qui perdurent et qui circulent ne sont pas nécessairement bénéfiques pour l'individu, surtout si elles profitent à un groupe de mèmes. Certaines pourraient même l'être à nos dépens. Essayez de convaincre un fondamentaliste islamique qu'il ne devrait pas commettre d'attentatsuicide en lui disant qu'il n'y a pas de vie après la mort.

Ce qui est pertinent, c'est que l'approche mémétique ne supplante pas nécessairement les autres théories sur l'origine de ces croyances. Elle fournit plutôt un cadre général utile pour intégrer, en un tableau global cohérent, toute part de vérité ou de finalité contenue dans chacune de ces autres théories expliquant l'existence d'une croyance. Elle relie littéralement tout et nous montre comment cette notion a survécu.

Pour examiner comment cela s'applique à chacune des théories antérieures de notreVoici une liste des raisons qui justifient notre croyance en l'au-delà. Leurs partisans ont identifié chacune d'elles comme étant le résultat d'une pression de sélection psychologique ou culturelle agissant au sein d'une tradition religieuse. Ces raisons sont les suivantes :

(1) sélection de croyances qui nous réconfortent ou qui réconfortent les gensnous nous soucions de.

(2) sélection pour être des vies qui favorisent la cohésion sociale, ou « colle sociale ».

(3) sélection de croyances qui nous aident à manipuler les autrescomportement pour leur propre bien,

(4) sélection de croyances qui expliquent, ou du moins nous donnent l'apparence d'expliquer, le monde qui nous entoure.

Il y en a sans doute d'autres. Ce sont simplement les plus évidentes. pour moi ça n'a aucun sens.

C'est là quenotre capacité à utiliser la logique dérivée de notre évolution biologique et la sélection naturelle des pressions mémétiques entrent en conflit direct l'une avec l'autre et nous tirent dans des directions différentes.

Par exemple, nous pouvons vouloir croire quelque chose parce que c'est réconfortant, mais nous pouvons être incapables de le faire parce que cela entrerait en conflit trop violemment avec les preuves que nous voyons autrement.

Cela suggère qu'un type de croyance mémétique réussie serait une croyance qui promet de fournir du réconfort et de la consolation, ce qui n'est pas le cas.trop facilement falsifiée dans la vie quotidienne, car elle est culturellement acceptée. CelaCela inclurait évidemment nos conceptions des formes de vie après la mort que nous, en tant qu'individus, trouvons acceptables. Nous voulons y croire, mais nous n'en voyons aucune preuve ; il est donc difficile de l'accepter logiquement, mais il est également impossible de le réfuter. Par conséquent, nous acceptons ce mème par « foi aveugle ». Parce qu'il est socialement inacceptable de remettre en question une foi, quelle qu'elle soit, cette croyance bénéficie désormais d'une vie culturellement propre et protégée.

En d'autres termes, les gens ont tendance à vouloir croire que c'est vrai, et nous rencontrons peu de choses dans la vie quotidienne qui le contredisent explicitement. De plus, cette croyance est également pertinente pour certaines de nos expériences de vie. Les mèmes pourraient être le produit dérivé de tendances psychologiques évoluées de la pensée. Autrement dit, des séries de transferts mentaux vers d'autres personnes traitant de sujets connexes. Les mèmes qui s'accordent le mieux avec ces

tendances sont les plus susceptibles de se propager. Le mandat actuelNos petits-enfants, pour que ce phénomène devienne viral, sont protégés lorsqu'ils sont liés à d'autres mèmes ou croyances déjà culturellement acceptées. Cette approche décrit donc l'environnement dans lequel les mèmes religieux, comme tout autre mème, s'adaptent le mieux. Il n'est pas nécessaire d'aimer le mème ou la croyance, il est tout simplement impossible de s'en débarrasser.

Dawkins a popularisé l'idée selon laquelle la sélection naturelle ne procède pasDans l'intérêt de chaque espèce, ni du groupe, ni même de l'individu. Darwin a montré que la sélection naturelle agit uniquement dans l'intérêt des gènes eux-mêmes. La sélection s'opère au niveau individuel ; cependant, les gènes sont les véritables réplicateurs, et c'est leur compétition qui pilote l'évolution de la conception biologique. C'est la solution miracle de la découverte de Darwin. Toute vie, partout dans l'univers, existe grâce à la survie de réplicateurs auto-duplicateurs. Nous ne sommes que l'hôte temporaire du gène. Le but de la vie, du point de vue de l'univers, est la survie des gènes. En tant qu'hôte temporaire, et en tant qu'individu, du point de vue de l'évolution, nous devenons finalement inutiles et, par conséquent, nous mourons, tandis que nos gènes survivent.

De plus, nous avons constaté que ces réplicateurs se regroupent souvent automatiquement pour créer des systèmes, ou des machines, qui les véhiculent et œuvrent à leur réplication continue. Autrement dit, nous, les humains, mon chien et les choux que nous mangeons, existons principalement pour protéger les réplicateurs. Les réplicateurs sont les gènes qui existent en nous. La théorie darwinienne de l'évolution par sélection naturelle fonctionne grâce aux gènes pour notre existence biologique. Dawkins affirme qu'il en va de même pour les mèmes. Ce que nous croyons, comprenons et trouvons plus facilement vrai, du moins pour nous-mêmes, est la croyance auto-réplicative. Nous ne sommes que le moyen de la transmettre aux autres.

Les mèmes sont une unité de réplication des pensées stockées dans le cerveau humain, similaire à celle de nos gènes présents dans chaque cellule de notre corps. Les mèmes se transmettent par duplication via les pensées d'autrui.cerveaux. Nos croyances, ainsi que les mélodies dont on ne se débarrasse pas facilement, les idées, les slogans, les modes vestimentaires, les façons de faire de la poterie, sont tous des mèmes. Une personne crée.

D'autres apprennent et suivent par imitation, puis transmettent le mème à d'autres encore. Ce faisant, l'hôte peut enrichir ou affiner le mème à mesure qu'il se transmet d'un cerveau à l'autre. Ainsi, il évolue et s'adapte mieux à la culture.

L'évolution d'un mème se développe ou se dégrade selon un simple algorithme ; leur développement n'est pas linéaire. Soit ils se multiplient rapidement, finissant par développer une vie propre et permanente, soit ceux qui ne se sont pas intégrés à d'autres mèmes culturellement acceptés ou ne se sont pas adaptés d'euxmêmes déclinent rapidement et finissent par disparaître. Notre cerveau reçoit des millions de stimulations chaque jour. Seules quelques-unes de celles que nous stockons survivent et développent leur propre existence, indépendamment de nous comme hôtes. Lorsqu'elles développent une vie propre, elles se propagent d'un cerveau à l'autre comme un virus. L'évolution mémétique se produit indépendamment de son effet sur les gènes biologiques.

Dan Dennett suggère que toute forme d'évolution est un processus naturel et inconscient qui, une fois mis en œuvre, doit produire un résultat. Il affirme que les trois éléments nécessaires à l'évolution sont l'hérédité, la variation et la sélection. L'évolution est produite par le gène au sens biologique, ou par un mème au sens de croyance, ou par toute pensée, qui devient le réplicateur. Des millions de variantes sont racontées chaque jour par des millions de personnes. Seules quelques-unes sont transmises par d'autres. Encore moins nombreuses sont les mèmes classiques dotés d'une vie autonome. Les articles scientifiques prolifèrent, mais seuls quelques-uns figurent en bonne place dans les index de citations. Seules quelques-unes de mes brillantes idées ont été réellement écoutées, et encore moins appréciées, et aucune n'a probablement atteint le statut de mème. Mais je continue d'essayer. On peut se demander pourquoi certaines survivent et d'autres disparaissent.

Ce qui paraît le plus logique, c'est que Dawkins a introduit le terme de complexe mémique co-adaptatif pour expliquer que les mèmes survivent mieux en se combinant avec d'autres mèmes au sein de groupes qui forment des relations complexes. Ainsi, des groupes de croyances prospèrent en présence les uns des autres, chacun d'eux pouvant autrement disparaître de lui-même. La science-fiction peut en être un exemple, mais il en va de même pour les mathématiques, les sciences et l'architecture, sans parler du droit et de la médecine. Les ordinateurs créent tout. différentes possibilités de transfert mémétique. Ils ont même leurs propresPar conséquent, ces virus ont créé, au cours de notre vie, une nouvelle industrie pour les combattre.

Les groupes de complexes mémétiques les plus performants possèdent des mèmes qui servent d'appât pour attirer des adhérents. Ils disposent également d'hameçons pour les capturer une fois qu'ils ont capté leur attention. Ces complexes comportent souvent des mèmes qui agissent comme des menaces pour les hôtes qui choisissent de quitter le groupe, et des mèmes immunitaires qui protègent de cette menace ceux qui restent au sein du groupe. Ainsi, le groupe devient un système autonome, capable d'exister éternellement, quel que soit son rapport à la vérité ou à la réalité. Les faits ne peuvent pénétrer le système, et la vérité ne peut certainement pas le vaincre. Le système du groupe se protège pleinement. Par conséquent, les individus craignent les conséquences de leur incroyance et abandonnent rarement la sécurité de leurs croyances. C'est le ciment qui cimente les individus à leur foi religieuse.

Comment en sommes-nous arrivés là où sont nos croyances aujourd'hui ?

Nous savons maintenant que la Lucy de Donald Johansson a vécu il y a quatre millions d'années, ce qui, vous vous en souvenez peut-être, marque le début de l'évolution humaine, depuis les formes de vie du niveau amibe jusqu'à celle du singe. Notre dernier bond évolutif n'a eu lieu que plus récemment, il y a entre cinquante et cent mille ans. Nous le savons parce que d'autres formes de vie du niveau humain ont disparu, ne laissant que nous, les Homo sapiens ; et parce que nous, les humains, avons connu un changement de comportement significatif à ce dernier niveau d'évolution de notre existence actuelle.

Cela pourrait être dû à l'augmentation évolutive de la taille de notre cerveau, qui nous a soudainement permis de penser au-delà de nous-mêmes. Les humains ont commencé à peindre sur les murs de leurs grottes, préservant ainsi leur vision du monde qui les entourait. Cela ne s'était jamais produit auparavant. Ainsi, le comportement de la vie sur Terre a soudainement évolué vers un niveau de vie supérieur.

Nos croyances religieuses, c'est-à-dire nos réponses abstraites à notre vision des raisons de notre vie, ont également évolué. Cela s'est produit au fil des millénaires en créant des « accroches » sous la forme de croyances d'attraction, comme celles qui promeuvent nos croyances religieuses en prétendant détenir la clé du paradis, mais qu'elles ne la donneront qu'à ceux qui adhèrent à leurs croyances. Ces personnes de contrôle ont fourni un mème complémentaire sous la forme d'une « menace », par exemple l'« Enfer » pour ceux qui ont été exposés à leurs croyances et ne les acceptent pas. Le « Pardon » pour ceux qui reviennent et se repentent, et l'« immunité » contre l'« Enfer » pour ceux qui adhèrent aux croyances des personnes de contrôle.

La vraie question est de savoir quel degré de « contrôle » vous pouvez tolérer sans devenir une marionnette ?

Cela explique pourquoi ceux qui ont été endoctrinés avant l'âge de raison et protégés par cette société pendant leur développement sont généralement « accrochés » à vie et craignent de nier que leur « foi aveugle » ne leur dise la vérité pour le restant de leurs jours, quel que soit leur niveau d'éducation ultérieur. Si ces croyances sont valables, pourquoi n'ont-elles pas évolué naturellement et, par conséquent, ne sont-elles pas devenues la croyance acceptée de tous aujourd'hui ? Pensez-vous que cela pourrait être uniquement dû au fait que ces croyances ne sont qu'un « instrument de contrôle », et non à la réalité ? Notez les nombreuses religions culturelles dans le monde aujourd'hui et les différences significatives entre leurs croyances. Chacune prétend être « la vraie croyance ».

Pensez-vous qu'ils soient tous d'origine humaine ? Ils jouent un rôle essentiel : ils constituent notre « colle sociale » et maintiennent notre société, qui, universellement, repose encore sur des niveaux de sécurité élevés et de faible niveau social. Notre société est encore primitive. S'élever au-dessus de ce bourbier demande des efforts, mais une fois que vous avez la capacité d'envisager la vie avec une perspective plus élevée, vous pouvez facilement comprendre l'effet du contrôle exercé par les autres sur votre propre vie et être beaucoup plus perspicace quant au niveau de contrôle que vous êtes prêt à accepter pour vous-même. Si l'une d'entre elles était « la vérité », pourquoi cette croyance n'est-elle pas universellement acceptée par nous tous ?

Nos différentes religions sont un excellent exemple de mèmes créant leurSa propre vérité. Reconnaissant qu'il s'agit d'une simplification excessive pour faire valoir un point, le véritable but des religions pourrait être la protection du groupe, ou bien de fournir le ciment social qui soutient notre société. Parce qu'il s'agit d'un système autonome, et parce qu'il s'adapte de lui-même à mesure que notre culture mûrit, la vérité de quelque partie que ce soit n'est pas pertinente pour sa survie, et la vérité ne peut certainement pas le vaincre. Je ne le soutiendrais pas non plus, car rien ne remplace actuellement son rôle dans notre société pour maintenir le ciment de ceux qui n'ont pas dépassé le niveau social. De nombreuses religions, sous certaines formes, sont devenues un élément central du maintien de notre société. Mais il en va de même pour les communautés juridique, comptable et médicale. Les professions sont réglementées dans notre société par la loi. La plupart des religions reposent sur la croyance en une vie après la mort.

Le but de tout cela est que nous avons des croyances universelles non pas parce queElles sont liées à la réalité, mais parce qu'elles sont interconnectées au sein d'un même groupe qui a acquis une vie indépendante. Nous les acceptons parce qu'elles font partie de nous. Et le tabou culturel qui consiste à remettre en question la religion assure sa perpétuelle existence. La religion évoluera pour absorber ses détracteurs. En tant que culture, nous sommes dépendants. Abandonner ses croyances religieuses est plus douloureux que les perpétuer. Ainsi, elles survivent malgré tout fondement factuel de vérité.

Un écrivain du nom d'Aaron Lynch souligne que de nombreux mèmes religieux réussissent à se transmettre de parents à enfants, car ils sont affublés de l'apparence d'une « origine divine ». Si l'enfant pensait que ce qui lui était présenté provenait de ses parents, du moins les adolescents, seraient bien plus enclins à le rejeter. Par conséquent, l'« effet de groupe » prévaut, et ce mème contribue à la survie du groupe, car il est transmis sous « l'autorité divine ». Pensée novatrice. Cependant, sa survie est peut-être due au fait que les enfants ont accepté ces croyances avant l'âge de raison. Ils s'accrochent donc au mème, et la plupart craignent sa menace pour le reste de leur vie, car il est imprégné des émotions de notre enfance au moment de sa création, et nos sentiments priment sur la logique. Ainsi, quelle que soit la croyance, même de nombreux scientifiques travaillant sur le sujet sont sceptiques. la matière peut encore faire partie de leur tradition en tant que police d'assurance,même si leur logique peut être contradictoire.

Imaginez ce qui se passerait si les robots apprenaient le transfert mémétique deDes informations peuvent être transmises d'un cerveau robotique à un autre cerveau robotique sans intervention humaine. Une fois qu'ils seront capables d'être totalement mobiles et autonomes, nous pourrions être confrontés à un problème bien plus grave que celui décrit par les auteurs de science-fiction. J'aimerais beaucoup connaître l'avis d'Isaac Asimov sur le résultat et ses conséquences sur l'avenir de l'humanité.

Cependant, l'évolution du même de la vie après la mort a eu un effet secondaire sur notre intelligence humaine. Elle nous a permis de comprendre, de manière unique parmi toutes les autres formes animales, qu'un jour nous nous réveillerons et que ce sera la dernière fois que nous nous réveillerons. Chacun de nous sait que nous allons mourir un jour. Ainsi, l'évolution de l'intelligence a créé une pression de sélection psychologique importante en faveur de croyances susceptibles d'apaiser nos inquiétudes face à la mort. La croyance que la vie continue après la mort a évidemment prospéré car elle est une bonne nouvelle pour des créatures qui se trouvaient dans la situation délicate de vouloir survivre, mais qui sont également privées de la capacité cognitive de reconnaître leur propre mortalité.

Les êtres humains enterraient leurs morts depuis des millénaires, avant l'émergence des civilisations à grande échelle. L'archéologie nous apprend également que les enterrements de nos ancêtres les plus anciens étaient agrémentés de rituels et d'offrandes complexes et coûteux. Cela suggère fortement que même nos ancêtres du Paléolithique avaient une certaine conception de la vie après la mort. Autrement dit, les croyances en l'au-delà remontent à bien plus de dix mille ans.

Le prochain grand bond en avant dans l'évolution culturelle de notre au-delàLes croyances sont apparues avec le développement de l'agriculture. Dès que les hommes ont commencé à domestiquer les plantes et les animaux, ils ont commencé à vivre en groupes beaucoup plus grands et plus denses. Du point de vue d'EO Wilson, jusqu'à cent cinquante personnes, les besoins sociaux suffisent au bon fonctionnement de notre société. Dès que les groupes se sont considérablement agrandis, cette cohésion sociale a commencé à se renforcer.

Les groupes pourraient finalement s'effondrer si des institutions culturelles n'étaient pas mises en place pour favoriser artificiellement la cohésion de la communauté. Ainsi, l'agriculture a créé une pression de sélection culturelle pour les mèmes, contribuant ainsi au maintien de la cohésion sociale. Ainsi, nos religions sont devenuesplus formalisé.

Ces groupes qui parviennent à créer des mèmes correspondant à tous cesLes besoins se sont accrus et ont donné naissance à des groupes filles. Ceux qui n'ont pas réussi à s'adapter culturellement n'ont pas survécu.

Les mèmes étaient nécessaires à la création de la société, et nos croyances en l'au-delà y contribuent fortement. Elles étaient déjà présentes dans les croyances humaines, car elles avaient été acceptées par les cultures précédentes. Par conséquent, les bases d'une nouvelle vision de ces croyances étaient déjà posées.

L'agriculture n'a fait qu'intensifier et diffuser cette pensée à des sociétés plus vastes. Les mèmes s'adaptent à l'évolution de l'esprit. Ils s'adaptent également les uns aux autres, même s'ils sont en compétition. Ils fonctionnent comme un virus qui s'adapte pour contourner nos armes médicales, rendant ainsi nos vaccins et nos antibiotiques inefficaces. Ainsi, nous sommes incapables d'éradiquer ou de tuer les mèmes. Ils s'adaptent simplement à leur environnement.

Les mèmes adoptés par une culture ont la société comme protection. Pourquoi pensez-vous qu'il est culturellement inacceptable de remettre en question les croyances religieuses ? C'est l'un de nos tabous culturels les plus tenaces. Cette idée, promue par les prêtres, en tant que personnes chargées de contrôler les croyances religieuses, a été facilement acceptée par le public, qui s'appuyait sur ces croyances pour assurer sa sécurité. Menacer quelqu'un au niveau de la sécurité entraîne souvent des violences.

L'histoire de la croyance en une vie après la mort

Les premières notions connues sur l'au-delà évoquent une existence dérisoire comparée à nos conceptions actuelles. Le «

monde souterrain » des Grecs et des Sibériens n'est pas un paradis parfait. C'était une existence plutôt sombre et pauvre. Il en va de même pour le « monde souterrain » des Mésopotamiens, et son concept du « Shéol » des premiers Hébreux comme lieu de résidence des morts en attentela fin des temps où les Juifs arriveraient au Paradis. L'une des raisons de son succès est que le christianisme a produit à la foisUn paradis accessible, totalement positif, qui développait le concept d'infiniment merveilleux et sa propre définition de l'enfer, infiniment terrible. Pourquoi attendre au shéol quand on peut aller au paradis immédiatement après sa mort, simplement en croyant ? Certains auteurs attribuent à l'apôtre Paul la création du Christ en s'appuyant sur l'histoire de la vie d'un Juif nommé

Jésus, à laquelle les chrétiens croient aujourd'hui.

Bien que les Esséniens cherchaient quotidiennement un Messie pour que les Juifs puissent accéder au Ciel à la « fin des temps », l'absence de toute mention de Jésus dans les manuscrits de la mer Morte suggère que notre « Christ » actuel pourrait ne pas être le véritable Jésus d'Israël. C'est ce qu'affirme l'évêque John Shelby Spong, de l'Église épiscopale. Pour l'évêque Spong, le Christ d'aujourd'hui est une extension acceptée de la vie de Jésus. L'acceptation de la vision de l'évêque Spong rend le Jésus d'aujourd'hui toujours pertinent. Les mémétiques diraient que le Christ est né des besoins culturels de son époque, et il continue certainement d'être bénéfique pour notre société actuelle. Cela s'explique par le fait que le christianisme a évolué pour répondre à nos besoins culturels actuels. La vérité historique du mythe est loin d'être aussi importante pour la plupart des gens que l'effet des symboles sur chacun de nous individuellement, chacun vivant sa propre vie spirituelle aujourd'hui. Ainsi, découvrir la vérité des faits historiques réels ne peut pas détruire les besoins profonds que les symboles religieux que nous utilisons aujourd'hui comblent. Et je ne crois pas qu'ils le devraient jamais. Les traditions que nous sommes prêts à accepter expriment pour chacun de nous des symboles qui répondent à nos besoins que nous n'avons aucun autre moyen efficace de satisfaire, quels que soient nos besoins personnels.

Notre compréhension des faits qui soutiennent nos opinions religieuses aLes manuscrits de la mer Morte ont été modifiés au cours de l'histoire. Ils ont été rédigés de 250 av. J.-C. à 67 apr. J.-

C., et l'histoire ne les a donc pas touchés. La comparaison des textes écrits à cette époque avec nos croyances culturelles actuelles est frappante. Ils prouvent que nos croyances culturelles actuelles ont été profondément façonnées. au fil du temps par des personnes bien intentionnées qui contrôlent.

Cette évolution peut à la foisOn le voit aujourd'hui dans le conflit des religions, notamment avec les conflits armés entre différentes religions et leurs partisans qui augmentent les enchères pour attirer l'adhésion et maintenir une certaine forme de contrôle sur leurs membres, comme on le voit avec les talibans ou avec l'EI.

À titre d'exemple moins violent, le paradis s'est amélioré au fil du temps, tandis que l'enfer s'est dégradé à mesure que nos croyances religieuses ont évolué. Il s'agit en réalité d'une course aux armements mémétiques des croyances religieuses, comparable à celle que nous avons observée dans l'évolution biologique, pour suivre le rythme des progrès de notre culture et de notre science.

L'avantage de la mémétique, tel que décrit par Richard Dawkins, estPour qu'une croyance prospère, il n'est pas nécessaire qu'elle soit utile au croyant. Elle doit seulement être utile à elle-même. Cette idée de Dawkins pourrait nous amener à nous poser de nouvelles questions importantes sur la nature de toutes nos croyances. Se détourner de toute croyance acceptée provoque un certain inconfort initial, comparable aux symptômes de sevrage tabagique. Une fois qu'une personne cesse de fumer, sa qualité de vie peut s'améliorer et, espérons-le, devenir un fervent défenseur du 11e commandement : « Tu ne fumeras pas ».

Cependant, c'est la peur des effets négatifs d'une dépendance qui pousse la plupart des gens, même conscients des effets néfastes de cette addiction sur leur corps, à continuer de fumer. Même ceux qui sont actuellement en conflit avec leur comportement ne changeront généralement pas d'eux-mêmes. Il faut souvent une intervention pour attirer l'attention de la personne. Cependant, leurs enfants, qui ont constaté les effets sur leurs parents, risquent de ne plus jamais toucher à une cigarette. Il est douloureux pour chacun d'entre nous d'abandonner un mème que nous avons accepté comme faisant partie de nous-mêmes.

Comment fonctionnent les mèmes ?

Un mème que nous connaissons tous existe depuis plus de 700 ans : le poème « Ring around the Rosy. Pocket full of poies. Ashes, ashes, we all fall down ». Pourquoi apprenons-nous à nos enfants l'histoire d'une épidémie de peste qui a tué des dizaines de milliers de personnes en Angleterre au XIVe siècle ? Pourquoi cela ?

Le poème a-t-il une vie propre ? Pourquoi les petits enfants l'apprécient-ils ? Est-ce parce qu'il est court, facile à dire et qu'il comporte une action ? Peut-être. Mais pourquoi le perpétuons-nous encore ? Le problème, c'cst que les adultes ne l'enseignent pas à nos enfants. Il vit parce que les enfants l'enseignent à d'autres enfants. Par conséquent, il a une vie propre. Et la vérité ne peut le tuer. Nous, adultes, n'avons pas besoin d'y participer pour continuer à exister. Les enfants ignorent son sens, mais ils apprécient sans aucun doute son rythme et son action. Les petits enfants le trouvent drôle. Cela a suffi à perpétuer le poème pendant sept siècles, de cerveau en cerveau, transmis à d'autres par des enfants avant l'âge de raison ; et nous, adultes, ne pouvons l'arrêter. C'est vraiment un bon exemple de mème et de son existence actuelle.

La plupart des humanistes ont été élevés dans un contexte religieux traditionnel.Certains conservent encore leur appartenance religieuse d'enfance pour des raisons familiales ou sociales. Personne ne devrait s'y opposer s'ils le souhaitent. L'humanisme repose sur la liberté de chacun de vivre pleinement sa vie, comme il le souhaite. D'autres ont abandonné leur foi d'enfance, qu'ils considéraient comme autoritaire ou étouffante. Certains n'ont aucune religion. D'autres ont trouvé un nouveau foyer, moins menaçant. Nombre d'entre eux sont devenus unitariens.

Dans l'Église catholique, de nombreuses personnes ont été excommuniées,comme une réponse de leur religion à leur déni d'une croyance acceptée par l'Église. Cela peut être menaçant pour certains, ou simplement ignoré comme non pertinent par ceux qui ont plus confiance en eux. On nous dit souvent que la plupart de ceux qui s'affranchissent de l'emprise du catholicisme se sentent soulagés d'un lourd fardeau, un peu comme une personne en sevrage d'une dépendance, lorsqu'ils se sentent enfin libres de vivre leur vie comme ils l'entendent, au lieu d'être contrôlés.

Le fait est que la transition de son propre héritage religieux peut être un événement traumatisant. Pour ceux qui en arrivent à un point où ils éprouventGrâce à la liberté qui leur permet désormais de se sentir maîtres de leur vie, tous ont affirmé que la transition en valait la peine. Chacun de nous doit faire de son mieux pour profiter pleinement de sa vie, tant qu'il est là, selon ses propres critères. Espérons-le.

Il n'est pas nécessaire de subir le traumatisme du rejet des croyances de l'enfance pour y parvenir. Ce rejet implique une certaine forme de souffrance. Heureusement pour moi, mes parents n'ont pas objecté, et le fossé entre ma foi d'enfance et ma vie actuelle n'était pas si grand. Quitter le contrôle de certaines religions implique des difficultés importantes, notamment le rejet de ceux qui comptent pour eux.

Il existe de nombreuses façons d'élargir ses croyances et de préserver ses symboles en les adaptant à un nouveau contexte. Par exemple, enfant, sa conception de Dieu peut être liée à la peur d'être perçu. Durant la période où l'on est capable de penser par soi-même, mais avant d'être capable de penser de manière abstraite, la conception parentale de Dieu est généralement plus appropriée. Une personne instruite trouvera généralement plus logique une conception abstraite de Dieu. Elle lui permet d'utiliser le terme plutôt que de ressentir les émotions qu'elle pourrait ressentir en le rejetant, car elle a puisé dans ses émotions d'enfance.

Quand j'avais quatre ans, ma peur était due au fait que ma mèreII m'a dit que Jésus voyait tout ce que je faisais. C'était vraiment effrayant : si « Big Brother » m'observait vraiment, où pourrais-je être en sécurité ? Cela a complètement changé ma vision de la religion pour le reste de ma vie.

À mesure que nous vieillissons et que notre vie se concentre sur le plan social, le concept de Dieu le Père peut devenir plus acceptable. Sur le plan concret, un concept abstrait peut être plus acceptable. Au cours de notre croissance, changer la signification de nos symboles nous permet de les préserver sans avoir à les rejeter. Votre vision de la religion peut évoluer avec vous, de sorte que les symboles que vous avez appris continuent d'apporter de la valeur à votre vie, à condition de garder le contrôle de vos croyances et de leur donner un sens pour vous-même, sans que vos symboles ne contrôlent qui vous êtes. Il y a une différence.

L'effet d'une croyance en la vie après la mort

Ceci n'est qu'une croyance parmi d'autres. Toutes nos croyances peuvent être testées de la même manière. Considérez cet exemple avant de déclarer une croyance

la vérité absolue sur n'importe quel sujet. Nombreux sont ceux qui en arrivent à un point oùIls ne souhaiteraient même pas une vie après la mort, si elle existait, car elle diminuerait leur qualité. Ils se disent : « À quoi bon ? » Cette vie se suffit à elle-même. C'est ce que disait le Dr Janet Jepson. Une existence perpétuelle viderait cette vie de sens et priverait de son sens la vie que nous vivons aujourd'hui. Pour citer le révérend Martin Luther King, ceux qui partagent ce point de vue sont « enfin libres » et chérissent cette liberté.

Au lieu d'affirmer qu'il n'y a pas de vie après la mort et de créer des conflits avec ceux qui croient le contraire, vous pourriez redéfinir la vie après la mort en affirmant que le travail accompli durant cette vie et qui perdure après vous constitue votre propre immortalité après votre mort. Vous donnerez ainsi une définition plus mature à un concept ancien, le préservant ainsi de sa pertinence, sans créer de conflit avec ceux qui n'ont pas dépassé leurs croyances d'enfance. Je ne vous suggère pas d'être malhonnête s'ils souhaitent en discuter. Cependant, vous n'êtes pas obligé de nier leurs croyances, tant qu'ils n'ont pas la capacité et le désir de grandir par une éducation non menaçante. S'ils posent la question, cela signifie que vous leur avez ouvert la porte à l'apprentissage.

Ainsi, les humanistes ne dépensent pas leur énergie à chercher un ticketLa découverte de l'au-delà les libère de ce fardeau, de sorte que l'effet de leur vie sur les autres constitue, en soi, la seule forme d'immortalité dont ils soient certains. Les humanistes croient généralement que leur propre vie n'a d'importance que dans la mesure où le monde est meilleur grâce à leur passage ici-bas. Aucun fait ne permet de confirmer l'une ou l'autre version et d'établir la « vérité ». La logique nous amène à conclure qu'une vie physique après la mort n'existe tout simplement pas. Chaque preuve physique qui conforte ceux qui s'efforcent de croire à la réalité d'une vie après la mort a été reproduite et expliquée par les scientifiques.

Une analyse similaire s'applique à la quasi-totalité de nos autres croyances, auxquelles nous devons adhérer provisoirement sans en

vérifier le lien avec ce que nous avons déjà considéré comme une vérité acceptable. Ce processus s'applique également à la plupart de ce qui

Nous acceptons simplement chaque jour comme une vérité raisonnable afin de pouvoir avancer et aborder des questions plus importantes. Une meilleure approche pourrait consister à aborder la plupart des informations qui nous sont communiquées avec scepticisme, en utilisant provisoirement ce qui nous convient le mieux actuellement, tout en étant pleinement conscient que nous ne nous appuyons pas sur les mêmes informations pour nos décisions futures.

En examinant chaque situation, nous préférerons peut-être juger ce qui nous touche.Nous nous rapprochons d'un objectif raisonnable sans blesser personne ni agir en contradiction avec ce que nous estimons être juste ou préférable pour toutes les personnes concernées. Sinon, nous risquons de paralyser notre progression par crainte de ne pas toujours avoir raison. L'approche éthique peut s'avérer la meilleure à long terme, car elle génère généralement le moins de conflits et produit les meilleurs résultats pour le plus grand nombre. Voir ma philosophie éthique personnelle en annexe à titre d'exemple.

Les humanistes se forgent un système de valeurs éthiques plus solide, car c'est ce qu'ils ont à faire. C'est ce qui leur convient le mieux. Mon exemple ne vous concerne peut-être pas. Puisque chacun crée ses propres valeurs, les nôtres sont bien plus fortes et respectées par un humaniste que celles imposées par les personnes autoritaires.

À titre d'exemple, l'idée de confession et de repentance avec pardon clérical est inacceptable pour de nombreux humanistes. La plupart estiment que le seul but de ceux qui se confessent est d'apaiser Dieu. La plupart des humanistes ne peuvent vivre ainsi. Les humanistes considèrent qu'être responsable d'eux-mêmes est avant tout nécessaire pour préserver leur système de croyances. Pour d'autres, la confession de croyances les libère de la culpabilité, car cette croyance leur a été imposée dès l'enfance et est désormais acceptée comme une part importante d'eux-mêmes. Mais si vous êtes responsable de vous-même, vous devez assumer la responsabilité de vos actes. Vous ne pouvez pas simplement être pardonné et l'impact de vos actes annulé. Vous devez apprendre de

vos propres erreurs.

La différence réside dans votre point de référence à partir duquel nous regardonsnotre tradition religieuse ; et pour quelqu'un élevé dans un environnement autoritaire, son regard est obscur et il ne voit pas l'avantage d'être enfin libre. Cependant, attaquer les traditions d'autrui n'est pas

Un comportement humaniste approprié. En examinant la définition de nos symboles, on peut les rendre plus compréhensibles. Ces traditions religieuses ne sont que des symboles que nous utilisons pour répondre à des préoccupations humaines légitimes. La nécessité de s'attaquer à la culpabilité est valable pour tous. La confession n'est qu'une approche parmi d'autres. Elle est facilement acceptée par un catholique et enrichit sa vie. Un humaniste est fier d'assumer sa responsabilité. Aucune de ces deux approches n'est mauvaise. Ce sont simplement des manières différentes de résoudre le même problème.

Chapitre quatorze

Mythesde la foi, le rôle de la religion varieDansNotre culture

J'ai souligné que EO Wilson a présenté de solides arguments expliquant pourquoi la religionLa Chine est le ciment social du monde occidental, et ce livre est écrit dans cette perspective. Mais, par souci de justice envers les universitaires, avant de poursuivre, je tiens à souligner que toutes les cultures ne sont pas liées de la même manière. Il s'agit d'une question purement académique, hors du champ d'application de ce livre. Pour bien comprendre ce point, la Chine ne dépend pas autant de la religion pour compenser la sécurité et la faiblesse de son niveau social. Elle dispose de multiples religions. Par exemple, la plupart des humanistes feraient de bons bouddhistes chinois. Cependant, la famille chinoise typique ne pratique sa religion que lors d'événements spéciaux, et non de manière régulière tout au long de l'année. Un peu comme ces chrétiens qui se présentent à Noël et à Pâques et se considèrent comme de « bons chrétiens », mais dont la « foi » religieuse ne guide pas le comportement.

Le ciment social qui prévaut en Chine consiste à « sauver la face » auprès de ceux que vousLa confiance, ou celle de ceux qui vous font confiance. Perdre la face est un péché culturel de la pire espèce. C'est le ciment social dont dépend leur système juridique. L'American Bar Association m'a envoyé en Chine pour étudier leur système juridique. À l'époque, ils ne formaient des avocats que depuis dix ans. J'ai découvert que le président de la Cour suprême chinoise était un ingénieur ferroviaire. Il ne connaissait rien au droit et s'en fichait éperdument. Il parlait au nom du Parti communiste. Les avocats en Chine travaillent souvent avec l'idée que l'image publique est leur raison d'être pour provoquer le changement.

L'opinion publique reconnaît que sauver la face auprès de ceux qui lui font confiance préserve la paix dans un pays cinq fois plus peuplé que les États-Unis, sur un territoire deux tiers plus grand que le territoire américain. Bien sûr, la crainte d'une police plus nombreuse que son armée, forte de deux millions de soldats, contribue également à maintenir la paix.

On ne voit pas beaucoup de criminalité, car ceux qui sont pris pour des délits mineurs risquent de ne plus jamais en entendre parler. Ils sont emprisonnés, voire pire, jusqu'à ce qu'ils prouvent leur innocence. Cela semble fonctionner pour eux, même si cela ne serait pas conforme à notre Constitution, qui, heureusement, protège vos droits. Mais pour ceux d'entre nous dont le ciment social est la religion, examinons le christianisme de plus près pour l'instant.

chrétienFoi

Une considération importante pour nous tous est la mesure dans laquelle nousNous nous appuyons sur la vérité et la réalité pour accepter nos croyances profondes. La frontière entre vérité et foi est l'une des décisions les plus importantes que nous puissions prendre. La foi est acceptable et elle est un facteur important dans nos choix, si elle repose sur des éléments que nous pouvons vérifier ou déduire logiquement de nos autres croyances. Ou bien, nous reconnaissons que nous n'acceptons quelque chose que temporairement pour répondre à un besoin immédiat. La raison est que nous ne pouvons pas tout savoir. Nous devons agir par la foi dans les domaines où nous n'avons pas consacré le temps ou l'énergie à étudier et à rechercher les faits qui sous-tendent certaines croyances, mais que nous sommes prêts à accepter pour pouvoir vivre au quotidien. Sans foi, nous ne pourrions pas subvenir à nos besoins. À titre d'exemple, j'ai déjà mentionné que j'ai la foi que la graine que je sème poussera, ce qui se vérifie lorsqu'elle germe. La foi est valable parce qu'elle découle logiquement de mon expérience passée.

La foi aveugle limite la capacité de chacun à s'épanouir personnellement, car elle permet aux autres de prendre le contrôle de sa vie. Avoir une foi aveugle signifie se fier uniquement au hasard et croire que la personne sur laquelle on compte a raison. Pour beaucoup, ce n'est pas le cas.

obtenir le résultat qu'ils espéraient, ils se trompent en pensantLe résultat était la volonté de Dieu, donc c'est aussi la mienne. » Voilà le genre de raisonnement que nous aurions dû abandonner dans notre enfance. Pourtant, la plupart des gens acceptent leur foi aveugle à cause des personnes autoritaires qu'ils ont laissées entrer dans leur vie ; généralement avant d'avoir atteint l'âge de raisonner par eux-mêmes, ou parce qu'ils y ont été introduits par leurs parents ou des personnes de confiance. Pensez-vous que cela pourrait vous concerner ? Parce que ce chemin est familier, il devient préférable pour beaucoup, et ils ne grandissent jamais au-delà. Ils limitent leur propre capacité à vivre pleinement leur vie.

Abraham Maslow nous montre pourquoi cela pose un sérieux problème si nous voulons tirer le meilleur parti de notre vie. Une foi aveugle peut créer un obstacle, un scatoma que seule une éducation sérieuse peut surmonter. Votre problème est alors de savoir si vous recherchez cette éducation ou si vous acceptez une vie qui limite votre capacité à vous épanouir. L'un des objectifs de ce livre est de vous engager sur un chemin de croissance afin de vous fournir une éducation suffisante pour que vous puissiez constater la différence que cela pourrait faire pour vous si vous vous autorisiez à continuer à grandir et à réaliser votre propre vie.

La religion en est l'exemple parfait, car elle joue un rôle important dansLa vie de la plupart des gens. Comme je le répéterai à maintes reprises, pour que vous compreniez à quel point elle peut limiter votre existence, la religion y parvient en comblant les besoins de sécurité et de faible niveau social de la plupart des gens, tels que décrits par la pyramide des besoins de Maslow – du moins pour ceux qui n'ont pas dépassé le stade de la conscience de soi. Nombreux sont ceux qui dépendent de leur religion pour soutenir leurs efforts au-delà du niveau de sécurité. En effet, pour beaucoup, la religion confirme leur identité. La religion est donc aujourd'hui un élément nécessaire de notre société.

Je ne remets pas en question la religion en soi. Je remets en question seulement ceux qui cessent de contrôler leur vie. La question pertinente est de savoir si nous nous appuyons sur notre religion pour le bien qu'elle nous apporte, ou si nous la pratiquons par habitude, par peur des alternatives – ou par culpabilité de ne pas obéir – si elle nous est imposée par des personnes au pouvoir. Êtes-vous contrôlé par la peur des représailles ?

La mort, l'éternité en enfer, ou la peur de ne pas faire ce que Dieu attend de nous ? Cela peut être dévorant.

Personne ne veut « brûler en enfer pour l'éternité ». Penser le contraire serait stupide. Mais avez-vous déjà pensé qu'il n'existe absolument aucune preuve de l'existence d'un tel endroit ? De nombreuses preuves montrent que ces croyances ne sont probablement qu'un simple moyen de contrôle pour exercer un pouvoir sur vous. Puisque ces graines ont été semées tôt dans votre vie, avant que vous ne puissiez penser par vous-même, et puisqu'elles vous ont été transmises, ou du moins réaffirmées, par ceux dont vous dépendiez totalement, comme vos parents, vous n'avez probablement jamais remis en question leur validité. L'acceptation de ces croyances est devenue partie intégrante de qui vous êtes aujourd'hui. Pour ceux qui sont contrôlés, ils sont devenus des marionnettes et vivent simplement comme des moutons. Regardez autour de vous et répondez : qui laissez-vous tirer les ficelles ?

Les fondamentalistes, ceux qui prennent la Bible au pied de la lettre, sont facilement influencés, mais la plupart d'entre eux n'en comprennent que peu, même s'ils la lisent assidûment. Ils sont conditionnés à l'accepter comme la « parole de Dieu », de sorte qu'ils ne la considèrent jamais avec logique. Explorons ce sujet.un peu plus en profondeur pour faire valoir mon point de vue.

La Bible est le document fondamental pour une grande partie de notre population occidentale actuelle. Jésus était juif. Il n'avait aucune intention d'être autre chose. Ce sont ceux qui l'ont suivi qui ont fait de lui le Christ du christianisme. Il existait de nombreuses versions de la vie de Jésus aux premiers temps du christianisme, après sa crucifixion, chacune exprimant des points de vue sensiblement différents. Notre Bible actuelle est celle qui a survécu au concile de Nicée de Constantin en 325 apr. J.-C. Son acceptation était le fruit du peuple de contrôle le plus organisé. Cela a donné naissance à la version catholique, car elle possédait une universalité, contrairement aux autres croyances. La majorité régnait. Le mot « catholique » signifiant « universel », elle contrôlait donc un grand nombre de participants.

Mais examinons quelques faits rapportés dans les quatre premiers chapitres du Nouveau Testament, appelés « Évangiles », qui relatent la vie de Jésus. N'oublions pas que d'autres Évangiles ont été proposés, mais n'ont pas été retenus lors du concile de Nicée. Mais pour notre époque actuelle,

Pour ce faire, examinons ces quatre points de vue et comparons-les à nos croyances actuelles. Prenons ensuite un exemple concret pour comprendre comment nos conceptions culturelles peuvent différer de la réalité. Un petit exemple nous permettra peut-être de comprendre à quel point la plupart de nos croyances ont peu de rapport avec la vérité. Ces croyances peuvent vous permettre de vivre une vie épanouissante, alors pourquoi s'en soucier ? En réalité, si vous vous concentrez uniquement sur votre zone de confort, vous ne saurez jamais ce qui vous manque et qui vous permettrait de profiter pleinement de la vie. Poussons un peu plus loin votre réflexion.

La plupart des Américains d'aujourd'hui se contentent de vivre au niveau social en goûtant périodiquement au niveau de conscience de soi de l'ego de la hiérarchie de Maslow.de Besoins, pour leur propre validation – mais sans jamais réaliser que le niveau d'une existence accomplie au-dessus, qui inclut le niveau actualisé, existe. Plus important encore, une fois ce niveau atteint, ils pourraient alors aller au-delà et devenir Pleinement Vivants pour véritablement faire le bien dans notre monde actuel, aboutissant à leur propre immortalité sous une forme dont nous savons qu'elle existe réellement.

Quitter notre monde, un endroit meilleur parce que vous avez été ici, donne à votre vie une véritable valeur permanente, pas seulement le fait d'avoir vécu une vie amusante quandPeu de gens se soucient vraiment de savoir si vous avez survécu ou non. Essayez d'apporter une contribution concrète et durable à la vie des autres, dont la plupart ne vous connaîtront jamais. Cela vous procurera une paix intérieure inimaginable. Je vous donnerai plus tard l'exemple de mon petit-fils. Une décision qu'il a prise en première année d'université a apporté un bienfait durable à plus de 30 000 personnes vivant dans un pays lointain, l'Ouganda, qui ne se souviennent pas de lui et ne connaîtront jamais son nom. Pourtant, de nombreuses personnes sont en vie aujourd'hui grâce à sa décision. Il bénéficie donc désormais d'une forme d'immortalité que nous savons réelle. Gardez cela à l'esprit comme un objectif pour vous aussi. Voyons comment y parvenir. Poursuivez votre lecture.

Tout d'abord, explorons un peu plus en profondeur que vous ne l'avez fait auparavant, leLa foi chrétienne. Pour que le sens de la vie de Jésus perdure, il fallait qu'il soit plus qu'un simple prophète ; bien d'autres prétendaient le même message. Le récit de sa résurrection a transformé la vie de Jésus en

Christ. La vraie question est la suivante : sa résurrection a-t-elle vraiment eu lieu ? Nous n'y étions pas, et il y a peu de preuves à prendre en compte. Cela pourrait-il arriver ?ne serait-ce qu'une croyance de foi aveugle ?

Je pose cette question car je me demande, à juste titre, comment la croyance en la résurrection de Jésus peut-elle contrer le fait que, de 250 av. J.-C. à 67 apr. J.-C., les Esséniens, vivant à Qumrân, à seulement 19 kilomètres à vol d'oiseau de Jérusalem, n'ont pas noté cet événement. Pendant plus de 300 ans, les Esséniens ont cherché quotidiennement la venue d'un Messie. Ils croyaient que la venue d'un Messie était nécessaire, signe avantcoureur de la « Fin des Temps », lorsque tous les Juifs monteraient au Ciel en même temps. Ils espéraient tous que ce serait la semaine prochaine. Pourtant, ils n'ont pas reconnu Jésus comme Messie. Pourquoi ? Plus important encore, ils n'ont pas consigné sa résurrection. On pourrait penser que cet événement aurait pu être remarqué. Si c'est vrai, il aurait fallu qu'il soit remarqué pour que nous en soyons informés. Sinon, comment pourrions-nous en avoir connaissance aujourd'hui ? Quiconque a vu cela le dirait à tout le monde. Difficile de croire qu'à seulement 19 kilomètres de là, personne n'en ait jamais entendu parler. Si tel avait été le cas, on l'aurait écrit. Ils cherchaient désespérément chaque jour un Messie.

Les Esséniens s'attendaient à un événement majeur et écrivirent quotidiennement sur leurs rouleaux tout au long de la vie de Jésus. Conservés dans des grottes entre 67 et 69 apr. J.-C., ils ne furent retrouvés qu'en 1947, de sorte que l'histoire ne les a pas touchés. Pourtant, ils ont omis de rapporter un événement aussi important que la résurrection d'un mort. Comme cela ne s'était jamais réellement produit auparavant, il aurait été difficile de l'ignorer. Est-ce logique ? Ou bien le récit de la résurrection était-il simplement un moyen pour des personnes bien intentionnées d'écrire, 40 ans après la mort de Jésus, afin de faire connaître sa vie à la communauté juive, car elles souhaitaient que Jésus accomplisse les prophéties de l'Ancien Testament et que sa vie soit aussi importante pour les Juifs qu'elle l'était pour l'écrivain. Bien sûr, le fait que saint Paul le qualifie de « fils de Dieu » contribue également à sa crédibilité. Nul ne devrait remettre en question

Dieu. Mais s'agit-il seulement d'un moyen de promouvoir Jésus par des disciples qui souhaitaient désespérément son acceptation par la population juive ? Il est plus que douteux qu'une résurrection ait eu lieu.

Il existe de solides preuves que c'est saint Paul qui a créé le Christ immortalisant la vie de Jésus. Il avait été collecteur d'impôts, une vie peu enthousiasmante. Prêcher la vie de Jésus lui a permis de vivre une vie où d'autres subvenaient à ses besoins. Il a dit aux Juifs que s'ils croyaient en Jésus, ils n'auraient pas à attendre la fin des temps pour aller au ciel. Accepter Jésus leur donnait un accès immédiat. C'était un excellent outil marketing. Pas étonnant que d'autres aient été prêts à le loger, le nourrir et l'habiller.

Une autre question que nous devons considérer est la manière dont ces chroniqueurs deLe Nouveau Testament a recueilli les informations sur lesquelles ils ont écrit. Se pose ensuite la question de savoir pourquoi la Bible est divisée en deux parties. N'auraientils pas pu laisser l'Ancien Testament à la foi juive, et le christianisme aurait-il simplement créé son propre livre ? Ou peutêtre ceux qui ont écrit sur Jésus auraient-ils simplement pu écrire un nouveau chapitre de l'Ancien Testament ? Ou bien le Nouveau Testament est-il né parce que lier leur Nouveau Testament à l'Ancien Testament constitue une preuve significative que Jésus cherchait seulement à être juif, et que sa vie était simplement destinée à transmettre un nouveau message ? La plupart des spécialistes s'accordent à dire que parler de Jésus dans un Nouveau Testament a accru sa crédibilité en le reliant à l'Ancien Testament, en tant que Bible juive historique. Cela était censé rendre Jésus pertinent pour les Juifs. Au lieu de cela, cela a lancé une nouvelle foi. L'évêque Spong va plus loin. Il souligne que les événements majeurs de la vie de Jésus dans le Nouveau Testament concordent parfaitement avec ceux de l'Ancien Testament.

Gardez à l'esprit que rien n'a été écrit pendant 40 ans après la mort de Jésus. Par conséquent, ceux qui ont écrit les chapitres du Nouveau Testament ne pouvaient pas connaître Jésus personnellement. Ils ne pouvaient que rapporter ce que d'autres avaient.transmis pour information. Avez-vous déjà essayé de vous asseoir en cercle avec plus d'une douzaine de personnes, de commencer un message complexe à une extrémité, chacun racontant l'histoire qu'il vient d'entendre à la personne suivante, puis d'observer le son final ? Si l'histoire compte plus de trois

phrases, vous ne la reconnaîtrez pas lorsqu'elle atteindra la dernière personne. Certes, ces écrits ont emprunté les noms des quatre premiers Évangiles à ceux qui connaissaient Jésus, mais si ces quatre disciples ont réellement écrit ces chapitres, pourquoi ont-ils une signification aussi significative ?

Différent ? Pour ceux qui répondent à cette question en affirmant que Dieu a inspiré ces chapitres, on pourrait penser qu'au moins Dieu aurait été cohérent.

Prenons quelques exemples pour illustrer mon propos. MathewII affirme que Jésus était un aristocrate, descendant de David, dans la lignée des rois. Peut-être était-ce motivé par la croyance juive selon laquelle il y aurait deux Messies : un Messie royal et un Messie sacerdotal. Certains disent que l'histoire de Jésus chassant les changeurs du Temple visait à prouver que Jésus était les deux. Il était de la lignée de David et avait un pouvoir égal à celui des prêtres. C'est une idée intéressante, n'est-ce pas ? Luc est en partie d'accord avec Matthieu, mais cet Évangile réduit Jésus à une classe inférieure.

Marc va plus loin et présente Jésus comme le descendant d'un pauvre charpentier. Si vous visitez Nazareth aujourd'hui, vous pourrez voir des grottes creusées dans le sol où vivaient des gens qui, selon les archéologues, étaient le mode de vie de tous les habitants de cette communauté il y a 2 000 ans. Probablement. Si vous regardez autour de vous à Nazareth aujourd'hui, vous verrez très peu d'arbres dans la région permettant de construire des maisons en bois. Sans bois, difficile d'être charpentier. Joseph était peut-être forgeron de pierres ? Pourtant, Matthieu suggère que Jésus vivait dans une maison. Si vous visitez Capharnaüm, d'où Pierre était originaire, il est facile de comprendre que Pierre a probablement vécu dans la maison en pierre qu'ils reconstruisent aujourd'hui sur ses fondations antiques.

Si vous visitez Israël aujourd'hui, dites-moi comment, à votre avis, on pourrait emmener une femme sur le point d'accoucher sur les 190 kilomètres qui séparent Nazareth de Bethléem, aujourd'hui située à moins de 10 kilomètres au sud de Jérusalem. Nazareth est à plus de 160 kilomètres au nord. Même avec un âne pour Marie, on ne pourrait pas faire le trajet en dix jours. Un voyage aussi difficile aurait facilement pu provoquer un accouchement en cours de route. Peut-être y avait-il une Bethléem à une journée de route à cette époque, car beaucoup des petites communautés anciennes de cette région ont disparu aujourd'hui.

Mais même si la naissance de Jésus si loin n'a pas de sens, et la tentative de la justifier en disant qu'une taxe devait être payée dans le

La communauté de votre ancêtre manque de crédibilité. Cette excuse a dû être rédigée par un zélé cherchant à justifier son message.

Néanmoins, visiter la Bethléem d'aujourd'hui est une expérience très intéressante. Le lieu où Jésus serait né, selon eux, est une grotte.Elle existait sans doute il y a 2 000 ans. On est loin de l'image que l'on se fait d'une étable en bois. J'y suis allé deux fois. Elle se trouve sous une église grecque orthodoxe construite par les Croisés. Une église catholique plus récente est perpendiculaire à l'église grecque orthodoxe, avec un couloir commun, mais elle se trouve à plus de 30 mètres de la grotte. La grotte mesure probablement six à sept mètres de long, deux à trois mètres de haut et peut-être trois mètres de large. J'ai été surpris de constater que, la première fois que j'ai visité la grotte, une étoile sur le sol, là où, selon la légende, se trouvait la mangeoire, se trouvait dans une fosse à gauche de l'entrée arrière. Vingt-cinq ans plus tard, l'étoile était à droite en entrant. Quelqu'un a dû expliquer aux prêtres orthodoxes à quoi servait une fosse dans une étable.

Le fait est qu'ils n'avaient pas d'étable en bois là où, prétendentils aujourd'hui, Jésus est né. Le bois était rare. Ils n'avaient que de maigres cyprès ou des oliviers. Personne n'aurait abattu un olivier pour son bois ; les olives avaient bien plus de valeur. Il aurait fallu abattre tous les cyprès visibles à l'horizon pour construire une seule maison. J'ai tendance à croire que nos croyances religieuses actuelles n'ont plus grand-chose à voir avec les faits. Je ris intérieurement quand je vois une scène d'étable en bois à Noël.

Nombre de nos traditions culturelles ont peu à voir avec la réalité. Nous les adoptons pour des raisons émotionnelles qui n'ont parfois aucun rapport avec la vérité ou la réalité.

Hormis des gens comme les Esséniens de Qumrân qui écrivaient quotidiennement, la plupart des gens de cette époque ne savaient ni lire ni écrire. Il était donc impossible de conserver la vie de Jésus par écrit, par des personnes qui le connaissaient. À cette époque, aucun de ceux qui connaissaient Jésus ne prenait la peine d'écrire son histoire, soit parce qu'ils étaient incapables d'écrire, soit parce qu'ils ne le jugeaient pas nécessaire, sachant que la fin des temps, où tous iront au ciel, était proche. Alors, quelle raison avaient-ils de l'écrire ? Leur raisonnement était quelque peu primitif.

Près de quarante ans après la mort de Jésus, le premier Évangile de Marc fut écrit. Les Évangiles de Matthieu et de Luc furent écrits vers 80 apr. J.-C., dix ans plus tard. L'Évangile de Jean fut rédigé vingt ans plus tard. Étant le dernier Évangile, il différait radicalement des autres. Lequel était le bon ? Ou bien certains des Évangiles sont-ils corrects ? Les premiers croyants s'efforçaient de rendre Jésus pertinent pour un public juif. Ils étaient rédigés en grec. Les rares autorités qui existaient, voire aucune, étaient écrites en araméen. L'Ancien Testament était écrit en hébreu.

Nous aborderons plus tard l'œuvre du prêtre épiscopalien John Shelby Spong, récemment retraité de l'évêque de Newark, qui nous explique que l'objectif principal des auteurs du Nouveau Testament était de rendre Jésus pertinent pour les Juifs. Probablement. C'est plus tard que ceux qui ont écrit les Évangiles que ceux qui ont suivi Jésus ont tracé une ligne claire en créant une religion distincte. Beaucoup pensent que saint Paul a créé le Christ en déclarant que Jésus était le « Fils de Dieu ». Il n'a jamais connu Jésus.

Prenons un instant pour approfondir le véritable message des Évangiles, avant de les accepter comme la simple « parole de Dieu », ou la vérité sur une période de notre histoire religieuse qui étaye notre foi actuelle. Il est essentiel de savoir de quoi nous parlons avant d'utiliser les Évangiles comme argument pour rejeter toute autre vision de la vie. Lorsqu'on les lit tous ensemble, le seul point sur lequel ils s'accordent est l'existence d'un homme qu'ils ont appelé Jésus.

Nous avons reconnu qu'il y avait une bonne raison de créer un Nouveau Testament et de le placer aux côtés de l'Ancien Testament, car il offrait aux chrétiens le meilleur moyen d'exalter Jésus et de démontrer qu'il accomplissait les prophéties de l'Ancien Testament. Ils devaient le faire pour présenter Jésus comme le Messie prédit par la Bible juive. Les chrétiens auraient pu utiliser d'autres moyens pour se détacher de la conquête ou de leur passé juif, mais ce n'était pas leur objectif ; la création du Nouveau Testament consolidait leur message. Cerise sur le gâteau, sa résurrection a fait de Jésus le Christ. Imaginez le pouvoir que la notion d'au-delà confère aux prêtres sur votre vie.

Gardez à l'esprit que jusqu'au développement de l'imprimerie en 1400, les prêtres étaient parmi les rares à savoir lire, écrire, voire avoir accès à la Bible. Les Évangiles étaient écrits pour l'élite. La religion était le sommet du gouvernement. La puissance de Dieu, transmise par les prêtres, oignait les rois. Le pouvoir de gouverner venait de Dieu et les prêtres en étaient les représentants. Ils détenaient ce pouvoir, et ils étaient avant tout les seuls à pouvoir lire ce que Dieu disait. Ainsi, jusqu'à la Renaissance, les masses n'avaient d'autre prétention à la vérité que celle dictée par l'Église. Examinons plus en détail ce que Dieu disait.

Matthieu, parlant de Jésus, nous dit : « Que son sang retombe sur nous et sur nos enfants. » Cette déclaration biblique est ce qui a justifié, auprès des chrétiens, le massacre des Juifs pendant deux mille ans. Dieu voulait-il vraiment que « son peuple » soit tué ? Une fois le message de Matthieu publié, les prêtres avaient un message parfait pour les Juifs, et il s'est rapidement répandu dans la civilisation romaine. Il domine le monde occidental depuis deux mille ans. Ajoutez à cela la protection culturelle qui en fait un tabou, et il est encore aujourd'hui socialement inacceptable de remettre en question la religion de quiconque, et vous obtenez une existence perpétuelle.

Si l'Église devait se défendre, en utilisant tous les moyens de mesureLa vérité, en termes de réalité, pourrait-elle survivre ? Je l'ignore. Je sais, en revanche, qu'elle joue un rôle important et nécessaire pour une partie de la société, en comblant le manque de sécurité et les faibles besoins sociaux de la plupart des Américains d'aujourd'hui. Selon EO Wilson, elle est notre « colle sociale ». Je ne vois aucun intérêt public à attaquer la religion elle-même. Je vois en revanche un intérêt à aider les gens à mieux reconnaître quand ils sont contrôlés, afin qu'ils puissent juger par eux-mêmes quand être contrôlés est acceptable et quand ils doivent garder le contrôle de leur vie. C'est, je crois, essentiel pour qu'ils puissent s'épanouir. On ne peut pas réaliser sa propre vie si l'on est bloqué par la peur, la culpabilité ou des mécanismes de contrôle ancrés en soi, au niveau sécuritaire et social, avant l'âge de raison, qui bloquent ensuite notre vision de la réalité. Tant que vous n'aurez pas construit un pont autour de votre scatoma, vous ne pourrez

jamais vous élever significativement au-dessus du niveau social de votre vie.

Vous êtes bloqué à votre niveau actuel par des « croyances aveugles » quidominer, bloquant toute vue au-delà.

À lire les Évangiles, on pourrait penser, de leur point de vue, que les auteurs connaissaient Jésus personnellement. Vous est-il déjà venu à l'esprit, en lisant Matthieu ou Luc au sujet de la tentation du Christ dans le désert, que Jésus était seul dans le désert, sans qu'il en parle nulle part ? Alors, d'où les auteurs des Évangiles ont-ils tiré leurs informations ? Autre exemple : les auteurs des Évangiles citent la prière de Jésus à Gethsémani juste après avoir dit qu'il avait laissé Pierre, Jacques et Jean « à deux pas ». S'il était seul, comment l'auteur sait-il ce qu'il a dit ? Il est mort avant d'en parler à qui que ce soit. À son retour de la prière, Jésus a trouvé les disciples endormis et a été arrêté, puis crucifié sans avoir parlé à personne. Pourtant, tous les détails nous sont donnés. Comment cela se produit-il ? On pourrait dire que c'est la parole de Dieu, mais je me demande encore : quel Évangile Dieu at-il écrit, puisqu'ils diffèrent tous ?

Les Évangiles nous parlent de la fuite des disciples après son arrestation. Mais les quatre Évangiles donnent une version différente des faits. Comment un évangéliste peut-il réellement savoir ce qui s'est passé ? Qui le lui a raconté ? Pourtant, ils parlent de ce que les soldats romains, Pilate et Simon-Pierre ont fait ou dit. Où ont-ils trouvé cette information ? Comme je l'ai déjà dit, la naissance de Jésus est déroutante. Même en remontant à sa jeunesse, les Évangiles ne concordent pas. Pourtant, nous avons une version unique et cohérente, acceptée comme tradition culturelle par la plupart des chrétiens d'aujourd'hui. Visiter Israël remet en question nombre de nos croyances profondes.

J'ai déjà parlé du lieu de naissance de Jésus. Regardons maintenant le Calvaire.En Amérique, on croit souvent que le Calvaire est une colline herbeuse et que Jésus a porté la croix. Or, rien de tout cela n'est vrai. À Jérusalem, quand on regarde autour de soi, on ne trouve pas de collines herbeuses. On est à la limite du désert. En réalité, il existe un rocher d'environ 4,5 mètres de haut, avec un sommet relativement plat d'environ 15 mètres de large. Au moment de sa crucifixion, il se trouvait juste à l'extérieur des remparts de

Jérusalem. Ce rocher se trouve aujourd'hui sous une église grecque orthodoxe, et les remparts de la ville antique entourent désormais cette zone. Ce rocher est percé de trois trous de poteaux.

En haut. J'ai mis ma main dans ces trous de poteaux. Les prêtres de cette église vous diront que le rocher s'appelle « Golgotha », ce qui signifie « Crâne », en raison de sa forme. Ils n'utilisent pas le terme « Calvaire ». Jésus n'a pas porté la croix parce que les poteaux étaient permanents. Jésus a porté la traverse parce que c'est ainsi qu'ils l'ont placé au sommet du poteau permanent. Jésus est mort sur un « T », pas sur une croix.

La raison pour laquelle les Romains avaient leurs crucifixions à JérusalemLa présence de ce rocher au sommet de la ville est due au fait qu'il suffisait d'un seul soldat pour protéger les crucifiés de toute libération, car quiconque tentait de les secourir était transpercé par le soldat avant même d'atteindre le sommet. De plus, il n'était pas casher de tuer quelqu'un à l'intérieur des murs de la ville. Le rocher était adjacent, mais il se trouvait à l'extérieur des remparts. Pourtant, il était suffisamment proche pour que ceux qui se trouvaient à l'intérieur puissent voir la personne crucifiée. Cela ajoutait de la valeur, car la vue de la crucifixion contrôlait le comportement de la personne. C'est tout à fait logique quand on le voit.

Ce qui est absurde, c'est le tombeau sous le Golgotha que les prêtres veulent vous faire payer pour voir. Le tombeau qu'ils exposent fièrement ne pouvait contenir qu'un seul corps. Personne n'abandonnerait un mausolée coûteux ne contenant qu'un seul corps à quelqu'un qu'il ne connaît pas personnellement. Même la grande pierre ronde posée à proximité n'avait aucun lien possible avec ce tombeau. Cela n'avait aucun sens quand on la voyait, mais des gens se prosternaient sur une dalle de marbre à proximité, car on leur avait dit que c'était là qu'on avait préparé le corps de Jésus. Quel piège à touristes ! Le public est assez crédule sur presque tous les sujets.

La première fois que j'y suis allé, après avoir mis en doute la véracité des propos des prêtres orthodoxes, notre guide a acquiescé. Elle nous a ensuite fait descendre plusieurs volées d'escaliers jusqu'à un sous-sol où se trouvait une grotte creusée dans le mur, avec une douzaine de niches creusées à l'intérieur. La pratique juive de l'époque consistait à creuser de telles grottes dans

la roche, à placer le corps dans l'une des niches et à la sceller avec de la boue pendant un an, puis à l'ouvrir et à en extraire les ossements une fois le corps décomposé. On déposait les ossements dans un ossuaire, et la famille propriétaire de la grotte pouvait ensuite utiliser la même niche pour les dépouilles.

La personne suivante. Cela avait beaucoup plus de sens quant à la façon dont Jésus a été enterré, et l'endroit que nous avons visité pourrait bien être son tombeau. Quand vous y allez, demandez à voir ce tombeau. Cela rend l'histoire beaucoup plus crédible.

L'objectif principal de ce chapitre est de vous faire comprendre que les histoires qu'on vous raconte depuis votre plus tendre enfance ne sont que des histoires. Leur véracité importe peu. Ce sont des symboles qui vous ont été transmis avant même l'âge de raison et qui vous fournissent une « foi » abstraite sur laquelle vous appuyer. Votre participation à un groupe religieux, église, synagogue, temple ou mosquée vise essentiellement à combler votre manque de sécurité et votre faible besoin social. Ils y parviennent en vous procurant un sentiment d'appartenance et en comblant votre faible niveau social en vous offrant un groupe de soutien que vous jugez acceptable. Cela vous définit.

Le mythe central n'est pas ce qui est important pour vous. C'est la société religieuse à laquelle vous appartenez qui est importante pour vous. C'est la société culturelle, et non le mythe, qui régit votre comportement. Le mythe ne fait que vous fournir le système de valeurs que vous utilisez collectivement pour vivre une vie civilisée dans la société actuelle.

Vous appartenez à un petit groupe qui vous connaît. Vous vous comportez donc comme on l'attend de vous. Cela fonctionne un peu comme le sentiment d'identification que vous tirez de votre expérience au lycée. Vous soutenez votre équipe parce que « vous savez qu'ils sont les meilleurs ». Ou du moins, vous aimeriez qu'ils le soient. Mais vous appartenez bel et bien à ce groupe, et l'appartenance régule votre comportement. La principale différence est que, pour la plupart des gens, l'identification religieuse dure toute la vie. La vérité n'a aucune importance pour ce sentiment d'identification. Que votre mythe religieux soit faux n'a pas vraiment d'importance. Comme nous le verrons plus en détail plus tard, l'appartenance à cette petite société est le ciment social qui maintient la cohésion de notre société, même dans le monde occidental actuel.

Ce chapitre devrait maintenant vous avoir fait comprendre l'importance de savoir où fixer la limite de ce que vous êtes prêt à croire par une foi aveugle. Élever la foi aveugle au point qu'elle devienne l'unique fondement de la vérité qui guide votre vie peut être une étape importante.

C'est culturellement acceptable, car tout le monde le fait aussi. Mais si ce problème n'est pas corrigé avant qu'il ne se transforme en scatome, il peut bloquer toute croissance ultérieure.

Lorsque vous commencez à croire que quelque chose est vrai parce que vous le voulez, ou parce qu'une personne de confiance vous l'a dit, arrêtez-vous et réfléchissez. Vous pourriez créer un obstacle à votre développement futur. Le meilleurLe chemin vers la croissance consiste à reconnaître que l'acceptation de toute croyance n'est que provisoire. Si cette croyance est importante pour vous, elle doit être continuellement mise à l'épreuve. La meilleure voie est de rester sceptique face aux nouvelles idées.

— ou d'autres personnes qui vous disent ce que vous devez croire — Sans traiter ces informations en fonction de ce que vous avez déjà prouvé. Même dans ce cas, testez leur validité avec tous les faits disponibles. Si vous souhaitez toujours les accepter, gardez l'esprit ouvert afin que les informations complémentaires que vous acquerrez ultérieurement puissent modifier vos croyances. N'oubliez jamais qu'il n'existe aucune vérité absolue, si ce n'est que vous mourrez un jour. En attendant, votre objectif devrait être de progresser continuellement et de tirer le meilleur parti possible de cette vie. C'est la seule dont nous soyons certains.

À mesure que vous parvenez à vivre principalement aux niveaux supérieurs de la hiérarchie de Maslow, vous pouvez dépasser le besoin de participer à une religion organisée, car vous consacrez peu de temps à la sécurité ou à la vie sociale. Ce phénomène se produit généralement chez ceux qui peuvent vivre au-dessus du niveau de l'ego. Mais la plupart de nos sociétés n'y parviendront jamais. Selon Maslow, à son époque, moins de 6 % de la population américaine a atteint sa propre vie. Encore moins nombreux sont ceux qui vivent au-dessus de leur Expérience Maximale. Je serais surpris qu'ils dépassent 1 %. Peut-être qu'une culture plus avancée du futur n'aura plus besoin de ce ciment social. Mais nous en sommes encore loin aujourd'hui. Notre société est encore assez primitive.

Chapitre quinze
Que se passe-t-il ensuite ?

Parce que les humanistes ne croient pas que la valeur de la vie est créée par la réalisationL'existence d'une âme immortelle, qui n'existe probablement pas, les humanistes estiment que chacun devrait vivre pleinement sa vie au présent. Les humanistes estiment que nous devrions tous profiter au maximum de chaque jour de notre vie sur Terre, et certainement pas sacrifier cette vie pour un billet pour une vie après la mort qui pourrait ne pas exister. S'il existe une vie après la mort, vivre une vie décente devrait donner droit à tous les avantages qui s'offrent à eux. Contrôler Les gens n'ont aucun droit de conditionner notre comportement par des menaces de damnation, ni de prétendre être les seuls à détenir le billet pour notre immortalité. Même si nous souhaitons croire en une vie après la mort et cherchons notre billet, nous ne devons pas manquer l'occasion de vivre cette vie, au maximum de nos possibilités.

Il existe peut-être une vie après la mort, mais comme nous n'avons aucune preuve valable de son existence, les humanistes ignorent tout simplement cette croyance et ressentent un grand sentiment deC'est un soulagement de ne pas avoir à envisager cette possibilité. Cela donne à cette vie beaucoup plus de sens à leurs yeux. La science nous montre que la notion de séparation du corps et de l'âme est infondée. Si nous croyons en une vie après la mort, notre espoir repose uniquement sur une « foi aveugle ». Dès lors, pourquoi voudrions-nous sacrifier notre vie sur Terre avec pour seul espoir l'existence d'une vie dans l'au-delà, surtout si cela implique de nous priver de la possibilité de vivre pleinement notre vie aujourd'hui ? Limiter notre capacité à vivre cette vie, conditionnée uniquement

par les personnes qui contrôlent, sans autre preuve que leur autorité, nous laisse sans autre moyen de valider leur affirmation que d'accepter leur autorité par une « foi aveugle ».

Cela n'a aucun sens, même si c'est une chose à laquelle nous voudrions tous croire. Nous trouvons nos vies plus riches et bien plus précieuses lorsque nous croyons qu'il n'y a plus de vie après la mort.

La croyance en une vie après la mort est souvent le résultat d'un conditionnement antérieur à l'âge de raison, qui engendre un désir intense d'appartenir à une communauté religieuse spécifique et de satisfaire aux conditions requises pour y être accepté, conditions qui, au final, deviennent notre foi. Elle est motivée par des raisons émotionnelles. Les faits et la vérité ont peu d'influence sur les croyances de la plupart des gens.

À titre d'exemple, vouloir devenir un kamikaze rend vraimentAucun sens logique, sauf pour le poseur de bombe. Pour un humaniste, cette personne est malade. Tromper une telle personne, l'amener à agir contre son propre intérêt, celui de vivre pleinement sur Terre, avec la promesse de « vestales au paradis », est absurde et une tromperie envers le croyant, surtout s'il n'y a pas de paradis dans l'au-delà. Même s'il y a une vie dans l'au-delà, pourquoi un Dieu digne de votre acceptation exigerait-il des choses aussi déraisonnables qu'il tue ses propres créations ? Une telle pensée ne peut être créée que par une Personne de Contrôle. Si le résultat d'un tel comportement est valable, pourquoi les Personnes de Contrôle ne le feraient-elles pas ?

S'efforcer de maximiser nos chances limitées de vivre sur Terre peut engendrer d'importants conflits internes. Certains, en position de contrôle, revendiquent une autorité et usent de puissants stratagèmes, comme l'affirmation que le paradis est réservé à ceux qui « croient » en leur propre foi. Non seulement cette idée est absurde, mais pourquoi vouloir s'associer à un Dieu aux exigences aussi déraisonnables, surtout lorsqu'elle prive la plupart des gens de la vie éternelle, alors qu'ils mènent pourtant une vie de qualité sur Terre ? Une telle croyance affecte gravement ceux qui se sentent obligés de consacrer leur temps et leurs ressources limités sur Terre à la recherche d'un billet d'avion que chaque croyance prétend être la seule source. Bien que cela paraisse absurde, si cette idée devient un scatome dès l'enfance, les personnes intelligentes auront peur de suivre une autre voie.

L'exigence de « foi » est ce qui donne du pouvoir à de nombreux religieux contrôlants. Comme nous l'avons vu précédemment, une telle

L'exigence de foi d'une Personne de Contrôle est « aveugle », car il n'existe aucune preuve validant la plupart de ses affirmations, surtout lorsqu'elle prétend détenir le seul billet pour le paradis. La plupart des humanistes trouvent cela inacceptable.

Certaines personnes contrôlantes utilisent encore aujourd'hui la peur et la culpabilité comme outils principaux.Peu importe qu'il s'agisse de vos parents, de l'instituteur, du policier, du pompier, du clergé, de votre médecin ou de toute autre personne qui se sent obligée de contrôler la situation, c'est-à-dire qui a besoin de vous contrôler. Pour savoir comment réagir, demandez-vous : « Quelles sont leurs motivations ? » Si vous concluez que leurs motivations sont peut-être valables, peut-être devriez-vous les écouter.

La plupart des humanistes admettent que ceux qui croient en une vie dans l'au-delàont tous le droit d'avoir leur propre conception de la vérité, sauf ceux qui insistent sur le fait qu'il est de leur devoir religieux de veiller à ce que les autres suivent leurs propres prescriptions pour obtenir leur billet. Dans ce cas, cela devient offensant, et cette façon de penser est source de guerres.

Notre société vit encore aux niveaux inférieurs de la hiérarchie de Maslow ;Et nous continuons d'avoir des croisés aujourd'hui encore. Certaines religions prétendent même que Dieu accepte de tuer ceux qui n'adhèrent pas à leurs croyances. Pourquoi un Dieu formuleraitil une exigence aussi déraisonnable ? L'ignorance est omniprésente dans nos sociétés. Le fait est que, bien que de nombreux aspects de notre vie puissent être menaçants, y compris pour notre propre existence, la religion a malheureusement été l'une des principales sources de cette menace, et ce depuis que l'organisation culturelle de la civilisation humaine a fait de la religion notre « colle sociale ».

Les civilisations antiques pratiquaient souvent des sacrifices humains. Même à une époque aussi récenteAu XVe siècle, les Mayas du Mexique et d'Amérique centrale pratiquaient des sacrifices humains à leurs dieux pour assurer la sécurité des survivants. Les Indiens Cuna des îles San

Blas, au large du Panama, tuaient les Blancs qui restaient sur leurs îles après la

tombée de la nuit, jusqu'en 1917. La vie humaine n'était pas sacrée, même pour leur société lorsqu'elle se sentait menacée.

Certaines cultures continuent de le faire aujourd'hui au nom de leur propre dieu, mais de manière plus organisée et moins personnelle. Nous le faisons aujourd'hui dans le

Formes de guerres. De nombreuses guerres sont encore alimentées par des conflits religieux, aujourd'hui encore. À bien des égards, notre existence humaine sur Terre est encore assez primitive. La science a progressé bien au-delà de ce que notre civilisation peut réellement absorber. Par conséquent, nous sommes actuellement menacés de notre propre anéantissement. Et nos vies sont menacées par une annihilation nucléaire de toute vie humaine sur Terre, qui pourrait être provoquée par la religion. Nous nous tirerions une balle dans la tête à cause de nos propres croyances primitives.

L'effet de notre propre appartenance religieuse

Notre propre réponse à toute religion à laquelle nous nous identifions devientFondamentaux de notre système de valeurs, nos croyances influencent significativement notre comportement et notre qualité de vie. Ainsi, un musulman instruit peut être capable de s'autodétruire sans même se demander ce que cela signifie pour lui-même. On attend de lui ce comportement, et son appartenance est un besoin de sécurité inférieur et bien plus fort que ses besoins égocentriques. À ce niveau, on peut agir, mais on n'est pas forcément obligé de penser par soi-même lorsque la pensée de groupe prend le dessus. C'est ainsi que nous avons aujourd'hui des kamikazes intelligents.

De nombreuses personnes vivent un traumatisme en tentant de s'affranchir des contraintes culturelles de leur petite enfance, acquises avant l'âge de raison. Nombre d'entre elles ressentent de la culpabilité, de la peur ou un éloignement de la société pour avoir remis en question leurs propres traditions religieuses. Elles peuvent en faire l'expérience notamment de la part de leurs propres parents, même après leur décès, notamment lorsqu'elles remettent en question les croyances inculquées par leurs parents avant l'âge où elles ont la capacité de raisonner. La logique et les niveaux de pensée supérieurs ne prévalent pas sur les croyances émotionnelles.

Parce que le premier devoir de toute personne ou institution vivante est de se préserver, les religions dressent de nombreux obstacles culturels à la croissance afin d'empêcher leurs propres adeptes de s'en écarter. Chrétiens et juifs, encore aujourd'hui, peuvent utiliser des étiquettes négatives pour désigner des personnes ayant des croyances différentes. Après tout,

Qui veut être qualifié de « païen », d'« hérétique » ou de « pécheur » ? On apprendà l'école primaire, insulter quelqu'un donne des résultats.

Bien que la plupart des humanistes se considèrent libres de telles barrières culturelles et religieuses, chacun en possède néanmoins. La vie n'est pas simple. Finalement, aussi difficile qu'il ait pu être de s'affranchir des limites de nos traditions culturelles, la plupart des humanistes trouvent que se concentrer exclusivement sur cette vie – plutôt que de se préoccuper de l'au-delà – est bien plus exaltant et largement suffisant. Le simple fait de dépasser les croyances de notre enfance en vivant uniquement dans le présent évite le sentiment de culpabilité que nous pourrions éprouver en reniant les croyances de nos parents, celles qui nous ont été inculquées initialement. Nous ne regardons que vers l'avenir. Réfléchissons un instant à la raison pour laquelle nous avons des enfants. C'est peut-être parce qu'ils sont le meilleur moyen pour nous de donner un sens à notre vie. Ils sont peut-être le meilleur moyen, mais certainement pas le seul, pour nous d'atteindre notre propre immortalité.

La mesure de notre propre vie

Pour la plupart des humanistes, notre raison d'être ne se mesure qu'à la manière dont nous vivons cette vie aujourd'hui. Même s'il existe un au-delà de cette vie, notre influence sur ceux qui nous suivent devrait être notre propre mesure de la qualité de notre vie. L'immortalité, acceptée par la plupart des humanistes, est la différence que nous avons apportée dans ce monde par notre présence. Grâce à la qualité de notre vie, nous devrions donc avoir droit à toutes les récompenses qui suivront cette vie, si tant est qu'elles existent. La plupart des humanistes se satisfont de savoir que leur bon travail sur terre, et leur influence sur ceux qui leur survivent, constituent une forme suffisante de leur propre immortalité. Il n'en faut pas plus pour que la vie d'un humaniste ait de la valeur. Surtout si, par ce qu'il a créé, amélioré ou changé, il a amélioré la qualité de vie de personnes qui n'étaient peut-être même pas nées avant leur mort.

Il est important de reconnaître que nous pouvons être trompés par la façon dont fonctionne notre esprit afin de mieux comprendre comment nos opportunités de

L'expérience de vie peut devenir sérieusement limitée. Chacun s'oriente vers la vie en fonction de ses propres perceptions. Nos expériences conditionnent la manière dont nous recevons les nouvelles informations. En psychologie, l'orientation conditionnée (notre propre attitude ou attente face à la réception de nouveaux stimuli) est appelée « ensemble préparatoire ». Cet ensemble établit le cadre de notre réception des nouvelles informations. Un même stimulus peut être totalement accepté par une personne et totalement rejeté par une autre, selon son orientation préexistante.

Scatomas

Maintenant que vous réalisez leur sérieux, cela mérite de prendre ce temps pourRéfléchissez à ce qu'un scatoma signifie réellement pour vous, en vous basant sur ce que vous avez déjà appris. Examinons donc de plus près les scatomas. Il est important d'aborder vos propres scatomas si vous souhaitez évoluer au-delà de vos propres barrières, car une fois qu'un stimulus, une notion ou une position est accepté à l'exclusion de tous les autres, nous nous enfermons dans nos propres croyances. Les scatomas bloquent notre évolution. Nous avons alors le sentiment que c'est la seule croyance acceptable, car c'est le moyen qu'utilise le scatoma pour se protéger. Souvenez-vous que lorsqu'une notion est valorisée au détriment de toute autre information et qu'elle devient un « scatoma », ils agissent comme un bloqueur de spam informatique. Ils bloquent toute information contraire à nos croyances actuelles, qu'elle soit bénéfique ou préjudiciable, et empêchent même que vous ne la voyiez. Les scatomas marquent le point où notre capacité à accepter toute notion contraire cesse, notre esprit se ferme et tout dialogue devient inutile.

Nous sommes alors conditionnés à rester aveugles à la réalité sur ce sujet précis, littéralement pour le restant de nos jours. Nos propres scatomas deviennent notre propre réalité, que cette croyance soit juste ou fausse.

Tous les scatomas ne sont pas mauvais. Celui qui entoure la personne que nous aimons est nécessaire à la protection de notre mariage. Nous en avons besoin dans certains domaines, car ils nous

aident à filtrer l'information afin de recevoir des données utiles et cohérentes et de rejeter la multitude d'informations inutiles qui nous bombardent constamment. Cependant, ils nous nuisent également en nous empêchant d'accepter la vérité dans ce domaine.

C'est pourquoi vous devez apprendre à construire des ponts audessus de vos scotomes afin de pouvoir continuer à progresser dans les domaines que vous souhaitez explorer pour trouver des voies d'épanouissement personnel – et ainsi devenir pleinement vivant.

Vous savez maintenant que lorsque nous intériorisons ou acceptons des idées reçues, elles peuvent acquérir une grande valeur, même si elles sont incompatibles avec nos propres intérêts, ou même si le reste du monde les considère comme totalement fausses par rapport à la réalité. Un bon exemple est celui de ceux qui croient encore aujourd'hui que la Terre est plate et que, si nous voyageons trop loin, nous finirons par tomber. La plupart des gens sont empêtrés dans des scatomas qui limitent leur monde, tout en leur procurant un sentiment de sécurité. Nombreux sont ceux qui, atteints de scatomes très limitatifs, veillent à ce que ceux qu'ils aiment, ou dont ils se sentent responsables, soient également enfermés dans leur propre petit monde sûr. L'idée qu'ils puissent sortir de leur coquille et vivre ne serait-ce qu'un peu au-delà est trop effrayante pour beaucoup. Par conséquent, nous devrions peutêtre même nous tourner vers la prochaine génération si nous voulons avoir un impact plus durable dans notre monde actuel.

Nous avons tous des scatomes parce que notre tâche de toute une vie consiste à traiter le grand nombre de stimuli que nous recevons constamment afin de pouvoir sélectionner les croyances bénéfiques à notre propre survie et rejeter celles qui pourraient l'être.Cela peut être néfaste. Une fois que nous avons choisi notre partenaire, par exemple, aucune autre personne ne devrait plus nous être aussi importante. Ce scatoma est bénéfique pour maintenir un mariage sain. Il nous pousse également à accepter leurs défauts, car nous ne les voyons plus (à moins que vous ne soyez ma femme). Heureusement, maintenant que nous savons ce que nous recherchons, nous pouvons apprendre à distinguer les bons scatomas, qui nous guident dans une direction positive, de ceux qui entravent notre développement. Maintenir une attitude positive et un esprit ouvert est essentiel pour soutenir notre développement. Grandir continuellement devrait être notre objectif de vie. Nous devons ensuite apprendre à construire nos propres ponts.

Le problème que nous comprenons maintenant est que nous ne pouvons pas voir nos propres scatomas. En effet, ils nous empêchent de voir toute information incohérente, leur fonction première étant de nous protéger. d'informations inutiles. Nous savons désormais que le meilleur moyen de savoir que nous avons affaire à un scatome est de devenir émotif.ou sur la défensive face à une croyance contraire. C'est la meilleure preuve de notre scatoma. Vous savez maintenant qu'il est impossible de contester un scatoma de front, sinon votre réaction négative ne fera qu'empirer. Vous réalisez également que pour progresser dans la direction que vous souhaitez prendre afin d'améliorer votre qualité de vie, le seul moyen d'y parvenir est de franchir, ou de contourner, votre propre scatoma. Vous savez maintenant que seule une éducation non menaçante peut y parvenir. C'est certainement l'un des principaux avantages d'une formation universitaire. C'est peut-être l'une des raisons pour lesquelles vous lisez ce livre.

Améliorer la qualité de notre propre vie, c'est toujours être conscient des avantages et des restrictions que nos croyances actuelles peuvent nous apporter.Pour ne pas voir au-delà, nous savons que nous avons un scatoma qui limite notre capacité à grandir. Notre objectif premier devrait toujours être de grandir. Puisque soixantedix pour cent des Américains d'aujourd'hui ne peuvent s'élever audessus du niveau social pour ne serait-ce que voir les trois niveaux supérieurs, faute d'être capables de surmonter leur propre scatoma, nous devons envisager que nous en soyons peut-être un. Puisque leur scatoma ne peut être abordé de front, dire à la personne que vous souhaitez aider de « s'en sortir », ou qu'elle a tort, ne fait qu'accroître la menace de ce scatoma. Il en va de même pour vous lorsque vous avez une attitude négative envers quoi que ce soit.

Si vous souhaitez aider quelqu'un, vous devez aborder la personne que vous souhaitez aider à changer, lentement et indirectement, en lui fournissant de nouvelles informations qui l'aideront à trouver la voie à suivre pour contourner ses croyances actuelles. Il est plus facile d'envisager des alternatives pour les autres que pour soi-même. C'est un atout majeur pour vous qui lisez ce livre, et c'est pourquoi vous disposez désormais d'informations inédites.

Ce livre vous a fait réfléchir au contraste avec vos croyances actuelles. Si vous refusez toujours d'accepter que Jésus n'est pas

mort sur une croix, relisez ce chapitre, car vous êtes maintenant confronté à un scatoma. Ou allez en Israël et constatez par vousmême afin de développer vos croyances. J'y suis allé trois fois, et chaque fois, cela représente une avancée significative.

Expérience. Aller en Chine et constater la différence radicale entre la vie de ses habitants et celle des Américains m'a ouvert les yeux à bien des égards, au-delà de la sécurité que je ressentais auparavant. Autrement dit, ce fut une expérience qui a clairement changé ma vie. Réfléchissez à ce que vous pourriez faire pour améliorer votre propre vie.

Puisque notre objectif est de continuer à grandir, en identifiant et en éliminant les obstacles négatifs avant qu'ils ne deviennent des scatomas, et en acceptant de nouvelles informations qui font progresser notre vie, il s'agit d'un effort constant. Une approche saine consiste à ne pas laisser ces outils psychologiques devenir des obstacles permanents à notre croissance. En reconnaissant comment nos expériences peuvent se combiner pour créer des attentes infondées, nous pouvons réduire nombre des obstacles à notre propre croissance. Maintenir une attitude positive et tirer profit de chaque nouvelle expérience contribuera grandement à notre croissance. La croissance devrait être un objectif de vie pour valoriser notre vie. Nous y parvenons mieux en gardant l'esprit ouvert, en recherchant constamment de nouvelles informations et de nouvelles perspectives sur ce que nous voyons et faisons. N'hésitez pas à explorer de nouvelles voies dès que l'occasion se présente. C'est ainsi que nous grandissons.

Nous pouvons aider nos propres enfants à grandir en les exposant continuellementà de nouvelles expériences qui empêchent leurs croyances de se figer. Posez-leur des questions qui les incitent à réfléchir autrement plutôt que de leur dicter leurs convictions.

Comment mes propres croyances devraient-elles grandir ?

Une personne nourrie dès sa plus tendre enfance d'une croyance, quelle qu'elle soit, y attachera de la valeur et des émotions. Si on lui demande d'accepter une notion contraire, la réaction sera émotionnelle. En effet, le sentiment ressenti au moment de l'acceptation d'une croyance lui est généralement associé dès son acquisition. Il restera associé à cette croyance tout au long de la vie, sauf modification intentionnelle par une éducation ultérieure. C'est le cas.

particulièrement vrai pour les croyances acquises dès le plus jeune âge, avantJ'ai développé la capacité de raisonner par moi-même. C'est pourquoi les convictions religieuses de la plupart des gens sont si puissantes, et pourquoi il leur est très difficile d'en changer plus tard, même s'ils le souhaitent. Pour tester le fonctionnement des scatomas, essayez d'expliquer à quelqu'un pourquoi ses croyances profondes sont fausses et observez la violence de sa réaction. Leur comportement montre que leur scatoma bloque facilement toute autre opinion contradictoire. C'est précisément pourquoi la seule façon de dépasser un scatoma est une éducation non menaçante.

Parce que les émotions que vous ressentez avec une croyance lorsqu'elle est pour la première foisLes croyances acceptées font généralement partie intégrante de nos croyances. Notre héritage religieux a donc un impact si puissant sur nous. Cela explique pourquoi les faits ne sont pas pertinents pour maintenir notre adhésion à ce point de vue. Si vous avez été élevé dans une religion, vous ne pouvez pas simplement ignorer vos propres croyances religieuses sans subir de conséquences psychologiques néfastes. À l'âge adulte, abandonner les croyances de l'enfance, renforcées chaque semaine, nécessite une éducation importante. Un tel changement peut prendre toute une vie. Par conséquent, la plupart des gens ne voient aucune raison de changer. C'est regrettable. Nous devons continuer à progresser dans tous nos efforts tout au long de notre vie. Cela ne signifie pas abandonner sa religion. Cela signifie simplement que votre religion doit grandir avec vous.

Notre lien affectif avec notre propre famille résulte du même processus mental et émotionnel. Cependant, nous devons rechercher des occasions de développement pour que tous ces processus restent frais et significatifs. Si vous vous entraînez à changer d'état d'esprit ou d'attitude face à toute nouveauté, cet effort sera vite perçu comme un plaisir. Cela atténuera l'effet de votre scatoma et vous aidera à grandir. Votre capacité à évoluer de manières nouvelles deviendra bientôt votre objectif.

Parce que nous associons naturellement toute croyance aux

émotions présentes à leur origine, et parce que nous ne pouvons pas facilement prendre en compte n'importe quel aspect denos vies hors de leur contexte, les alternatives à nos propres scatomas ne sont pas seulement inacceptables, mais peuvent être menaçantes, au point même que les gens sont prêts à risquer leur vie pour défendre leur notion actuelle de ce qu'ils croient être juste s'ils sont contestés de front.

Nous savons, depuis que ce phénomène se produit aujourd'hui, lorsque des personnes pourtant intelligentes commettent des attentats-suicides au nom de leurs croyances religieuses, que leur acte n'a rien à voir avec la vérité. Un argument logique ne peut vaincre une croyance émotionnelle. Une éducation significative et non menaçante est nécessaire pour provoquer un changement de comportement. Au Moyen-Orient, le temps manque pour éduquer la population. Le résultat est que nous sommes en guerre aujourd'hui à cause de leurs scatomas.

La manière mature d'adapter les croyances de l'enfance à l'âge adulteLe monde doit constamment redéfinir chaque concept, ou croyance, pour que la sienne reste pertinente. Chacun s'accroche à ses propres croyances. Cependant, même nos croyances religieuses doivent mûrir, comme toute autre notion influençant nos vies. Craindre Dieu est normal dans l'enfance, croire à Dieu le Père est plus crédible pour un lycéen, mais à l'âge adulte, une définition abstraite et plus mature de Dieu est bien plus efficace. Pourtant, certains continuent de croire qu'ils craignent Dieu à l'âge adulte. Pourquoi ? Parce que leur esprit s'est fermé durant l'enfance. De ce fait, ils ont cessé d'apprendre de leurs propres expériences.

Comme mentionné à plusieurs reprises, pour mettre les choses en perspective, nous affirmons que le même processus mental a été utilisé pour gérer le mythe du Père Noël dans votre enfance. Cette croyance est acceptée par tous les enfants élevés dans la tradition chrétienne américaine. Cependant, cela ne dure que quelques années, car, à terme, le Père Noël est démasqué par la réalité. Chaque enfant est dévasté. La façon dont il réagit ensuite est importante. Ceux qui ne substituent pas l'aspect positif du don aux autres à leur conception enfantine du Père Noël comme « leur donneur de cadeaux » sont déçus. Ceux qui parviennent à développer un changement de perception sain, en considérant le Père Noël du point de vue de leurs parents, peuvent continuer à célébrer le Père Noël avec Noël comme symbole de générosité pour le restant de leurs jours. La façon dont nous abordons et sommes influencés par nos propres convictions religieuses est exactement la même.

Notre objectif de vie devrait être de continuer à grandir. Si nos croyances évoluent sainement, au point de nous permettre de vivre pleinement selon nos besoins grâce à une croissance et un développement continus, cela sera possible.

Nous mettre sur la voie qui nous permettra d'atteindre une expérience optimale. Notre objectif devrait être de rendre notre vie toujours plus riche, plus épanouissante et plus satisfaisante. Bien que les objectifs spécifiques qui enrichissent nos vies soient uniques, une compréhension approfondie du processus universel de croissance humaine facilite le cheminement.

Chapitre seize
QuoiÀ propos de la religion ?

Les personnes qui vivent principalement au niveau social, ou en dessous, vivent sur des terres fertiles.Un terrain propice à la religion. Les institutions religieuses organisées offrent un mini-système culturel et de soutien mutuel, vital pour de nombreuses personnes, notamment celles qui vivent dans un environnement de sécurité sociale élevé ou de besoins sociaux moyens. Dans notre société, c'est un objectif majeur d'une église. Nombreux sont ceux qui s'y associent uniquement pour des raisons de soutien social. Leur participation n'a que peu de rapport avec la théologie ou le mythe de leur foi. Ce ne sont que les liens qui unissent leurs membres. Leur Église devient leur sécurité et, pour beaucoup, leur principal soutien social.

Bien que toutes les religions comptent des membres correspondant à tous les niveaux de besoins définis par la pyramide de Maslow, et que l'on trouve des humanistes dans toutes les confessions, l'humanisme ne cherche pas à se substituer à la religion. Il ne dispose pas de la structure nécessaire pour répondre aux besoins de sécurité et de bien-être des fidèles, qui considèrent leur expérience religieuse comme une réponse à ces besoins. Il est facile pour la plupart des personnes vivant dans notre société de s'identifier et d'être acceptées au sein de la structure sociale de n'importe quelle église. Les personnes vivant principalement dans un niveau social élevé, voire moyen, s'intègrent facilement à leur foi, qui s'intègre alors profondément dans la vie de leurs membres tout en leur offrant une structure sociale. Leur foi religieuse actuelle est souvent leur façon de s'identifier. De plus, leur église résout facilement les questions de mode de vie en apportant des réponses qui enrichissent la vie de ceux qui se contentent de vivre au sein d'une société structurée. Pour ceux qui ne font de mal à personne, s'ils se contentent de vivre selon leurs besoins actuels, pour les autres de leur vie, pourquoi quelqu'un voudrait-il perturber la vie de cette personne ? Nonil le faudrait. L'humanisme seul ne peut pas répondre à ces besoins.

Les humanistes qui ont abandonné leur propre religion d'enfance et ne l'ont pas remplacée ont comblé leurs besoins de sécurité et sociaux dans une autre religion. D'autres encore ignorent simplement ces besoins, car ils y consacrent très peu de temps. D'autres les comblent par leurs propres moyens, en nouant d'autres relations, notamment en participant à une Église ou à une confession religieuse. D'autres encore deviennent unitariens. Les unitariens n'ont aucune composante religieuse. Il est important de s'identifier à ceux qui renforcent ses convictions.

Chacun a des besoins sociaux forts qui le poussent à ressentir un besoin d'appartenance. Prenons pour preuve l'attitude des lycéens ou des étudiants, voire de nombreux diplômés, envers leur propre équipe. Ils n'ont peut-être pas les compétences nécessaires pour jouer au football. Mais c'est « leur équipe » et ils partagent ouvertement leurs opinions sur ce qu'elle représente. Ce qui a mal tourné lors du match de la semaine dernière. Observez l'attitude d'un Marine américain, surtout si vous le connaissiez avant son engagement. Son assurance se ressent par sa simple présence physique. Réfléchissez à votre propre attitude face à une identification descriptive, comme le fait d'être « Américain » lorsque vous êtes dans un autre pays. Nous avons tous besoin d'appartenir à un endroit. C'est un besoin de sécurité. L'acceptation par une structure établit ou confirme notre identité personnelle, qui peut être satisfaite au sein des organisations sociales. Dans cette mesure, l'identification répond à un besoin de sécurité.

Nombreux sont ceux qui disposent de peu d'autres possibilités immédiates pour répondre à ces besoins. Les organisations religieuses y répondent volontiers. Besoins. Elles sont reconnues comme le principal système de soutien social d'une grande partie de notre société. C'est ainsi qu'elles constituent leur « colle sociale ». Même si chacune d'elles possède son propre mythe collectif ou sa propre vision de certains événements historiques comme message symbolique unificateur, ce mythe n'est pas la raison pour laquelle les membres de l'Église participent. L'appartenance à sa propre religion est pour beaucoup un système de soutien nécessaire, qui remonte aux origines de la société humaine et que l'humanisme, à lui seul, ne répond pas.

pour quiconque n'a pas atteint le niveau élevé d'ego/faible niveau actualisé dela vie telle que décrite par Maslow.

Pour de nombreuses personnes vivant principalement avec des besoins inférieurs, aucune autre institution ne peut les aider.La structure de notre société répond si efficacement à ces besoins.

Les églises seront toujours considérées par ces personnes dans notre société comme nécessaires, voire essentielles. L'humanisme n'est pas une vision alternative acceptable de la vie pour ceux qui vivent principalement en société, et notre philosophie n'est pas non plus rassurante pour ceux qui recherchent des réponses et non des questions face au monde actuel. Par conséquent, remettre en question la religion d'autrui, quelle qu'en soit la raison, n'est pas un comportement approprié pour un humaniste.

Reconnaissant que la plupart des gens dans notre société sont relativement satisfaitsLes informer de leur situation, puis leur dire qu'il leur manque peut-être plus, ne fait que susciter un mécontentement indésirable si nous ne leur ouvrons pas en même temps un chemin vers l'épanouissement. En tant qu'humanistes, nous devrions concentrer nos efforts sur la nécessité pour les enfants de ceux que nous pourrions nous sentir obligés d'influencer, ainsi que pour tous les autres enfants, de prendre conscience qu'il existe des niveaux de vie supérieurs. Il faut leur montrer un chemin qui leur permette d'y parvenir. C'est ce que fait Maslow. Cela n'a rien à voir avec la foi religieuse de quiconque. Nous devons au moins, envers la génération future, de l'éduquer à voir au-delà d'elle-même, à être motivée et à réaliser son potentiel. Chaque enfant devrait être encouragé à s'épanouir pleinement. Maslow appelait cela « l'accomplissement de soi ». Les humanistes peuvent contribuer à sensibiliser le public à son existence.

Tout le monde a-t-il besoin de religion ?

Comme mentionné précédemment, EO Wilson, professeur humaniste à Harvard, souligne que chacun a un « besoin spirituel fondamental » qui le relie à la nature et à sa propre réalité. Par conséquent, la religion revendique une posture spirituelle comme étant au cœur de son existence. Wilson souligne que même ceux qui ont satisfait leurs besoins de sécurité et sociaux par d'autres moyens

Cela signifie qu'ils peuvent ne plus ressentir le besoin d'une religion organisée, mais qu'ils ont encore un besoin spirituel. Il existe peu d'institutions organisées autres que la religion.Là où ce besoin peut être satisfait par le public avec l'aide d'autrui. Certaines techniques culturelles d'Extrême-Orient offrent des résultats supérieurs à toutes celles actuellement disponibles. Le yoga est peut-être ce qui se rapproche le plus de leurs principales techniques. Certains humanistes peuvent satisfaire leur besoin spirituel en contemplant un magnifique coucher de soleil ou en ressentant une expérience intense tout en étant en harmonie avec leur environnement naturel. Beaucoup ont besoin de plus que cela. Ils ne peuvent y parvenir seuls, peut-être parce que leur routine quotidienne accapare leur attention. Ils ont besoin d'un accompagnement pour y parvenir. Leur religion répond à ce besoin.

Le rabbin Sherwin Wine était le chef spirituel du temple de Birmingham à Détroit. Il a créé la Société pour le Judaïsme Humaniste afin de répondre à ces besoins, tout en restant fidèle à la tradition culturelle et au symbolisme juifs. Lorsque j'ai expliqué au rabbin Wine que nous, humanistes, ne proposons ni tradition ni mythe religieux, il a affirmé : « Les humanistes possèdent la plus belle épopée religieuse du monde, celle que nous a donnée Charles Darwin dans son analyse de l'évolution de la vie. Et ce n'est pas un mythe ; c'est un fait avéré. » Il a ajouté : « Il n'existe pas de meilleure expression pour donner du sens à notre vie. C'est notre raison d'être. » La Société pour le Judaïsme Humaniste, qui utilise les symboles et traditions juives, et l'Église unitarienne universaliste, destinée aux personnes issues de traditions chrétiennes ou de formes plus libérales du judaïsme, se préoccupent toutes deux de ces questions. Elles proposent des alternatives qui s'inscrivent dans les traditions culturelles et religieuses de notre société, comme moyens de répondre aux besoins de sécurité et de protection sociale, et offrent un faible soutien social. Elles offrent toutes une opportunité spirituelle qui élève les gens au-delà d'eux-mêmes. C'est très efficace pour ceux qui envisagent la vie d'un point de vue humaniste. Plus de la moitié des membres de l'Église unitarienne universaliste sont humanistes. Nombre d'entre eux, comme moi, sont issus d'une famille

chrétienne ou juive.

Même si certains humanistes peuvent répondre à tous leurs propres besoins dans le cadre de la philosophie de l'humanisme, et que certains humanistes s'associent dans un cadre ecclésial pour répondre à ces besoins, l'humanisme organisé est

Ils ne cherchent pas à remplacer la religion et ne devraient pas être considérés comme une menace par quiconque au sein de la communauté religieuse, à moins qu'il ne s'agisse de fanatiques religieux. Des personnes qui contrôlent leurs fidèles abusent de leurs fidèles en utilisant la peur et la culpabilité comme moyens de contrôle. Je pense que l'humanisme organisé a parfaitement le droit d'informer son public que ce qu'il fait est un abus de ceux qu'il sert. Les humanistes attaqueront ceux qui nient à quiconque son droit de vivre pleinement sa propre vie pendant qu'il est ici sur Terre en utilisant la peur ou la culpabilité comme moyen de contrôle.

Si une personne a besoin de plus qu'une philosophie pour vivre pleinement sa vie ici-bas, les adeptes de toute religion peuvent placer leur foi au-dessus de la vision philosophique humaniste de la vie. Les humanistes se soucient avant tout de ne pas manquer cette occasion unique pour chacun de vivre pleinement sa vie, tant qu'il est sur Terre. Ceux qui y trouvent un intérêt personnel placent facilement les préoccupations religieuses au-dessus de leur philosophie.

En fait, c'est un aspect de la réflexion actuelle de chefs religieux comme l'évêque épiscopalien John Shelby Spong, qui a adopté une vision humaniste de la réalité – en s'appuyant uniquement sur des faits religieux historiques prouvables – au sein de sa propre communauté religieuse. Une telle technique pourrait devenir un élément majeur des religions organisées du futur et, à terme, soutenir l'Église lorsque notre société culturelle atteindra enfin des niveaux de vie plus élevés, qui pourraient autrement entraîner une baisse du nombre de ses fidèles.

Comme je l'ai dit, les religions sont constituées de « mèmes », qui sont auto-Elles reproduisent des croyances transmises d'une personne à l'autre, sans nécessairement avoir de lien avec la vérité ou la réalité qui les dépasse. Nombre d'entre elles sont acquises avant l'âge de raison et deviennent les symboles que nous utilisons pour répondre à des questions importantes que la science n'a pas encore abordées. Ou, si elle l'a fait, nous n'avons pas accepté ces réponses. Nos croyances constituent le « ciment social » qui nous permet de maintenir notre société. Nous ne sommes pas tenus de tuer la religion simplement parce que les faits historiques de son mythe pourraient être faux.

De nombreuses personnes comblent leurs besoins de sécurité et de faible niveau social parLeur religion. Sur le plan de la sécurité, ils nous donnent un but et constituent une force extérieure que nous pouvons influencer pour notre propre protection.

La notion de vie après la mort découle de cette perspective. Sur le plan social, elle nous permet de nous identifier aux autres membres de notre réseau de soutien mutuel, ce qui renforce notre sécurité, car nous « appartenons » alors à des personnes partageant les mêmes idées et renforçant notre système de croyances. Autrement dit, aucun autre système dans notre société organisée ne répond aussi efficacement à ces besoins. Sans religion, notre société pourrait sombrer dans l'anarchie. Par conséquent, tant que la société n'atteindra pas un niveau de vie supérieur au niveau social pour la plupart des gens, nous devons tous soutenir les croyances religieuses qui profitent aux autres sans leur nuire.

Les mèmes s'adaptent pour absorber tout défi culturel. L'humanisme organisé peut peut-être contribuer à élever les religions dont le contrôle est actuellement limité.Fondés sur la peur et la culpabilité. Un moyen pourrait être de reconnaître les propos de l'évêque Spong et de rendre leurs symboles religieux pertinents, sans toutefois nuire aux personnes qu'ils prétendent servir. Ils serviraient alors leurs membres plutôt que les personnes autoritaires qui pourraient actuellement les maltraiter. Espérons que la plupart ne le font pas. Mais certains le font manifestement.

Chapitre dix-sept
Quelle est la réponse de Dieu ?

Depuis des millénaires, les êtres humains identifient dans la nature des forces qui dépassent notre capacité actuelle de compréhension. Historiquement, ces forces ont été appelées « Dieu ». Nombreux étaient les peuples primitifs qui considéraient le soleil, les éléments du climat, voire la mer, comme des dieux. Pour leur propre sécurité, ils priaient ou sacrifiaient à ces dieux.

Avant Abraham, de nombreux dieux étaient acceptables. Cependant, lorsque la religion a imposé l'acceptation d'un seul Dieu, l'usage du terme est devenu plus complexe. À mesure que la science a élucidé des mystères autrefois associés à des « dieux » plus primitifs, la définition est devenue plus abstraite. C'est encore le cas aujourd'hui. « Dieu » est un terme universel utilisé par la plupart des gens pour désigner ce qui dépasse notre connaissance personnelle et que nous craignons ou révérons en tant qu'individu. Pour certains, Dieu est le mot qu'ils utilisent pour désigner les forces de la nature qui permettent à notre univers d'exister et de soutenir la vie, qu'ils ne comprennent pas encore.

Nous avons chacun notre propre définition de « Dieu ». Il pourrait y avoir de gravesIl y aurait désaccord au sein d'une congrégation si tous ses membres étaient tenus d'accepter la même conception de Dieu. Demandez à n'importe quelle congrégation d'expliquer ce que signifie le terme « Dieu », et vous aurez un débat sérieux, à moins que les membres ne soient si étroitement contrôlés par leurs « Contrôleurs » qu'ils soient incapables de penser par eux-mêmes. La plupart acceptent simplement les réponses de la pensée de groupe. Pour ceux qui ne sont pas aussi étroitement contrôlés, de nombreux membres du clergé expliquent « Dieu » par des généralités ou des adjectifs universels ou non menaçants, car ils décrivent les effets.

de Dieu plutôt que de définir ce que signifie réellement le terme « Dieu ». Cela évite les conflits.

Prétendant, par exemple, que « Dieu estLe « Créateur » dit peu de choses, mais implique beaucoup. Le concept de créateur pourrait être synonyme de Dieu étant la nature. Évidemment, si la nature était votre définition, l'affirmation selon laquelle « Dieu est le Créateur » serait vraie – si l'univers n'a pas toujours existé, ce que nous croyons maintenant très probablement. La création pourrait se limiter à nos vies individuelles en utilisant le terme « créateur » pour éviter le dilemme logique « Qu'est-ce qui a créé Dieu ? » L'idée que Dieu est le créateur, cependant, n'implique pas un dieu bienveillant, ni n'explique l'existence du mal. Ce genre de Dieu n'explique rien non plus de notre but dans la vie, si ce n'est que nous avons été créés et que nous devons vivre cette vie sur Terre. Outre la question de savoir s'il y a une pensée intelligente derrière notre existence aujourd'hui, cette définition de Dieu est peu utile.

La vraie question est de savoir si vous devez fournir à DieuDes caractéristiques « surnaturelles » pour donner du sens à votre propre Dieu. Si vous faites cela, aucun humaniste ne vous suivra. Vous vous transformerez en marionnette. La notion de théisme, au lieu de déisme, est une nouveauté dans nos religions contemporaines que les humanistes considèrent comme un instrument de contrôle. Or, nous ne voyons aucune preuve valable de l'existence d'une telle entité, ni aucune raison valable de son existence. Elle vous déresponsabilise et la confie à des personnes qui vous contrôlent. Pourquoi voudriez-vous faire cela ?

La validité des questions « Pourquoi »

Aristote a élargi l'étude de la philosophie et introduit l'idée qu'une question philosophique centrale est « Pourquoi quelque chose se produit ». Nos conceptions religieuses actuelles ont évolué à partir de cette perspective. Nous sommes désormais confrontés à une dichotomie culturelle. La science nous dit « comment », tandis que la religion prétend nous dire « pourquoi ». L'humanisme admet qu'il n'y a peut-être pas de raison pour laquelle

192

nous vivons. Tout ce que nous savons avec certitude, c'est que notre vie existe. Nous aussi.

Nous savons que nous faisons partie de la nature. Cependant, comme le « pourquoi » est un élément centralDans la plupart des religions, nous ne pouvons pas simplement ignorer la question.

La plupart des humanistes se rendent compte que nous n'avons pas besoin de demander « pourquoi ». Nous pouvonsNous acceptons qu'il n'y ait peut-être pas de « pourquoi ». Nous nous contentons de chercher la réponse au « comment » des choses dans notre univers. Ces questions relèvent de la science et relèvent donc du savoir acceptable. Elles peuvent être testées pour établir la vérité. Les humanistes ne voient aucune raison de chercher des solutions au-delà de notre science actuelle. Nous acceptons volontiers que le « pourquoi » ne soit peut-être pas une question valable, car il n'existe pas actuellement de faits permettant d'apporter des réponses véridiques à toutes les questions du « pourquoi ». Peut-être que la réponse à une question du « pourquoi » concernant notre propre existence réside uniquement dans ce que chacun de nous est prêt à croire en soi.

Si l'on croit qu'il y a une cause intelligente et indépendante à cela,En considérant la vie, un grand créateur que nous pourrions peut-être appeler « Dieu », nous pourrions conclure qu'il existe un but divin pour nos vies individuelles. Cependant, si l'on croit que Darwin avait raison et que toutes les formes de vie ont évolué vers des espèces plus complexes par sélection naturelle, il est plus logique d'accepter que nous sommes ici simplement comme un élément de ce processus. Nous existons grâce à l'état actuel de l'évolution. De ce point de vue, il n'y a pas nécessairement de raison à notre existence dans la nature. On pourrait se demander : « Pourquoi cette fourmi existe-t-elle ? » pour finalement réaliser l'absurdité de cette question. C'est pourquoi la science suggère que se demander pourquoi nous existons est probablement une question erronée. Pour un humaniste, nous devons créer notre propre « Pourquoi » si cette question est importante pour nous. Certains peuvent adopter des réponses religieuses par commodité. La plupart des humanistes ignorent tout simplement la question.

Parce que les humanistes, en s'appuyant sur la science, peuvent accepter que nous, les humains,Les êtres ne sont qu'un élément de l'évolution naturelle de la vie, et notre apparition est purement fortuite. Cette théorie est plus logique que l'idée d'un moteur premier inconnu. Qui ou quoi a créé ce moteur premier ? Si l'on peut affirmer que l'univers a toujours existé, alors la nature aurait pu exister depuis toujours. Il n'y aurait plus besoin d'un Dieu moteur premier ou créateur. Si l'on admet que c'est vrai,

un tel Dieu a toujours existé, un tel Dieu créateur ne peut pas être un Dieu logiqueconcept à moins que vous ne disiez que Dieu et la nature sont une seule et même chose.

Le fait que les humanistes croient que la science est la chose la plus proche de la vérité à laquelle nous pouvons actuellement parvenir nous amène à avoir des conclusions différentes de celles de nombreuses traditions religieuses historiques actuellement acceptées.

Il n'y a pas forcément de raison à notre existence actuelle. Nous participons simplement au processus d'évolution. L'évolution future de nos gènes est passionnante à envisager, mais impossible à prédire. Nos gènes ne voient aucune raison de partager leurs objectifs avec nous, s'ils en ont. La science affirme que ce processus est aléatoire, mais conditionné par les traits qui s'adaptent le mieux à notre environnement actuel.

Ceux qui sont prêts à accepter l'hypothèse selon laquelle Dieu nous a créés par dessein, en acceptant cette notion par « foi aveugle », peuvent invoquer toutes sortes d'arguments pour interpréter le plan divin. Seule une « foi aveugle » permet d'arriver à cette conclusion, ce qui s'apparente à un vœu pieux. D'autres, en revanche, reconnaissent que les faits, testés et prouvés par la science, soutiennent une vérité plus évidente et bien plus crédible, sans nécessiter la « foi » en une notion ésotérique que la logique ne peut tout simplement pas soutenir.

L'affirmation selon laquelle il existe un « Dieu créateur » exprime en fin de compte le postulat selon lequel il existe dans l'univers des puissances supérieures à nous. Cela devrait être évident. Ceux qui affirment que « Dieu est le créateur » ne font peut-être que décrire la nature. La plupart des gens ne prieraient pas la nature. Avec une vision naturaliste de la vie, nous pourrions néanmoins prier, ou méditer, pour nous accorder à notre propre réalité. Cependant, attendre une réponse immédiate de la nature ne répondrait pas aux besoins de ceux qui estiment que la prière est nécessaire pour eux-mêmes. Leur « Dieu » doit être plus que les forces qui ont créé notre univers pour leur confort. La plupart des

humanistes ne voient aucune raison valable de le faire.

Chapitre dix-huit
Qu'en est-il de ceux qui prétendentêtre athées ?

Comme nous l'avons déjà évoqué, Abraham Maslow souligne que lesLa conception actuelle de Dieu varie selon le niveau de vie. Le rôle le plus important de la religion dans notre culture est de répondre aux besoins des personnes en situation de précarité et de précarité. Nombre d'entre elles dépendent de la religion pour répondre à ces besoins, leur donnant le courage et la stabilité nécessaires pour tenter de progresser, ou pour vivre confortablement à ces niveaux.

Au niveau fondamental, les gens ont généralement une conception de la « crainte de Dieu » pour pouvoir reconnaître Dieu. Sur le plan de la sécurité, un « Dieu pourvoyeur » devient plus approprié. Sur le plan social, beaucoup développent une vision de Dieu comme un « Dieu Père ». Sur le plan de la conscience de soi, un « Dieu créateur » peut être jugé plus approprié. Lorsque les gens atteignent le niveau d'actualisation, leur conception de Dieu est généralement devenue abstraite. Il leur est alors possible d'identifier leur « Dieu » comme synonyme de la nature, de leur « Préoccupation Ultime », ou de tout ce qu'ils craignent ou vénèrent. Si cela se produit, et que votre conception de Dieu est abstraite, comment pouvez-vous être athée ? L'athéisme ne fonctionne qu'avec un niveau social inférieur ou une croyance inférieure à ce que le mot « Dieu » signifie pour vous.

Ainsi, les athées qui nient votre droit d'utiliser le terme « Dieu » ont tout simplement tort. Ce à quoi les athées s'opposent en réalité, c'est l'existence d'unConcept primitif, ou « Dieu surnaturel », où Dieu tente de contrôler votre vie. S'opposant à ce « Dieu », la plupart des personnes rationnelles seraient d'accord avec eux. Au lieu que les athées affirment : « Dieu n'existe pas », s'ils changeaient leur message pour dire : « Dieu surnaturel n'existe pas », la plupart

Les humanistes et de nombreux membres du clergé seraient d'accord avec eux, et le public ne trouverait pas leur croyance si offensante. Leur problème est qu'ils doivent avoir une conception primitive de Dieu, au niveau social ou inférieur, pour nier son existence. Comment peuvent-ils nier l'existence de la nature ?

Le terme « athée » a un effet culturel si négatif sur le public d'aujourd'hui parce qu'il constitue une attaque directe contre le même culturel de la religion elle-même.

Par conséquent, un meilleur moyen de transmettre un véritable message athée serait de cesser d'utiliser ce mot et, lorsqu'on leur demande leur religion, de préférer être identifiés comme « aucun ». Cette réponse devient aujourd'hui prédominante chez la jeune génération, qui accorde peu d'importance à l'identification de ses croyances. Cela permettrait aux athées de diriger leurs attaques, pourtant tout à fait légitimes, contre la définition de Dieu, au lieu de se présenter comme un paratonnerre aux attaques publiques en se prétendant « athées ». Peut-être que pour beaucoup de ceux qui se disent athées, leur véritable motivation réside dans la reconnaissance personnelle qu'ils reçoivent en tant qu'anticonformistes plutôt que dans leur quête de vérité ? Ils sont fiers de leur absence de croyances religieuses. Les humanistes sont fiers que leurs croyances ne soient pas « aveugles ».

Sauf pour ceux qui sont déterminés à nier les croyances d'autruiou luttent encore contre leur propre conception de Dieu, héritée de leur enfance et non mûrie, le terme « Dieu » cst utile pour la plupart des gens. Ce mot désigne quelque chose de très personnel et, culturellement, il est utilisé pour exprimer ce que nous ne pouvons discerner, ou ce que nous vénérons ou craignons profondément.

L'approche la plus appropriée pour ceux qui ne trouvent pas de valeur dans le concept de Dieu, et qui se sentent néanmoins obligés de contester le droit de quiconque d'utiliser ce terme, devrait limiter leur contestation aux définitions les plus primitives de la signification du terme « Dieu », ou, mieux encore, attaquer le surnaturalisme.

Étant donné que leur objection s'adresse plus judicieusement à ceux quiexiger des qualités surnaturelles dans la définition de Dieu, la plupart des théologiens traditionnels d'aujourd'hui seraient d'accord avec les athées qui prétendent que le théisme (donner à Dieu des caractéristiques surnaturelles) est

n'est plus pertinent, mais la plupart de ces théologiens acceptent toujours le déismecomme valide. La différence est qu'un Dieu déiste peut avoir créé l'univers, nous y compris, mais n'intervient pas ensuite pour le manipuler ou tenter de contrôler notre vie quotidienne. Le Dieu déiste pourrait être le « Grand Concepteur », ce qui concorde avec ceux qui acceptent un concept abstrait de Dieu, comme la nature. Ou bien le terme « Dieu » pourrait simplement être un mot abstrait désignant ce que nous craignons ou révérons et que nous n'avons pas d'autre moyen d'exprimer.

La plupart des Pères fondateurs américains étaient « déistes », mais certainement pas « théistes ». Le théisme n'était pas encore prédominant. Thomas Jefferson a même supprimé les passages de la Bible qu'il jugeait offensants et en a rédigé sa propre version. Ceux qui pensent que l'Amérique a été fondée sur la religion ont tout simplement tort. Nombre de nos premiers citoyens sont venus sur nos côtes pour échapper à l'oppression de la religion européenne. Notre Constitution reposait sur le concept de nous « libérer de la religion ». Notre Constitution n'avait pas pour but de permettre à la religion de l'emporter sur nous en permettant à des personnes croyantes d'utiliser notre gouvernement comme un outil pour imposer leurs croyances à ceux qui souhaitaient s'en libérer. Les familles de nos Pères fondateurs sont venues en Amérique pour échapper à l'oppression de la religion européenne.

Pour ces théologiens qui acceptent le déisme, nous vivons tous selon les règles deLa nature. La nature ne nous accorde pas de lancer franc, ce qui entraînerait la défaite de l'autre équipe. D'un point de vue intelligent, aucun Dieu digne d'être accepté ne ferait une telle chose. Les humanistes ne voient aucune raison valable au surnaturalisme, et il n'existe aucun moyen d'y parvenir, si ce n'est par la « foi aveugle ». Les humanistes refusent d'être « aveugles » et ne peuvent y parvenir.

Le plus important est que les athées n'ont pas grand intérêt à refuser à autrui le droit d'utiliser le terme « Dieu » comme bon leur semble. Pour beaucoup d'autres, le terme « Dieu » est une source de grande sécurité émotionnelle, car ils n'ont pas de meilleur moyen d'exprimer leurs inquiétudes, d'exprimer leur admiration

pour l'univers ou d'obtenir des réponses à l'inconnu.

Il existe des forces dans l'univers qui sont plus grandes que nous. Si c'est leurSi l'on utilise le terme « Dieu », alors pourquoi s'y opposer ?

Parce que les églises existent principalement au niveau de haute sécurité/milieu social, Dieu est généralement une croyance de niveau de sécurité pour beaucoup de gens. AttaquerTout ce qui touche au niveau social ou sécuritaire entraîne plus fréquemment une réaction violente. Tout le monde défendra violemment une attaque contre son niveau social ou sécuritaire. Une éducation non menaçante est le meilleur, et probablement le seul, moyen de remettre en question les croyances à ces niveaux. Si l'objectif de l'athée est de réformer les croyances d'autrui, il devrait remettre en question les définitions surnaturelles et non un mot qui pourrait légitimement avoir une définition actualisée. Tenter même cela rend la position athée absurde.

De tout temps, des guerres ont été déclenchées parce que chacun savait que ses propres croyances étaient vraies. Par conséquent, la plupart croient fermement que les croyances contradictoires des autres sont forcément fausses. Il se peut qu'il n'y ait « aucune vérité » concernant une croyance religieuse. La vérité n'existe peut-être que « dans l'œil de celui qui regarde ».

Chrétiens et Juifs se disputent encore aujourd'hui pour savoir si le Christ était le Messie promis. Musulmans et Chrétiens se disputent pour savoir si Mahomet était un prophète ultérieur envoyé par Dieu. Musulmans et Juifs se disputent encore pour savoir quelle lignée représente les descendants légitimes d'Abraham à sacrifier sur l'autel. Qui est réellement le « peuple élu de Dieu » ?

Les musulmans se croient descendants d'Ismaël, le premier-né d'Abraham. Né hors mariage d'Agar, la servante d'Abraham, ils sont bouleversés par le rejet d'Agar et d'Ismaël par la tribu d'Abraham et par leur envoi dans le désert par Sarah après la mort d'Abraham. Apparemment, ils ne pardonneront jamais aux Juifs et à leurs descendants. Les Juifs, et donc les chrétiens, se croient descendants d'Isaac, le premier-né de Sarah issu de son mariage

avec Abraham, car Dieu croit au caractère sacré du mariage. Quelle lignée a été choisie par Dieu ? Qu'adviendrait-il de leur excuse pour la guerre si tous deux réalisaient que « Dieu s'en fiche » ?

Pourtant, des dissensions et des désaccords persistent, même parmi les membres de toutes les grandes confessions religieuses. Par exemple, même parmi les musulmans, d'importants désaccords persistent quant à savoir qui représente Dieu. Cette personne doitelle être un descendant direct de Mahomet (les chiites), qui valorisent l'expérience spirituelle, ou peut-elle être élue par ceux qui sont plus attachés aux Écritures, au Coran et aux autres écrits (les sunnites) ? Ce sont des détails relativement mineurs. Pourtant, ils poussent les peuples du Moyen-Orient à s'entretuer pour défendre leur propre vérité. La Constitution irakienne est un test de compromis entre trois points de vue radicalement divergents au sein d'une même foi islamique.

Aux États-Unis, les chrétiens évangéliques défient tous les autres chrétiens. Chacun fonde sa position sur sa propre vision des faits historiques, faisant de son interprétation la seule vérité valable, du moins pour lui-même. Et si les deux avaient tort ? Pourquoi ne pouvons-nous pas tous accepter nos propres croyances ?et tout le monde a le droit d'avoir le sien ?

De même, les Manuscrits de la mer Morte ont prouvé aux érudits que les « faits » historiques sur lesquels beaucoup, dans notre culture, ont fondé leur « foi » sont forcément faux. Pourtant, même confrontés à cette connaissance, la plupart continuent de croire ce qu'ils ont toujours cru et défendre leur position jusqu'à la mort. Pourquoi en est-il ainsi ? La réponse se trouve dans notre discussion précédente. La psychologie nous a montré comment fonctionne notre esprit. Une fois que nous avons une réponse satisfaisante à une inquiétude, nous développons généralement un scatoma qui bloque toute remise en question de cette croyance. Notre propre vérité devient notre propre réalité, indépendamment de ce qui peut être vrai pour les autres. Seule une éducation non menaçante peut nous permettre de changer cette vision.

Humanisme et athéisme

L'humanisme n'est certainement pas athée, même si de nombreux athées peuvent le penser.être également humanistes.

L'humanisme, en tant que philosophie de vie, pourrait être qualifié d'« agnostique », car l'utilisation du terme « Dieu » n'y est pas pertinente. Tous les humains devraient reconnaître que certaines forces de la nature dans l'univers sont supérieures à

leur propre existence — quel que soit le terme qu'ils utilisent pour les décrire, cela dépendChaque personne. Les athées ne peuvent tout simplement pas accepter l'utilisation du terme « Dieu » sous quelque forme que ce soit. L'athéisme ne fait qu'exprimer ce que son partisan rejette. Cela signifie simplement qu'il est généralement opposé à l'utilisation du terme « Dieu », quel qu'en soit le but. Cependant, cette position ne dit pas ce que croit réellement celui qui exprime son dégoût pour l'utilisation du mot « Dieu ». Nous savons ce qu'il ne croit pas. La question la plus importante est : que croit-il ?

C'est pour répondre à ce besoin que de nombreux athées s'identifient à l'humanisme. L'humanisme est une philosophie de vie positive, dénuée de toute dimension religieuse, et encore moins d'exigence d'acceptation de vérités fondées sur une « foi aveugle ». La plupart des humanistes reconnaissent qu'il n'est pas nécessaire d'adopter une religion pour mener une vie pleine, éthique et réussie sur Terre.

Les humanistes se réservent le droit de garder leurs croyances significatives pour eux-mêmes

Certaines personnes s'identifient comme humanistes, mais adhèrent également àà une croyance personnelle. Nombreux sont ceux qui participent à une forme de religion. Pour certains, cet aspect de leur vie dépasse la philosophie humaniste pour des raisons sociales ou culturelles, comme la tradition familiale. Pour d'autres, leurs croyances, établies avant l'âge de raison, ont une valeur émotionnelle significative. Puisque ces croyances sont fondées sur des raisons émotionnelles, l'humanisme ne répond tout simplement pas à ces besoins. Ces personnes ont des besoins personnels que l'humanisme ne peut satisfaire. L'humanisme ne se préoccupe pas de ces questions, et l'humanisme organisé ne prend pas position sur le sujet, si ce n'est qu'il affirme qu'il est « non humaniste » d'attaquer intentionnellement les croyances d'autrui, pour quelque raison que ce soit, sauf pour se défendre, et défendre ceux dont on a la charge, contre une attaque personnelle.

Les humanistes attaquent rarement les croyances d'autrui, car ils prônent la liberté individuelle de chacun de profiter pleinement de la vie comme il le souhaite. Le mieux que les humanistes puissent offrir est une éducation permettant d'appréhender les convictions religieuses d'une personne de manière plus réaliste.

Nous pensons que nous devons agir ainsi dans notre effort positif pour aider les gens à comprendre l'importance de vivre pleinement leur vie aujourd'hui sur Terre. Et de veiller à ce que leur vie ne soit pas contrôlée par les autres, mais exclusivement par eux-mêmes.

À l'exception des croyances surnaturelles

Comme indiqué précédemment, tous les humanistes peuvent valablement s'opposer lorsque des exigences « surnaturelles » sont nécessaires pour utiliser le terme « Dieu ». Tous les humanistes s'opposent à une caractéristique « surnaturelle » de Dieu, car il n'existe alors aucun critère discernable de réalité, de vérité ou de véracité. Il ne reste que la croyance subjective, fondée sur une « foi aveugle ». Les humanistes ne voient aucune raison valable de fonder leur vie sur la seule « foi aveugle ». Cela risquerait de réduire la mesure de la vérité à l'absurdité. Nous ne comprenons peut-être pas pleinement la nature aujourd'hui, mais cela ne signifie pas que les humains ne la comprendront jamais. Toute croyance surnaturelle devient inutile. Les humanistes ne pensent pas devoir avoir une réponse à chaque question pour vivre une vie juste. Certaines questions sont sans réponse.

Quant à « Blind Faith »

Plus important encore pour un humaniste, c'est que vivre sa vie sur la base d'une « foi aveugle » signifie en réalité qu'une personne de contrôle a pris le contrôle.de votre vie. Vous vous êtes laissé manipuler. Vous êtes désormais une brebis, et ils sont votre berger. Pourquoi ressentez-vous le besoin d'abandonner le contrôle de votre vie ? Cela n'a aucun sens pour un humaniste. En fait, la plupart des humanistes voudront s'éloigner de vous. Comme un rhume, cela pourrait être contagieux.

Aucun humaniste ne peut accepter cela. Le problème pour un humaniste est que cela ne nécessite aucune réflexion. C'est perçu comme simpliste, et cela n'a aucun sens pour un humaniste. En effet, ils estiment qu'un élément essentiel de leur existence mérite

d'être pleinement compris et vérifié si l'on veut consacrer sa vie à cette croyance.

Il existe de nombreux aspects supplémentaires pour comprendre le sujet deDieu dépasse le cadre de cette discussion. Nous savons pertinemment que nous sommes actuellement incapables de comprendre pleinement la nature. L'important est que notre approche de la compréhension de ces forces qui nous dépassent est actuellement profondément personnelle. Personne n'a encore découvert la « vérité » de la vie, et le terme « Dieu » n'a pas de définition claire.

En raison d'un manque d'éducation ou d'exposition à différentes alternativesPour d'autres points de vue sur la vie, ou pour toute autre raison qui leur tient à cœur, certaines personnes se sentent obligées de répondre à certaines de leurs questions par des mythes ou des traditions. Remettre en question leur foi les priverait d'un système de croyances alternatif. Par conséquent, remettre en question sans y être invité les convictions profondes d'autrui est un véritable danger, et de peu d'utilité. La plupart des humanistes éviteraient tout simplement le sujet.

Le résultat d'une attaque gratuite contre les croyances profondément ancrées d'autrui peutcauser un préjudice irréparable, non seulement au croyant, mais aussi à l'agresseur. Un tel comportement ne réconforte généralement personne. Alors pourquoi le faire ? La plupart des humanistes sont conscients de l'effet qu'un tel comportement aurait sur autrui et ne le feraient pas intentionnellement. Un humaniste éthique ne nuit généralement pas intentionnellement à autrui.

Maslow reconnaissait que tous les êtres humains sont soumis à des contraintes culturelles et psychologiques. Comme nous l'avons appris,Une fois qu'une notion est acceptable, elle peut facilement se transformer en un scatome limitant. Nous pouvons devenir aveugles aux effets de notre comportement négatif envers les autres, tout comme nous bloquons toute information remettant en cause nos convictions profondes.

Essayez de dire à ceux qui luttent encore contre la conception de Dieu de leurs parents que « l'athéisme est sans importance ». Leur conception de Dieu est limitée et, à cause de cette barrière, ils

doivent déployer beaucoup d'énergie pour défendre leur position, car ils luttent encore contre la conception de « Dieu » de leur enfance. On pourrait penser qu'ils auraient pu trouver un moyen plus simple de s'émanciper de leurs parents, moins dommageable pour les autres. Nombre d'entre eux se sentent même justifiés d'offenser les croyances d'autrui par leur zèle.

Leur conception de Dieu n'a tout simplement pas mûri à mesure qu'ils grandissaient, les forçant désormais à gaspiller leur énergie limitée, un peu comme Don Quichotte l'a fait en combattant des moulins à vent.

De nombreux athées ignorent, ou s'en moquent, que ce à quoi ils s'opposent est leur propre définition limitée de « Dieu », et non la pratique culturelle actuelle et légitime consistant à appeler « Dieu » toute force qui nous dépasse et que nous ne comprenons pas encore, mais que nous vénérons ou craignons néanmoins. Cela n'a rien à voir avec le surnaturalisme. Les athées peuvent légitimement s'opposer à la notion de surnaturalisme, qu'ils supposent à tort nécessaire à l'utilisation du terme « Dieu ». Cependant, ils ne font pas la distinction. Ne trouvant aucune utilité à l'utilisation de ce terme, ils estiment que ce mot ne devrait tout simplement pas exister. La plupart des gens ne sont pas d'accord.

Une approche plus constructive pour un athée serait de remettre en questionLa définition et les conclusions auxquelles parvient une personne contrainte d'utiliser le terme « Dieu » si l'athée souhaite réellement engager un dialogue constructif. Cela changerait au moins la donne, obligeant la communauté religieuse à défendre le « surnaturalisme », une position que beaucoup au sein de la communauté religieuse reconnaîtraient bientôt comme absurde. Le mieux que les athées puissent prouver, c'est que nous n'avons pas de réponses valables à tout aujourd'hui. Mais cela ne signifie pas que nous n'en aurons jamais. Les humanistes sont prêts à attendre une réponse.

La plupart des humanistes ne se préoccupent tout simplement pas de ces questions. J'ai volontairement mis les pieds dans le plat en interrogeant Steven Weinberg, collègue de Stephen Hawking et lauréat du prix Nobel de physique théorique, sur sa vision de Dieu. Il m'a répondu : « Pourquoi m'inquiéterais-je de telles choses ? » Un tel effort est futile et de peu d'utilité pour de nombreux humanistes agnostiques.

En quoi les humanistes diffèrent des athées

La plupart des athées peuvent accepter l'humanisme comme une vision de vie valable, mais beaucoupLes humanistes n'acceptent pas l'athéisme comme un atout pour la vie. Pourquoi offenser autrui avec une croyance négative alors que l'humanisme a tant de vertus ?

Des arguments positifs pour soutenir cette vie ? L'éducation est la seule approche valable et socialement acceptable pour changer l'opinion des autres.

Remettre en question négativement le système de croyances d'autrui n'est pas acceptable.la plupart des humanistes.

En réalité, un tel comportement offense de nombreux humanistes et les empêche même de vouloir s'associer ou s'identifier à des athées militants. Par conséquent, de nombreux humanistes traditionnels ne participent pas activement aux événements humanistes organisés. Les personnes qui vous attaquent de front sont offensantes, et beaucoup les évitent volontairement. La plupart des humanistes ne se préoccupent tout simplement pas du sujet, et beaucoup ne veulent pas perdre leur temps à être confrontés à ceux qui souhaitent souligner leur hostilité envers « Dieu », alors que l'humanisme pourrait faire bien mieux dans le monde sans cette distraction inutile.

Certains athées brandissent fièrement leur bannière, vantant leur vision négative de la vie comme s'il s'agissait d'un « insigne d'honneur », au lieu de refléter leur vision limitée de la vie. Ce comportement est regrettable pour de nombreux humanistes traditionnels, car nous refusons même de nous retrouver dans la même pièce qu'eux. Ceux qui ont une vision très limitée de la réalité sont aussi gênants pour les humanistes traditionnels que l'extrême droite l'est pour les républicains. Tous deux peuvent devenir des individus « agressifs », ce qui est aussi offensant pour les humanistes traditionnels que péter sur son banc d'église l'est pour un chrétien.

Si les athées apprécient le côté positif de la philosophie humaniste pour enrichir leur vie, alors, parmi les autres humanistes, ils devraient agir en humaniste et respecter les croyances et les sentiments d'autrui, et laisser leurs attitudes agressives chez eux pour les partager uniquement avec ceux qui ont également des opinions négatives. Ils devraient se comporter sous leur meilleur jour parmi les humanistes, qui estiment généralement que chacun a droit aux croyances qui enrichissent sa vie.

C'est la seule vie dont nous soyons certains. Cependant, il n'est pas de notre devoir d'éduquer ceux qui ne veulent pas de notre éducation. La plupart des humanistes se sentent tenus de respecter

les sentiments des autres parce que nous pensons que chacun devrait être libre de croire ce qui améliore sa propre existence, si cela ne nuit à personne d'autre.

Par conséquent, pour ceux qui n'assument pas cette responsabilité dans leur comportement personnel, tout ce que les humanistes modérés ou libéraux demanderaient, c'est de ne pas reproduire ce comportement irrespectueux envers Dieu d'autrui au nom de l'humanisme ou lors d'événements humanistes. Cependant, la plupart des humanistes ne s'opposeraient pas à ce qu'ils le fassent lors d'événements athées organisés, ce qu'ils peuvent faire en plus de leur statut d'humaniste athée, mais en dehors de celui-ci.

C'est pour qu'ils soient également respectueux des humanistes modérés et libéraux qui considèrent qu'insulter les croyances d'autrui est tout simplement un comportement anti-humaniste, et personne ne devrait vouloir que ces humanistes modérés ou libéraux se sentent mal à l'aise en participant à des événements humanistes organisés. J'imagine que la plupart des athées reconnaîtraient qu'en tant qu'humaniste, on n'irait pas au Vatican en criant : « Il n'y a pas de Dieu, alors laissez tomber. » Il y a un temps et un lieu pour chaque chose. Même si un athée militant peut se tenir devant le Vatican avec une banderole revendiquant ses croyances, il ne doit pas s'attendre à ce que les organisations humanistes participent, ni approuvent ou soutiennent de tels événements.

Chapitre dix-neuf
Quel est le rôle de la religion ?

La religion est née comme une solution humaine pour répondre aux besoins sociaux. Le contrôle d'une communauté trop vaste pour maintenir le contrôle social possible lorsque tous les membres d'une communauté se connaissaient. EO Wilson, professeur retraité de Harvard, a observé qu'à partir de 150 personnes, le contrôle social commençait à s'effriter. Par conséquent, les communautés plus vastes avaient besoin d'un système de valeurs commun et d'une structure pour encourager ou contraindre leurs membres à adhérer à ces règles. Ceux qui les violaient par la force étaient réprimés par la police. Ceux qui les ignoraient simplement étaient interpellés par les prêtres et rejetés par les participants.

EO Wilson a également souligné qu'un tyran peut dominer n'importe qui pour satisfaire ses besoins. En revanche, une foule altruiste ou un groupe de personnes se soutenant mutuellement peuvent contrôler un tyran. La dichotomie engendrée par l'existence de ces deux éléments est à l'origine du développement de notre société. La personne dominante initie le changement social. La structure sociale organisée modifie le conflit entre le nouvel ordre et l'ordre existant afin de permettre l'intégration du changement au sein de notre société. Par conséquent, notre société grandit et s'adapte.

Comme mentionné précédemment, E.O. Wilson a également affirmé que chacun a un besoin spirituel, c'est-à-dire un besoin biologique de se connecter à la nature. La sociobiologie est l'étude qui relie la biologie à la sociologie. Selon Wilson, la biologie ne s'arrête pas à la naissance ; l'étude de tout ce qui se passe dans notre vie relève ensuite exclusivement de la sociologie. Wilson constate que nombre de nos institutions, y compris ce besoin humain de se connecter à la nature, nousCe que l'on appelle « spiritualité » est biologiquement déterminé. La spiritualité, sous forme de respect de la vie, est biologiquement nécessaire à chacun.

Toute personne en bonne santé éprouve une admiration spirituelle naturelle pour notre univers. Chacun peut qualifier son respect de la vie comme il l'entend. Le besoin de spiritualité est une caractéristique humaine. Ce besoin de chacun d'entre nous d'un sentiment de spiritualité est le fondement de la religion, car elle s'intègre à la réalité. Cependant, notre besoin de spiritualité n'est pas l'apanage exclusif de la religion. La façon dont il est perçu est une question que chacun est biologiquement contraint de résoudre. La spiritualité est un sentiment émotionnel de connexion à la nature et à sa propre réalité. C'est un besoin essentiel pour nous d'être connectés à nos propres racines et à notre réalité. C'est pourquoi les religions ont très tôt tenté de s'en emparer, et c'est pourquoi de nombreuses personnes, encore aujourd'hui, acceptent que le domaine de la spiritualité soit le domaine de leur religion.

Heureusement, ils ont tort. La spiritualité est innée en chacun de nous. Je crois que ressentir des sentiments spirituels en admirant un coucher de soleil, en se promenant dans un bois, assis sur une montagne et contemplant le monde qui s'offre à nous, ou sur une plage au coucher du soleil, ou encore en regardant son nouveau-né, en respirant profondément et en savourant la vie, est la meilleure forme de spiritualité. C'est alors que l'on est en harmonie avec son monde et que l'on peut même vivre une expérience suprême.

Conscients qu'il est peu utile de remettre en question les croyances d'autrui, les humanistes peuvent accepter que chacun ait le droit de vivre sa vie comme il l'entend – du moins jusqu'à ce qu'ils tentent de limiter les droits ou de remettre en question les croyances d'autrui. L'extrême droite religieuse et l'extrême gauche athée ont toutes deux tort lorsqu'elles utilisent une approche directe pour propager leur propre foi, même si la droite religieuse est bien plus agressive lorsqu'elle tente d'utiliser la loi comme instrument de sa foi. Non seulement le fondement historique de chacune de leurs croyances est erroné, mais leur conclusion ne constitue pas une interprétation exacte des faits. Leur approche ne fait qu'encourager une plus grande résistance chez les personnes que les deux « religions » espèrent changer.

La seule façon valable de changer la croyance d'autrui est de fournir une opportunité non menaçante pour l'introduction de preuves afin

La vision de la vie d'une personne peut évoluer grâce à l'apprentissage de nouvelles informations. Pour changer les croyances profondes d'une personne, nous devons l'aider à construire un nouveau pont au-delà de son aspiration au changement, afin que celui-ci ait une valeur durable. Seule une éducation non menaçante peut changer la vision qu'une personne a de sa propre vérité, en ajoutant ces nouvelles informations à sa structure de croyances préexistante. Pour être efficace, il faut être réceptif à une idée qu'elle n'avait peut-être pas envisagée auparavant, du moins du point de vue qui lui est présenté. Notre attitude doit être ouverte et réceptive à l'enracinement de nouvelles idées. Celles-ci ne peuvent être acceptées que si elles sont présentées correctement et de manière non menaçante. C'est ainsi que les étudiants de première année, venus pour apprendre, acquièrent une vision de la vie qui élargit leur perspective. C'est aussi la raison pour laquelle de nombreuses religions ont des universités qui gardent leurs brebis dans leur bergerie.

Une vision actuelle de la religion

à résumer les informations précédentes pour faireC'est pertinent aujourd'hui. Notre propre vie est vue à travers les prismes que nous utilisons. L'humanisme n'est qu'un prisme parmi d'autres. Il existe de multiples visions valables de la vie. John Shelby Spong était un évêque retraité du diocèse épiscopal de Newark, dans le New Jersey. L'évêque Spong croyait que le théisme était en voie de disparition et devait être remplacé par une vision déiste, plus pertinente, de Dieu. Il ne jugeait pas nécessaire le surnaturalisme. Les humanistes non plus. L'évêque Spong a prolongé la pensée du pasteur unitarien universaliste Henry Nelson Wieman, qui a développé le naturalisme théocentrique et la méthode empirique dans la théologie américaine des années 1970. Wiman considérait son Dieu comme la « force vitale ». (Quel que soit l'auteur de la « vie ») L'évêque Spong intègre ce concept à la tradition chrétienne.

L'évêque Spong a affirmé que Jésus n'était qu'un être humain mort comme nous tous. Il a souligné que ce sont des théologiens ultérieurs qui ont ajouté la notion de résurrection de Jésus. Les faits historiques confirment cette affirmation. L'apôtre Paul a créé le Christ, qui constitue notre tradition chrétienne actuelle, grâce au traité de Nicée de Constantin.

209

Conférence en 325 après J.-C. Les preuves actuelles, notamment les manuscrits de la mer Morte, nous racontent une histoire différente de celle de nos traditions religieuses actuelles.

Les manuscrits de la mer Morte ont été écrits de 250 av. J.-C. à 67 apr. J.-C., à seulement vingt kilomètres de Jérusalem. On pourrait penser qu'un événement historique comme une résurrection serait évoqué dans leurs écrits. D'autant plus que les Esséniens les ont écrits quotidiennement tout au long de la vie de Jésus et trente ans après sa crucifixion. On pourrait penser qu'un tel événement serait remarqué. C'est une preuve tangible que cela n'a pas eu lieu. C'est désormais une « croyance ». Le Jésus vivant était une personne différente. L'apôtre Paul ne connaissait pas personnellement Jésus, mais il a certainement rendu ses enseignements commercialisables.

Saint Paul était autrefois un collecteur d'impôts, loin du niveau de vie deIl était un apôtre de Jésus, où le public répondait à tous ses besoins. Il disait aux Juifs qu'au lieu d'attendre la « fin des temps » pour être admis au Ciel, la foi en Jésus leur permettait d'y accéder dès le lendemain. Son message a fait son chemin, et Jésus est devenu le Christ.

L'évêque Spong nous a expliqué que Jésus n'était qu'un Juif vivant porteur d'un message unique. Il a ajouté que l'histoire de Jésus telle que nous la connaissons aujourd'hui a été racontée par des auteurs plus de 40 ans après sa mort. La vie de Jésus étant si profonde pour les évangélistes, ils ont ressenti le besoin de la raconter dans le contexte de l'Ancien Testament juif actuel, écrivant pour faire de Jésus un Juif pertinent et digne d'être célébré. L'évêque Spong a placé le Nouveau Testament au-dessus de l'Ancien Testament, ce qui a donné naissance à une vision de Jésus différente de celle de nos traditions chrétiennes actuelles. Les événements majeurs de la vie de Jésus correspondent à la célébration des principales traditions juives.

Selon l'évêque Spong, le but de la vie de Jésus était de nous apprendre à vivre pleinement notre vie ici-bas. Son message était de nous encourager à vivre une vie vertueuse, morale et pleine de sens, jusqu'au plus haut niveau de réalisation possible sur Terre. Pour l'évêque Spong, Jésus ne se souciait que de notre vie ici-bas.

C'est le christianisme qui, plus tard, a modifié le message en y ajoutant des mythes allant au-delà de la vie de Jésus.

En conclusion, la vision de l'évêque Spong sur la vie du Jésus réel fait de Jésus un humaniste. Pour ceux qui sont profondément attachés aux premiers symboles chrétiens et qui se revendiquent humanistes, cette vision du christianisme peut donner beaucoup plus de sens à leur propre expérience religieuse. Elle est certainement plus proche des faits historiques, si tant est que ces faits aient de l'importance pour vous.

N'oubliez pas que les faits n'ont aucune influence sur les symboles que nous choisissons d'utiliser. À l'instar d'un tableau que nous aimons, nos symboles ont pour nous bien plus de sens que la toile sur laquelle ils sont peints. Les symboles sont adoptés.Nous le faisons parce que nous n'avons pas de meilleur moyen de décrire ou d'exprimer nos préoccupations profondes. Puisque nous disposons aujourd'hui de peu de mots en anglais pour aborder ces questions, nous utilisons religieusement un langage symbolique. Selon E.

O. Wilson, nous avons tous des besoins spirituels à satisfaire, et beaucoup d'entre nous le font grâce au langage symbolique appris avant l'âge de raison. Parce que notre besoin spirituel est associé aux émotions ressenties au moment de l'acceptation de ces symboles, ces émotions deviennent également partie intégrante de nous-mêmes. Ainsi, pour la plupart des gens, la religion qu'ils ont adoptée avant l'âge de raison comble ces besoins, et la voie de la moindre résistance les maintient dans les limites de leurs propres symboles toute leur vie. Pour beaucoup, ces symboles perdurent même après avoir réalisé qu'ils sont véritablement humanistes.

L'évêque Spong propose un moyen de rendre les symboles chrétiens pertinentsAujourd'hui, pour ceux qui se soucient de la véracité de leurs symboles et qui, autrement, ne peuvent se contenter d'accepter leurs propres autorités lorsque la seule validation de leur vérité est celle d'une autre autorité. Vous le faites pour des raisons émotionnelles, certes valables, mais étrangères à la réalité. C'est pourquoi l'évêque Spong a reçu un accueil significatif dans de nombreuses églises chrétiennes traditionnelles de son vivant. Son message est toujours d'actualité pour de nombreux croyants au-delà de l'Église épiscopale. Il est également pertinent pour de nombreux humanistes. D'ailleurs, il a été reconnu lors d'une réunion annuelle de l'Association humaniste américaine, où il a reçu un prix de l'association. L'évêque Spong ne voit aucun conflit avec

Humanisme. Interrogé sur sa vision de l'humanisme, l'évêque Spong a répondu par lettre :

Je ne considère pas le christianisme et l'humanisme laïc comme des ennemis reflétant des valeurs mutuellement exclusives. En effet, je crois que l'objectif du christianisme et de l'humanisme est de rechercher et d'encourager l'épanouissement de la vie humaine. Les différences résident dans ce que chacun considère comme nécessaire pour atteindre cet objectif et dans la définition même de cet objectif. Dans la lutte pour humaniser notre monde, je pense que le christianisme et l'humanisme sont des alliés et non des ennemis.

Les humanistes laïcs ont cependant souvent perçu le christianisme comme étroit d'esprit, empreint de préjugés et impérialiste. Les chrétiens ont perçu l'humanisme laïc comme antireligieux et antichrétien. Je crois que ces deux stéréotypes sont faux.

Je considère le XXe siècle, qui fut à bien des égards un siècle humaniste laïc, au cours duquel l'influence et le pouvoir des religions organisées ont considérablement décliné. Pourtant, c'est au cours de ce même siècle que l'émancipation des femmes a eu lieu, que la domination coloniale des pays les moins développés du tiers monde a été en grande partie abolie, que le mouvement des droits civiques a brisé les entraves à la ségrégation et que les homosexuels ont commencé à surmonter les préjugés qui les empêchaient d'accéder à la pleine appartenance et à la justice dans l'ordre social. Chacun de ces progrès constitue une avancée majeure.

Une étude de l'histoire de ce siècle révèle également que la majeure partie du monde chrétien, sous l'impulsion du christianisme institutionnel, a résisté à chacun de ces changements. Ces réalisations ont été obtenues, dans l'ensemble, grâce au travail des forces humanistes laïques. Chacune d'elles me semble cependant pleinement conforme à l'enseignement chrétien. Jésus aurait déclaré que son but était de donner la vie en abondance. C'est précisément ce qu'accomplit la disparition des préjugés et des stéréotypes négatifs sur les minorités, les femmes et les homosexuels. Marc et Luc citent Jésus : « Si vous n'êtes pas contre moi, vous êtes pour moi. » L'humanisme laïc n'est pas mon ennemi. Il est mon allié dans la lutte pour la justice. En effet, je vois l'humanisme laïc comme l'éclat du christianisme qui subsiste lorsque les mythes interprétatifs du passé ont été abandonnés. C'est la fleur de la rose qui

La passion perdure longtemps après que la rose a été coupée de ses racines. Je prévois un brillant avenir de coopération ; j'espère que vous aussi.

Ne serait-il pas intéressant que toutes les traditions religieuses finissent par évoluer pour intégrer la philosophie de l'humanisme à leurs symboles religieux ? L'humanisme peut s'exprimer à travers les symboles historiques de la plupart des confessions. Ce serait un moyen pour les religions organisées de perdurer et de rester pertinentes, à mesure que nos vérités se dévoilent et que la culture américaine dépasse enfin le cadre social.

Si un objectif valable de la religion est de répondre au besoin de spiritualisme tel qu'expliqué par EO Wilson, ce besoin pourrait être exprimé à travers l'humanisme sans détruire aucun des symboles de la religion.

Outre de nombreuses Églises unitariennes, l'American Ethical Union, dont le fondement est la culture éthique, exprime une vision similaire de la religion d'un point de vue humaniste. Les humanistes sont unis par la conviction que les êtres humains doivent assumer leur propre responsabilité et n'accepter que les faits dont la véracité peut être vérifiée. Comme je l'ai déjà mentionné, au sein de l'American Humanist Association, le judaïsme comprend la Society of Humanistic Judaism. Il existe également la Fellowship of Religious Humanists, et l'American Humanist Association possède la Humanist Society. Toutes appréhendent les besoins spirituels ou « religieux » de ces cultures sous le même angle : une vision de la réalité fondée sur des faits vérifiables. Chacune d'elles utilise une structure organisationnelle qui respecte notre tradition culturelle par le biais d'une assemblée de fidèles.

La différence entre ces organisations et les religions plus traditionnelles réside dans le fait que, dans la plupart des cas, on vous demande de laisser la raison à la porte et d'accepter vos croyances avec une foi aveugle. Dans les sociétés mentionnées cidessus, vous laissez le « surnaturalisme » à la porte et vous vous rassemblez pour construire des croyances que vous accepterez en

vous basant uniquement sur la raison et sur votre vision de ce que vous pouvez valider comme vérité ou avoir du sens pour vousmême grâce à vos premières expériences émotionnelles, en utilisant les méthodes de détermination de la vérité évoquées précédemment. Par conséquent, des questions à considérer sont présentées aux participants, mais elles ne leur sont pas données.

réponses que leurs membres sont censés accepter. Même s'ils présentent unerépondez à des fins de discussion, il n'y a pas de rejet si vous n'êtes pas d'accord.

Les célébrants humanistes sont certifiés par la Société humaniste pour célébrer les droits de passage, de la reconnaissance d'une nouvelle vie à la sanctification du mariage, en passant par la célébration du sens de la vie après le décès d'une personne. Aujourd'hui, les célébrants humanistes sont reconnus comme officiants légaux par tous les États américains. J'ai été célébrant humaniste certifié dans les 50 États et territoires américains, mais je n'ai jamais eu recours à cette certification, car des ministres unitariens sont disponibles et rémunérés pour cela. J'offre mes services humanistes gratuitement. J'ai enfin eu l'occasion de célébrer le mariage de ma petite-fille l'année dernière. Son mariage ayant eu lieu au Mexique, j'ai dû d'abord déclarer cette communauté comme territoire américain pour garantir qu'elle était légalement mariée. Un juge du Texas a confirmé leur mariage.

Chapitre vingt
CeLa vie peut être notre seuleOpportunité d'exister

Puisqu'il n'y a aucune preuve valableUne vie après la mort est possible, mais les humanistes ignorent tout simplement le problème. Quoi qu'il en soit, même si l'on veut croire à l'existence d'une vie après la mort, car les humanistes ne croient pas que la valeur de la vie se limite à l'immortalité de l'âme par la foi, ils estiment que chacun devrait vivre pleinement sa vie dans le présent. Les humanistes estiment que nous devrions tous profiter au maximum de chaque jour de notre vie sur Terre, et certainement pas sacrifier cette vie pour un billet pour une vie après la mort qui pourrait ne pas exister. S'il existe une vie après la mort, vivre une vie convenable devrait donner droit à chacun aux récompenses qui lui seront alors offertes. Contrôle. Les gens n'ont aucun droit valable de conditionner notre comportement par des menaces de damnation, ni de prétendre qu'ils sont les seuls à détenir le billet pour notre immortalité. Affirmer cette affirmation devrait être une preuve valable pour tous qu'une telle affirmation ne peut être qu'un moyen de contrôle.

Pourquoi un Dieu acceptable limiterait-il une vie après la mort, si tant est qu'elle existe ? Si peu nombreux que la plupart des habitants de la Terre ne pourraient pas y participer parce qu'ils pensent différemment de certains prêtres ? Cela n'a aucun sens. Réveillez-vous, chers amis, et reconnaissez que votre vie est contrôlée. Réfléchissez à qui profite le plus de ce contrôle. Êtesvous un poisson pris au piège ? Ou un mouton qui ne suit que celui qui choisit de vous guider ? Voulez-vous vraiment vivre sous le contrôle restrictif de quiconque dicte vos valeurs à votre place, puis vous menace si vous vous en écartez ? Même si nous souhaitons croire en une vie après la mort et cherchons un billet, nous ne devons pas manquer l'occasion de vivre pleinement cette vie que nous pouvons accomplir ici-bas, grâce à…

notre propre détermination de ce que nous pouvons vérifier est vrai et pas seulementcroire ce que les autres définissent comme étant la vérité pour nous.

Il existe peut-être une vie après la mort, mais nous n'en disposons d'aucune preuve valable. La science nous montre que l'idée de la séparation du corps et de l'âme est infondée. Les scientifiques ont conclu que toutes les expériences de mort imminente rapportées proviennent de personnes ne présentant aucun signe de décès. Si nous croyons en une vie après la mort, notre espoir repose sur une foi aveugle. Par conséquent, pourrionsnous facilement passer à côté de notre vie alors que nous sommes ici-bas, guidés par le seul espoir d'une vie dans l'au-delà, surtout si cela implique de nous priver de la possibilité de vivre pleinement notre vie aujourd'hui ?

Limiter notre capacité à vivre cette vie, conditionnée uniquement par des personnes de contrôle, sans autre preuve que leur affirmation d'autorité, nous laisse sans autre moyen de valider leurs prétentions que d'accepter leur autorité par une « foi aveugle ». Cela n'a aucun sens logique, même si c'est quelque chose que nous aimerions vraiment croire.

Examinons de plus près les raisons de cette croyance. Notre croyance en une vie après la mort est le résultat d'un conditionnement qui survient souvent avant l'âge de raison, créant un désir intense d'appartenance à une communauté religieuse spécifique et nous poussant à accepter une croyance préétablie. Cela est dû à des raisons émotionnelles. Les faits et la vérité ont peu d'influence sur les croyances de la plupart des gens.

Une expérience intéressante

Demandez à quelqu'un d'additionner très rapidement une colonne de chiffres en écrivant chaque nombre au tableau, en prononçant la somme à voix haute au fur et à mesure que vous l'écrivez, un nombre à la fois. En commençant par 1 000, suivi des nombres 20, 1 000, 30, 1 000, 40 et 1 000, la somme est alors de 4 090. Si on nous demande ensuite d'additionner 10, la réponse la plus souvent obtenue est 5 000, au lieu de la bonne réponse de 4 100.

Essayez ceci devant un public, et les gens intelligents argumenteront avec vous,en insistant sur le fait que la vraie réponse est 5 000. Essayez ceci avec votre caissier de banque.

Les gens seront contrariés si vous n'êtes pas d'accord avec eux. Pourtant, ce problème mathématique n'est associé à aucune émotion.

Écrivez chaque nombre et faites une brève pause pour donner à votre public l'occasion de dire à voix haute la somme actuelle :

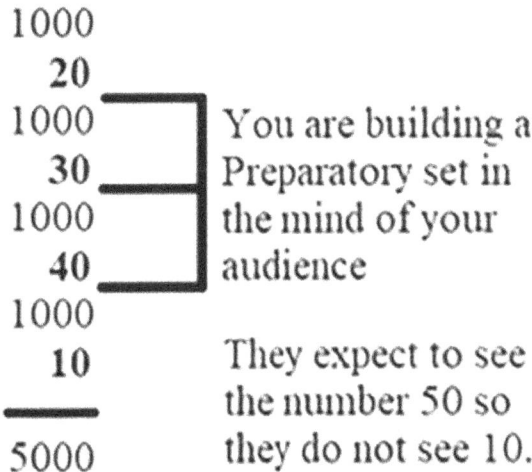

Essayez ceci avec n'importe quel groupe de personnes. La vitesse à laquelle vous les obtenezRépondre à voix haute déterminera votre réussite. Votre objectif est de montrer à votre public comment fonctionne son esprit et ce qu'est un « set préparatoire ».

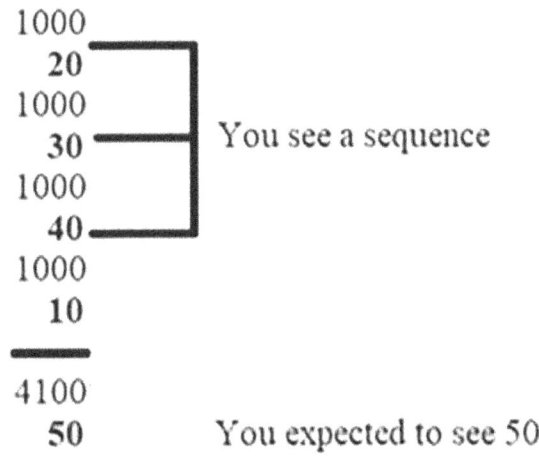

Le nombre 10 vous oblige à passer de la troisième à la deuxième colonne. Comme notre cerveau perçoit les nombres depuis les bords extérieurs, il est plus facile d'échanger le nombre

50, attendu, que d'effectuer le transfert interne entre les colonnes.

Par conséquent, votre cerveau vous dit que le total est de 5 000 au lieu detotal correct de 4 100.

Exemple de set préparatoire

Les gens répondent incorrectement à cette question car une série préparatoire a été créée lors de l'addition des chiffres. Nous avons additionné 20, 30 et 40 dans l'ordre et, par conséquent, nous anticipons inconsciemment que le nombre 50 viendra ensuite. Cette « série préparatoire » est l'anticipation du nombre 50. Nous faisons la même chose dans de nombreux autres contextes. Ceux qui parcourent le même trajet quotidiennement anticipent ce qui les attend. Si ce à quoi ils s'attendaient change, ils pourraient ne pas le voir à cause de cette attente. Le résultat pourrait être un accident grave. Les séries préparatoires sont omniprésentes.

Lorsqu'on nous demande d'ajouter 10 au lieu du nombre 50 attendu, nous devons transférer les chiffres intérieurs de la troisième à la deuxième colonne. C'est un processus mental complexe, car les gens traitent généralement les informations numériques en plaçant les nombres par leurs bords extérieurs au lieu de penser en fonction du milieu. Au lieu du processus mental plus complexe d'un transfert interne, l'esprit substitue facilement le nombre 50 attendu, et comme nous visualisons une colonne de nombres depuis les chiffres extérieurs, nous percevons à tort le nombre 5 000 pour la somme de 4 090 et 10, qui est en réalité 4 100.

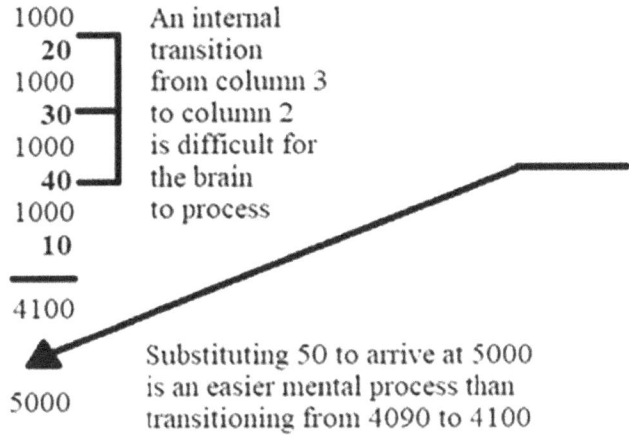

```
1000
  20 ⌐
1000 |    An internal
  30 ┤    transition
1000 |    from column 3
  40 ┘    to column 2
1000      is difficult for
  10       the brain
─────      to process
4100

 ▲
5000
```

An internal
transition
from column 3
to column 2
is difficult for
the brain
to process

Substituting 50 to arrive at 5000
is an easier mental process than
transitioning from 4090 to 4100

Pourquoi le problème de mathématiques ?

Cet exemple vise à vous montrer que notre esprit peut facilement nous tromper. La façon dont notre cerveau traite l'information peut nous faire dévier de la réalité. La combinaison de cette fragilité et d'un scotome acquis dans notre jeunesse donne du pouvoir aux personnes qui cherchent à contrôler notre vie. C'est particulièrement vrai lorsque le sujet est nos croyances religieuses, pour lesquelles il n'existe aucune preuve vérifiable. Ces croyances sont fondées sur l'émotion. On ne peut pas simplement tuer un scotome. La vérité ne peut pas l'emporter sur nos émotions. Pour dépasser le contrôle d'un scotome, il faut d'abord reconnaître son existence. Ensuite, par une éducation non menaçante, il faut construire un pont autour de cette barrière. Il faut remplacer un scotome pour apprendre et continuer à grandir. C'est peut-être la raison pour laquelle vous lisez cet essai. Aborder toute croyance sous un angle nouveau est le meilleur moyen d'éviter de créer un scotome. C'est ainsi que l'expérience universitaire nous fait mûrir.

Comment mes propres croyances devraient-elles grandir ?

Ce simple problème mathématique illustre bien l'effet des séries préparatoires et la façon dont notre esprit peut nous tromper. Pourtant, cet exemple ne repose pas sur une croyance émotionnelle. Une personne nourrie dès sa plus tendre enfance d'une croyance, quelle qu'elle soit, y attachera de la valeur et des émotions. Si on lui demande d'accepter une notion contraire, la réaction sera émotionnelle. En effet, le sentiment ressenti aujourd'hui en acceptant une croyance est généralement associé à cette croyance dès son acquisition et le restera toute sa vie, sauf modification intentionnelle par une éducation ultérieure.

C'est particulièrement vrai pour les croyances acquises dès le plus jeune âge, avant même de développer la capacité de raisonner par soimême. C'est pourquoi notre vision religieuse est si puissante et qu'il est si difficile de la changer.Croyances plus tard dans la vie, même si nous voulons changer. Nous pensons connaître la vérité, alors nous ne prenons plus en compte la réalité. Nous sommes dépendants et sommes peut-être devenus des moutons, sans jamais réaliser ce qui nous est arrivé.

Cet exemple mathématique montre également comment nos scatomas bloquent facilement toutautre point de vue contradictoire.

Les émotions que vous ressentez face à une croyance lors de son acceptation initiale en font généralement partie intégrante. Ainsi, notre héritage religieuxa un puissant effet sur nous. Les faits n'entrent pas en ligne de compte pour maintenir ce point de vue. Si vous avez été élevé dans une foi particulière, vous ne pouvez pas simplement ignorer vos propres croyances religieuses sans subir de conséquences psychologiques néfastes, sauf par une éducation continue et non menaçante qui permette de contourner notre scotome. Abandonner les croyances de l'enfance, renforcées chaque semaine à l'âge adulte, nécessite une éducation approfondie. Un tel changement peut prendre toute une vie. Par conséquent, la plupart des gens ne voient aucune raison de changer. Le fait que vous ayez lu jusqu'ici indique en réalité que vous êtes bien plus capable de dépasser vos limites d'enfant que 80 % de la société, car cela indique également que vous vivez au-dessus du niveau social. Cela vous place dans les 20 % supérieurs de la population actuelle. Lisez ce qui suit pour découvrir ce que vous pouvez accomplir pour assurer votre propre immortalité.

Parce que nous associons naturellement toute croyance aux émotions présentesDepuis leur apparition, et parce qu'il nous est difficile de sortir un aspect de notre vie de son contexte, les alternatives à nos propres scatomas sont non seulement inacceptables ; elles peuvent même être menaçantes, au point que des personnes soient prêtes à risquer leur vie pour défendre leur idée actuelle selon laquelle ce qu'elles croient est juste. Nous savons, depuis que ce phénomène se produit aujourd'hui, lorsque des personnes pourtant intelligentes commettent des attentatssuicides au nom de leurs convictions religieuses, que leur acte n'a rien à voir avec la vérité. Un argument logique ne peut vaincre une croyance émotionnelle. Une éducation significative et non menaçante est nécessaire pour provoquer un changement de comportement. Au Moyen-Orient, le temps manque pour l'éducation. Par conséquent, nous sommes aujourd'hui en guerre sur de nombreux fronts à cause des scatomas.

La manière mature d'intégrer les croyances de l'enfance dans le monde adulte, en cohérence avec la réalité, consiste à redéfinir continuellement chaque concept, ou croyance, pour qu'il reste pertinent. Chacun s'accroche à ses propres croyances. Cependant, même nos croyances religieuses doivent mûrir, comme toutes les autres.

Une notion qui influence nos vies. Craindre Dieu est une notion courante dans l'enfance, mais à l'âge adulte, une définition abstraite et plus mature de Dieu est bien plus efficace. Les athées existent parce qu'ils combattent une conception de Dieu enfantine qui n'a pas évolué avec eux. Maslow nous a montré comment nous aurions dû développer une définition abstraite de notre conception de Dieu à l'âge adulte si nous avions réalisé notre propre vie. Si notre Dieu est la nature, comment peut-on être athée ?

Le mythe du Père Noël est accepté par les enfants élevés dans la tradition américaine. Cependant, cela ne dure que quelques années, car, à terme, le Père Noël est déjoué par la réalité. Chaque enfant est dévasté. La façon dont il réagit ensuite est cruciale. Ceux qui ne substituent pas l'aspect positif du don aux autres à leur conception enfantine du Père Noël comme « leur donneur de cadeaux » sont déçus. Ceux qui parviennent à développer un changement de perception sain, en considérant le Père Noël du point de vue de leurs parents, peuvent continuer à célébrer le Père Noël avec Noël comme symbole du don pour le restant de leurs jours. La façon dont nous abordons et sommes influencés par notre propre vision religieuse est la même.

L'objectif de la vie est de continuer à grandir. Si nos croyances évoluent sainement, de manière à répondre à tous nos besoins grâce à une croissance et un développement continus, nous devrions finalement atteindre une expérience optimale. Notre objectif devrait être que notre vie individuelle devienne continuellement plus riche, plus épanouissante et plus satisfaisante. Bien que les objectifs spécifiques qui remplissent nos vies individuelles soient uniques, comprendre le processus universel de croissance humaine facilite ce cheminement.

Chapitre vingt et un

CommentDevons-nous faire face à notre propre mort ?

Nous pouvons accepter que nous sommes ici pour vivre notre propre voyage à traversCette vie. Au terme de notre voyage, notre vie aura, espérons-le, été accomplie. Maslow concluait que lorsque l'on atteint le point de pleine réalisation, on atteint un état d'esprit où même sa propre mort ne représente plus de menace. Nous n'avons plus à craindre la mort elle-même. Nous craignons seulement la façon dont nous pourrions mourir. Personne ne souhaite une mort douloureuse.

Pour la plupart des gens, l'école primaire a été une expérience formidable.La première étape de notre vie nous prépare à l'étape suivante de notre développement personnel. Peu d'adultes ressentent le besoin de revivre cette expérience, même si nous pouvons encore apprécier les bienfaits de cette première expérience scolaire dans la vie de nos enfants et petits-enfants. Bien que ce soit une expérience enrichissante pour les jeunes enfants, la plupart des gens sont soulagés que l'école primaire ne soit plus importante pour eux plus tard. Pour cette période de notre vie, nous, les adultes, sommes désormais comblés. Nous ne voulons pas revenir en arrière et tout recommencer. (Eh bien, il y avait cette adorable petite fille à la maternelle. Si je pouvais maintenant revenir en arrière, avec ce que je sais aujourd'hui, et tout recommencer, qui sait où je serais aujourd'hui ? Nous avons tous des souhaits inassouvis, n'est-ce pas ?)

De même, si nous avons actualisé notre propre vie, ayant expérimentéSi nous vivons pleinement notre vie, nous n'aurons plus à craindre la mort. Nous pourrons alors reconnaître que notre propre mort est inévitable : si elle n'est pas souhaitée, elle n'est plus un sujet de préoccupation, et notre mort n'est plus une menace. Lorsque nous n'avons plus besoin de vivre quoi que ce soit pour que notre vie soit épanouie, la mort peut être acceptée comme une conclusion naturelle de notre existence.

nos corps se détériorent, notre propre mort peut même être légitimement recherchée.Les soins palliatifs font des merveilles pour rendre cela indolore.

La plupart des humanistes diraient qu'ils devraient avoir le même droitde décider de leur propre mort, car ils ont conservé le contrôle principal de leur vie. Le suicide médicalement assisté devrait être accessible aux personnes en phase terminale et souffrant. Un humaniste, un ami proche, était un esprit brillant. Il avait été président international du Principal Financial Group, dont il a fait une entreprise internationale grâce à son leadership. J'étais assis à une table à Hong Kong, face à un immeuble de l'autre côté de la baie, avec « Le Principe » en néon au sommet. Des Moines était désormais mondiale. Je me sentais chez moi, même si je préfère habituellement que mon poisson soit vidé avant d'être mangé. Mon ami souffrait de démence et il a réalisé que la maladie progressait rapidement. Dans l'Iowa, notre vision culturelle de la vie est encore influencée par la religion. L'assistance médicale au suicide n'est pas disponible. Il a donc choisi de sauter du balcon de son immeuble, haut de 22 étages, pour que sa femme n'ait pas à s'occuper de lui.

Au lieu de cela, il lui a laissé un souvenir encore plus horrible. Elle était allée faire ses courses et retournait au garage de leur immeuble lorsque la police a arrêté sa voiture et lui a demandé si elle était résidente et si elle pouvait les aider à identifier une personne allongée sur le trottoir. Imaginez le choc qu'elle a ressenti. Une société plus sophistiquée lui permettrait une mort plus humaine, avec une assistance médicale et entouré de sa famille aimante. Dans l'Iowa, nous traitons nos animaux de compagnie mieux que nous-mêmes.

Ayant atteint ses vieux jours et ayant pleinement expérimenté la vie,Corliss Lamont (largement considéré comme le « doyen de l'humanisme » aux débuts de l'American Humanist Association) a manifesté la mort avec dignité, paisiblement assis dans son jardin des Hamptons, face au soleil, et s'est éteint en silence. Bien sûr, toute personne capable de vivre aux Hamptons a probablement eu une belle vie. De ce point de vue, la mort est aussi naturelle que la vie, et la notion d'après-mort n'est p a s nécessaire à l'épanouissement de notre vie.

Lorsque nous ne passerons plus notre vie à craindre la mort, maximiser notre existence pendant que nous vivons sur Terre, protéger notre famille et préserver le travail de notre vie sera beaucoup plus pertinent et gratifiant.

Mel Lipman était l'ancien président de l'Association humaniste américaine lors du déménagement de l'association d'Amherst, dans l'État de New York, à Washington, D.C., où elle s'est installée aujourd'hui. Mel est devenu administrateur et a siégé avec moi au conseil d'administration de la Fondation humaniste. Mel est récemment décédé. Il venait de subir un quadruple pontage coronarien, puis d'être victime d'un accident vasculaire cérébral massif. Son pronostic vital était sombre et il souffrait gravement. Il insistait sur le fait qu'il ne souhaitait ni assistance respiratoire ni nutrition. Des soins palliatifs lui étaient prodigués. Il souhaitait mourir en paix et dans le confort.

Ses enfants ont rapporté qu'il était relativement heureux parce qu'il se sentaitSa vie était bien remplie. Sa femme était décédée quelques années plus tôt. Sa famille s'était agrandie. Il avait pris sa retraite du droit. Il n'avait plus de montagnes à gravir, ni d'engagements qui n'étaient déjà réglés avant son opération cardiaque. Il n'éprouvait donc aucun regret et acceptait, voire saluait, sa propre mort.

J'ai trouvé intéressant que, même parmi ces humanistes de longue date, nombreux soient ceux qui exprimaient leur chagrin. Peut-être parce qu'ils réalisaient que leurNotre heure approche. Certains m'ont même trouvé cruel lorsque j'ai dit que, malgré la tristesse que nous éprouvions à perdre un ami et collègue, il approchait de la fin de sa vie, tel un véritable humaniste, et que nous ne devrions pas pleurer notre propre perte. C'est égoïste. Nous devrions plutôt célébrer la vie de Mel. Nous aurons amplement le temps de pleurer notre propre perte.

Une fois que l'on sent sa propre vie accomplie, la mort n'est plus à craindre, et il n'y a plus aucune raison de se sentir menacé lorsqu'elle semble proche. J'ai reconnu que j'étais bien sûr triste d'avoir perdu un ami, mais j'étais heureuse qu'il ne souffre plus et soit en paix avec lui-même.

Comme après avoir terminé l'école primaire, qui était si importante dans notre enfance, une fois que nous sentons que notre vie est accomplie, nous ne voyons aucune raison

Pour le regret. Nous ne voulons pas recommencer. Les enfants de Mel nous ont confié que recevoir le Prix du Patrimoine Humaniste de la Fondation Humaniste a été le point culminant de sa vie, car cela lui a permis de constater qu'il avait fait une différence pour les autres dans le monde. Ce prix, ainsi que le Prix de l'Humaniste de l'Année de l'AHA pour une vie d'humaniste accomplie, prouvent que sa vie a été importante pour les autres. Rien de plus n'est pertinent, car, pour un humaniste, notre immortalité vient du fait que notre monde est devenu meilleur grâce à notre vécu.

J'ai expliqué qu'au lieu d'être tristes pour notre perte, ce qui est égoïste, nous devrions nous réjouir en nous souvenant de sa vie et de ce qu'il représentait pour chacun.de nous. Au lieu de nous attrister, chacun de nous devrait passer ce moment à réfléchir à ce que la vie de Mel a signifié pour nous, à l'impact qu'il a eu sur nos propres vies, sans parler de l'impact que ses accomplissements durant ses années de leadership auront sur la vie de millions de personnes, littéralement pour toujours. C'est là tout l'enjeu de notre immortalité en tant qu'humaniste, et c'est pourquoi je voulais passer ces moments à remercier Mel personnellement et son amitié.

La mort ne fait que consolider notre souvenir du sens de la vie de cette personne. Nous sommes meilleurs aujourd'hui, car cette personne était là et a partagé sa vie avec nous. C'est là le véritable sens de notre vie.

Chapitre vingt-deux
Comment gérer la diversité ?

Envisageant nos vies d'un point de vue strictement humaniste, au lieu de nous cantonner à la zone de sécurité de personnes semblables à nous, nous devrions rechercher la diversité pour élargir notre vision de la vie. Nous apprenons tellement plus de ceux qui sont différents de nous. Pourtant, notre monde actuel limite largement ces possibilités d'épanouissement. Les préjugés abondent partout dans le monde, car chacun se sent bien plus à l'aise entouré de personnes qui pensent et agissent comme lui. Nombre de personnes différentes représentent une menace, soit parce qu'elles nous rappellent que notre propre vision de la réalité est peut-être erronée, soit simplement parce que nous ne comprenons pas vraiment ceux qui sont différents de nous. Une réaction humaine normale, fondamentale ou rassurante, est de craindre l'inconnu. Le grave problème que cette attitude engendre est que nous manquons l'occasion d'élargir nos horizons et de poursuivre notre croissance. Cela est particulièrement vrai en ce qui concerne les différences interculturelles, allant de l'origine ethnique à la nationalité, et les divergences de croyances religieuses.

Le Dr Milton Bennett, directeur de l'Institut de recherche sur le développement interculturel, a développé ce que l'on appelle aujourd'hui universellement l'« échelle de Bennett » pour analyser notre capacité individuelle à tirer profit de la diversité, en évaluant notre réaction face à ceux qui sont différents de nous. Le Dr Bennett nous explique qu'à mesure que nous mûrissons, nous progressons généralement :

1. **Déni des différences,** où nous percevons notre propre culture comme la seule « réelle ». Les autres cultures sont soit ignorées, soit comprises de manière simpliste et indifférenciée. À ce niveau, les gens évitent celles qui

sont différents d'eux-mêmes. Lorsqu'ils sont mis au défi, ils deviennent agressifs et tentent d'éviter ou d'éliminer ces différences. Après tout, ils sont au cœur de leur propre réalité.

2. **Défense contre les différences,** Là où sa propre culture est la plus « évoluée » ou la meilleure façon de vivre. Leur pensée est dualiste, c'est « nous contre eux », avec des stéréotypes négatifs flagrants. Ces personnes minimisent ouvertement les différences entre leur culture et celle d'une autre en dénigrant la race, le genre, les croyances ou tout autre indicateur de différence. Elles sont ouvertement menacées par la différence culturelle et sont plus susceptibles d'agir agressivement contre elle.

3. **Minimisation des différences,** Là où l'expérience de la similitude l'emporte sur l'expérience de la différence. Ces personnes peuvent reconnaître des différences culturelles superficielles dans la nourriture et les coutumes, mais mettre l'accent sur la similitude humaine dans la structure physique, les besoins psychologiques et les valeurs. Elles ont tendance à surestimer leur propre tolérance tout en sous-estimant l'influence de leur propre culture. Elles peuvent croire qu'elles « pensent comme moi ».

4. **Acceptation des différences,** Là où la culture d'une personne est perçue comme une vision du monde parmi d'autres, tout aussi complexes. Ces personnes reconnaissent différents modes de vie, même si elles peuvent ne pas être d'accord avec d'autres, voire les apprécier. Elles sont généralement avides d'apprendre et de rencontrer des personnes ayant d'autres visions du monde. Leurs façons de voir ne leur conviennent tout simplement pas.

5. **Adaptation aux différences,** où les individus élargissent leur propre vision du monde pour comprendre avec précision d'autres cultures etse comporter de manière culturellement appropriée face à des personnes dont les opinions diffèrent des nôtres. En substance, ils s'efforcent de « joindre le geste à la parole ».

6. **Intégration des différences,** où l'expérience de notre propre moi s'élargit pour inclure le passage d'une vision culturelle du monde à une autre. Notre perception de nous-mêmes n'est plus centrale dans aucune

culture. Ainsi, nous devenons fluides dans notre environnement actuel.

Malheureusement, les personnes qui se montrent directes, qu'il s'agisse de musulmans, de djihadistes, de chrétiens évangéliques ou d'athées endurcis, démontrent par leur comportement agressif qu'elles n'ont pas dépassé le deuxième niveau. L'objectif humaniste devrait être d'atteindre le niveau cinq, bien que beaucoup atteignent le niveau six, où nous devenons fluides avec toutes les différences et nous efforçons de tirer le meilleur parti de chaque personne que nous rencontrons dans notre vie.

Un comportement humaniste doit être fait de tolérance et chercher à comprendre et à tirer profit du point de vue d'autrui. Si nous différons d'une autre personne, nous devons d'abord en reconnaître les raisons, être ouverts à la discussion en l'exprimant avec tact, puis permettre à chacun de tirer profit de cette expérience. Pour maintenir une relation efficace avec cette personne, nous devons tolérer son droit à rester différent, même si nos efforts sincères pour l'éduquer sont inefficaces. C'est la seule façon de grandir et, en même temps, de ne pas perdre notre relation avec autrui.

C'est le comportement le plus acceptable pour un humaniste.

ChapitreVingt-trois

Pourquoi avons-nous besoin des autres ?

Les humains ne sont pas autosuffisants. Dès la naissance, nous dépendons des autres. Devenir une personne pleinement fonctionnelle et en bonne santé sans le soutien d'autrui est impossible. Sachant que nous avons besoin des autres pour vivre en bonne santé, la question est la suivante : quelle est la relation idéale que nous devrions rechercher avec eux ?

Martin Buber, théologien et philosophe juif réputé, a reconnu l'intérêt d'accepter l'autre tel qu'il est, sans le juger ni tenter de l'influencer. Cette relation est nécessaire pour acquérir le véritable point de vue de l'autre et nous aider à atteindre notre plein potentiel. Le bénéfice d'une relation saine – s'harmoniser avec l'autre sans chercher à le changer – est immense. Buber a défini cette relation comme le « Je-Tu ».

Nous connaissons la profondeur de la perspective que nous ressentons en conduisant sur l'autoroute avec les deux yeux, contrairement à la conduite avec un œil fermé. Tout comme l'avantage de percevoir les trois dimensions avec les deux yeux, la compréhension et l'acceptation complètes d'autrui nous permettent de mieux nous comprendre nous-mêmes. Une image de soi saine ne se construit qu'en étant accepté et pleinement compris par autrui. Le sentiment d'appartenance à une communauté, ou le sentiment d'être tenu en haute estime par autrui, est important pour notre épanouissement personnel. Par conséquent, des relations saines avec autrui sont essentielles et indispensables à notre propre vie.

Sans relations saines avec les autres, notre image de soi devient protecteur et constitue un obstacle à l'épanouissement. Nous grandissons seulement en

Nous devenons des personnes en bonne santé grâce à nos relations avec les autres. Plus nos relations avec les autres sont bonnes, plus nous pouvons devenir en bonne santé. Ainsi, comme lorsqu'on creuse dans le sable, plus on creuse, plus le sable retombe dans le trou, plus nos relations avec les autres sont profondes et plus nous grandissons.

Un prêtre épiscopal m'a prouvé un jour que nous sommes incapables de donner suffisamment de nous-mêmes aux autres. Il a passé sa vie entière à se donner entièrement, à prendre soin de ses paroissiens et de tous ceux qu'il rencontrait, sans se soucier de ses propres besoins. Pourtant, il n'a jamais manqué de rien, même s'il n'aurait pu anticiper la source de la satisfaction de ses besoins. En fait, il a vécu une vie abondante. Il a vécu la vie d'Épicure. Plus nous nous offrons aux autres, plus nous nous épanouissons de manière imprévisible. Tout le monde en profite. La vie est bien plus passionnante quand on fait tout, qu'on peut se donner avec bienveillance et désintéressement pour le bien des autres.

Pour s'épanouir pleinement, chacun a besoin de relations étroites avec les autres tout au long de sa vie. La reconnaissance de la dépendance mutuelle pour la satisfaction des besoins, qui existe entre deux ou plusieurs personnes que nous apportons sans notre propre aide, est ce que nous appelons « l'amour ». La nature de l'amour, comme toute autre orientation de la vie, évolue selon les différents niveaux de besoins des individus. L'amour, au niveau fondamental, se manifeste par les besoins qui suscitent les émotions les plus fortes, la survie et la sexualité produisant les pulsions les plus fortes. Sur le plan social, la chaleur du partage est évidente. Au niveau concret, l'amour peut se trouver entre âmes sœurs, dont les vies sont véritablement intégrées. Pour être pleinement efficace, notre amour doit être partagé dans une relation « Je-Tu ».

Un avantage pour les autres puisque chacun de nous recherche ses propres objectifs.

Personne n'a la capacité innée de se surpasser dans tous les

domaines de sa vie. Nous devons compter sur les autres pour combler nos faiblesses. Quelqu'un m'a dit un jour que nous naissons tous avec dix colonnes et cent billes. Ces billes sont réparties différemment pour chacun. (Les billes symbolisent nos capacités ou nos talents.) Si une colonne contient

Un surplus de billes signifie qu'il en manque peut-être dans une autre colonne. L'un des avantages d'une relation avec une autre personne est que votre force compense ses faiblesses. C'est particulièrement bénéfique si elle peut également compenser vos propres faiblesses.

Ensemble, vous êtes bien plus forts que si vous étiez seuls.La raison d'être d'un conseil d'administration dans toute organisation est d'éviter que la faiblesse du leader ne devienne la faiblesse de l'institution. Un bon leader s'entoure de personnes dont les compétences surpassent les siennes dans leurs propres domaines de faiblesse.

La hauteur de nos colonnes individuelles peut être renforcée par notre niveau d'éducation, notre expérience, ainsi que par la culture et l'environnement dans lesquels nous vivons. À mesure que nous grandissons, nous pouvons développer des colonnes capables de contenir plus de billes que celles qui nous sont allouées. Avec des efforts importants, nous pouvons acquérir des billes supplémentaires. Notre croissance sera considérablement améliorée en travaillant avec d'autres personnes dont les talents enrichissent nos efforts. La solution la plus simple est d'entretenir des relations qui répondent à vos besoins.

Ainsi, il est naturel pour chacun de nous de tirer profit de nos relations avec les autres et de nos efforts constants pour progresser tout au long de notre vie afin de gérer n'importe quelle tâche, que ce soit pour survivre ou au sein de notre propre organisation ou entreprise. De plus, des relations étroites peuvent nous permettre de franchir les niveaux de la pyramide des besoins de Maslow et de nous réaliser plus facilement en accédant aux talents des autres, ce qui nous permet de surmonter les obstacles qui freinent actuellement notre propre développement.

Identifier nos faiblesses, afin d'apprendre à compter sur les autres là où elles sont leurs forces, est aussi important pour notre sécurité que pour notre épanouissement personnel. Il est tout aussi important pour chacun de nous de reconnaître nos propres faiblesses que de développer nos forces pour faciliter

l'épanouissement de notre vie. Car, si l'on ne se fie pas à ceux en qui l'on a confiance pour nous protéger de nos propres faiblesses, celles-ci deviendront un sérieux obstacle à notre développement, tel un scatome qui bloque notre propre vision. Le meilleur moyen de surmonter une faiblesse est de

Les talents reposent sur la confiance envers les autres. Le pont vers nos propres scatomas estéducation. Et nous apprenons mieux avec l'aide des autres.

Il est vrai que l'on peut se concentrer sur une faiblesse, et il est possible de s'entraîner à la surmonter sans compter sur les autres, mais l'énergie que cela requiert diminue l'énergie disponible pour son propre développement. Pensez aux efforts nécessaires pour apprendre à écrire son nom lisiblement avec l'autre main. Les nombreuses heures de pratique seraient mieux utilisées pour apprendre quelque chose de nouveau.

Ainsi, nous bénéficions d'une relation saine avec autrui, car chacun cherche à réaliser son objectif d'accomplissement personnel. Cependant, la qualité de notre relation dépend de la façon dont nous traitons l'autre. Dale Carnegie a écrit dans son ouvrage classique « Comment se faire des amis et influencer les gens » que la première règle est de ne jamais « critiquer, condamner ou se plaindre ». Si nous voulons une relation saine avec autrui, c'est la première règle à ne jamais oublier. La façon dont vous formulez vos propos influence grandement la réception de votre message. Ce que vous recevez de l'autre est fortement influencé par ce que vous projetez.

L'une de mes premières actions, lorsque j'ai commencé à exercer le droit, a été de créer un club de petit-déjeuner, composé d'une seule personne par profession. Je souhaitais créer une fraternité pour le monde des affaires. Au lieu de considérer les membres du point de vue de « Qu'est-ce que ce club m'apporte », j'ai créé la culture du club en m'appuyant sur une leçon apprise dans l'armée en tant que commandant de compagnie. La culture initiale du club s'est inspirée de la philosophie du prêtre épiscopalien, ancien aumônier de ma compagnie de la Garde nationale. Il a consacré toute sa vie aux autres en se demandant simplement : « Que puis-je apporter pour améliorer leur vie ? » Il a appliqué ce point de vue à tous ceux qu'il a rencontrés. Il m'a appris qu'on ne peut jamais se donner suffisamment. Plus on se donne, plus on reçoit, et ce, de manières imprévisibles. Chaque membre du club est censé contribuer à la réussite de tous les autres.

Résultat : un tiers de ma pratique juridique est issu de cette organisation. Et mes clients aujourd'hui.

soutenir la moitié des activités de mon cabinet de douze avocats. Nous grandissonsNous pouvons aller bien plus loin si nous essayons de nous donner à chaque occasion, au lieu de considérer la vie en pensant : « Qu'est-ce que j'y gagne ? »

Nos différents objectifs de vie

Selon Maslow, tous les individus ont la même structure hiérarchique de besoins, même si chaque individu aborde la satisfaction de ses besoins. Différemment. La meilleure façon de comprendre les différences entre les êtres humains est de comparer nos tempéraments psychologiques. Depuis Aristote, on sait que les individus possèdent principalement quatre types distincts de tempéraments de personnalité. Chaque type pense et aborde la vie selon des points de vue différents. Votre propre tempérament est fondamental pour votre existence et restera le même tout au long de votre vie. Vous ne pouvez pas le modifier. C'est le prisme à travers lequel vous percevez votre propre vie.

Hippocrate a exposé cette théorie en 370 avant J.-C. Certains d'entre nous vivent dans le cadre de paramètres culturels, pourvoyant aux besoins des autres ; d'autres vivent de manière créative en dehors des normes sociales. Il y a ceux qui comprennent leur monde et poursuivent des objectifs ambitieux ; et il y a ceux qui cherchent à chaque pas à prendre pied pour y parvenir. Chacun offre une perspective différente sur la vie.

Chaque type de personnalité possède des normes, ou valeurs, uniques, que ses adeptes partagent dans une certaine mesure avec les autres personnes du même type de tempérament. Il est rare, voire impossible, qu'un individu corresponde parfaitement à plus d'un de ces types psychologiques fondamentaux.

La plupart des gens présentent des caractéristiques secondaires d'un autre type. Cependant, ces caractéristiques secondaires ne servent que de modificateurs.du tempérament primaire et du style de pensée de chaque personne.

Bien que chacun soit capable d'adopter un comportement qui

dépasse les limites de son tempérament, cela reste assez difficile. Il faut généralementêtre spécifiquement appris, un peu comme apprendre à écrire son nom avec la main opposée. Ce ne sera pas naturel. Nous restons tous les mêmestype de tempérament pour toute notre vie.

Au début des années 1950, Kathryn Briggs était psychologue. Sa fille Isabel Meyers travaillait dans un domaine différent, mais lorsque sa mère eut besoin de son aide, elles développèrent ensemble l'idée de Kathryn : créer un test simple qui concrétisait l'ancienne théorie psychologique des types de tempérament. Leur questionnaire d'identification du type de tempérament s'appelait à l'origine psychologie « Briggs-Meyers ». Une société nationale de tests acheta les droits de commercialisation de leur test. Leur directrice marketing demanda : « Comment suis-je censée demander au public : "Souhaitez-vous vraiment connaître votre type de tempérament ?" ? » Elle renomma le test en MeyersBriggs, nom qui est resté inchangé depuis.

Même si ce test est le plus utilisé au niveau national aujourd'hui, il a ses détracteurs. Les résultats peuvent varier si vous le repassez quelques mois plus tard. Néanmoins, il est populaire car ses résultats sont bénéfiques et non menaçants. Mon mariage n'aurait pas survécu si je n'avais pas connu ce test. Il m'a appris que nous ne traitons pas tous l'information de la même manière, ni que nous ne pensons tous de la même manière. Auparavant, je partais du principe que tout le monde pensait comme moi, et que s'ils n'étaient pas d'accord avec moi, il était de mon devoir de leur expliquer pourquoi ils avaient tort. Mes conseils n'étaient pas toujours très appréciés par ma femme.

David Keirsey, auteur d'un excellent ouvrage intitulé « Please Understand Me II », propose un test plus complet, mais néanmoins simple, pour déterminer notre type de tempérament personnel. Ses travaux plus récents approfondissent l'explication de Meyers et Briggs sur la théorie des types de tempérament en soulignant que le type fondamental de chacun d'entre nous peut être modifié dans une certaine mesure par l'accent mis, ou la perspective, sur la référence du type fondamental d'une personne à l'un des autres types. Après avoir décrit chaque type de personnalité en détail, Keirsey montre ensuite comment les différents types interagissent.

En lisant sa description de votre propre type, vous avez

l'impression que Keirsey est votre frère, ou votre voisin d'à côté, qui vous connaît personnellement. En quelques pages de lecture, vous vous connaissez non seulement vous-même, mais vous comprenez également vos potentiels points de conflit. et complimentez votre partenaire ou vos collègues. Acheter ce livre chez Barnes and Noble pour 17 $ valait bien un semestre d'université grâce à l'éducation qu'il m'a apportée – et le simple fait de devoir passer un test très simple, sans réponse correcte à chaque question, puis de lire six pages qui me décrivaient mieux que ma propre mère, a changé ma vie.

Les psychologues soulignent que nous ne pouvons maximiser notre potentiel queNous vivons sur Terre et nous accomplissons pleinement si nous suivons un chemin cohérent avec notre propre type de personnalité. Exiger un comportement incompatible avec notre propre type peut engendrer une névrose.

Nous ne pouvons pas nous mettre à la place des autres. Nous devons créer les nôtres.Chemin. Mais pour cela, nous devons d'abord nous comprendre nous-mêmes. Il est très utile, pour nous réaliser à travers nos relations avec les autres, de connaître notre type de personnalité et ce que cela signifie pour nous. C'est encore plus efficace de comprendre également le type de personnalité de nos proches.

Idéalistes

J'ai identifié mon propre type, tel que défini à l'origine par Meyers etBriggs, en tant qu'idéaliste. C'est un type très rare, présent chez moins de 10 % de la société. Selon Keirsey, je suis également identifié comme un idéaliste-idéaliste, qu'il qualifie de « conseiller », car je n'ai aucune autre caractéristique secondaire modificatrice. Je ne me perçois qu'à travers un prisme idéaliste. Ce type est très rare. Moins d'1 % de notre société perçoit le monde en traitant l'information de la même manière. Comprendre les seize types différents décrits par Keirsey est un atout majeur pour comprendre autrui.

Les idéalistes sont incapables de se voir. Nous avons besoin de la reconnaissance des autres pour trouver notre propre valeur et devons constamment rechercher la validation.Nous sommes donc contraints de consacrer notre vie à donner aux autres pour être reconnus. Si

les idéalistes peuvent résoudre les problèmes des autres de manière relativement naturelle, ils ne peuvent généralement pas résoudre leurs propres problèmes sans l'aide d'autrui. Bien que les idéalistes soient incapables de se voir eux-mêmes, les idéalistes voient facilement la situation dans son ensemble pour les autres etIls peuvent instantanément mettre en perspective des problèmes complexes. Cependant, n'importunez pas un idéaliste avec des détails, car il doit trouver une solution rapidement. Les idéalistes sont frustrés lorsqu'une personne doit expliquer une situation en détail.

rationalistes

Ma femme est mon opposé psychologique exact ; elle est rationaliste. Ils sont encore plus rares, ne représentant collectivement que 6 % de la société. Pour les rationalistes, capables de se valider de l'intérieur, se voir imposer l'obligation de servir les autres est extrêmement frustrant. Les rationalistes servent les autres de leur plein gré, mais ils ne partagent pas le besoin impérieux des idéalistes de le faire pour se valider. Ils le font uniquement parce que c'est la bonne chose à faire. Cette différence suscite des discussions intéressantes dans notre relation.

Ma femme doit comprendre pleinement chaque étape de tout processus pour elle-même.Elle doit d'abord réfléchir avant de passer à l'étape suivante. Au contraire, je tire des conclusions hâtives. Je trouverais son raisonnement frustrant, mais pour elle, c'est essentiel. La vérité est sa préoccupation première. Elle ne peut la découvrir qu'en observant chaque fait. Ma femme trouve le voyage plus important et gratifiant que l'objectif. Elle est tellement absorbée par ce qu'elle voit en chemin qu'elle risque d'oublier où elle allait. Mon esprit est déjà là, mais je ne me souviens peut-être pas du chemin parcouru.

Comment des types différents peuvent entrer en conflit

Nous avons découvert nos différences la première fois que nous avons acheté une carte d'anniversaire pour un ami. J'ai immédiatement trouvé une carte avec un texte approprié.Message pour l'ami, avec un design acceptable. J'étais prêt à acheter la carte et à reprendre le cours normal de ma vie. Ma femme, cependant, refusait d'acheter une carte avant de l'avoir examinée une par une pour s'assurer que celle que nous avions choisie était la meilleure. Nous avons commencé à nous frustrer mutuellement, là, dans le magasin, devant tout le monde, uniquement à cause de…

Nos différents types de personnalité. Si nous n'avions pas découvert la théorie Meyers/Briggs, notre relation n'aurait sans doute pas survécu. C'est du sérieux.

Nous avons maintenant trouvé un compromis. Si je trouve une carte qui me convient, je suis libre de passer à la caisse. Pendant ce temps, ma femme continue d'examiner toutes les autres cartes. Si elle trouve une meilleure carte avant que je n'aie payé, j'achèterai sa carte plutôt que la mienne sans hésiter. Si j'avais déjà payé ma carte, ma femme a accepté de partir avec moi, estimant maintenant avoir au moins fait de son mieux. Nous reconnaissons que cette solution n'est peut-être pas parfaite, mais elle nous convient. Au moins, nous ne nous embarrassons plus mutuellement devant les autres.

D'un autre côté, nous avons aussi enrichi nos propres expériences en observant le monde à travers le regard de l'autre. Lorsque nous prenons le temps d'apprécier la nature, je m'intéresse davantage à la façon dont ce que nous voyons s'intègre au monde naturel. Ma femme aperçoit un lapin sur la route et s'arrête pour le sentir. Je contemple les fleurs qui bordent notre chemin et je m'immerge totalement dans le décor, tandis que je suis plus enclin à chercher le bout du chemin, me demandant où il mène. Nous avons découvert qu'aucun de nous n'a tort, mais que nous sommes simplement différents.

Shakespeare le dit bien : « Rien n'est ni « bien ni mal », sauf penserle rend ainsi.La vie est bien plus riche lorsqu'on peut l'apprécier du point de vue d'autrui. Cependant, pour être efficace, cette approche doit passer par une relation « Je-Tu », sans chercher à changer l'autre.

Gardiens

Une perspective différente sur la vie est celle des gardiens. Ils constituentLe plus grand nombre de types de personnalité, que Meyers et Briggs ont identifié chez environ 45 % de la société. Les tuteurs attendent de chacun le respect des « règles » et déploient des efforts considérables pour s'en assurer. Ils font d'excellents enseignants, policiers, femmes au foyer, ministres du culte, infirmières et médecins – des professions où la fiabilité et le besoin de subvenir aux besoins d'autrui sont leurs valeurs.

Préoccupations principales. Ils accomplissent leurs tâches instantanément, sans poser de questions, car ils se sentent obligés, car c'est la « bonne chose à faire ». De leur côté, ils s'assurent que chacun fait son travail. Les tuteurs ont cependant besoin d'être constamment félicités pour leurs services, sous peine de se sentir mal à l'aise.

Artisans

Le reste de la société peut être qualifié d'artisan. Les personnes ayant ce type de personnalité voient le monde sans retenue. On trouve des artisans dans environ 39 % de la population. Ils n'aiment pas la routine et peuvent ignorer les normes sociales, refusant de vivre dans un cadre rigide. Les artisans sont évidemment de grands artistes, mais ils sont aussi souvent de bons musiciens, acteurs, agents de publicité ou politiciens. Cependant, nombre d'artisans sont aussi d'incorrigibles criminels et des déviants sociaux. Les artisans peuvent frustrer les gardiens, qui estiment que nul ne devrait ignorer les règles. À l'inverse, un rationaliste peut ignorer un artisan, sauf s'il lui est imposé. Un idéaliste peut apprécier la créativité d'un artisan, mais tolérera peu toute déviation qui ne tend pas vers un objectif positif.

Comment différents types fonctionnent efficacement ensemble

Par exemple, si un dîner religieux est organisé, ce sont les tuteurs qui devraient le gérer. Mais attention à ne pas faire de fautes d'orthographe dans le bulletin paroissial ! Si l'église ne le reconnaît pas, le rationaliste pourrait ne pas le remarquer, mais l'idéaliste cesserait d'y participer. Le tuteur s'en offusquerait, mais continuerait à servir à contrecœur par devoir. En attendant, les tuteurs seraient furieux contre l'idéaliste pour son abandon. Le rationaliste continuerait à faire la vaisselle, ignorant tous ceux qui font le travail simplement parce que c'est nécessaire. Les artisans pourraient ne pas se présenter du tout pour préparer le dîner ; et s'ils le faisaient, ils décoreraient les tables.

Pourquoi ai-je besoin de savoir cela ?

Alors, quel est le rapport avec notre qualité de vie ? Tout ! La réussite ne se mesure qu'à l'échelle individuelle. Mieux se connaître augmente nos chances de réussir. Ne pas savoir qui nous sommes nous rend vulnérables. Supposer que les autres pensent de notre point de vue, ou de notre type de personnalité, pourrait être désastreux pour toute relation. Se connaître soi-même est donc essentiel à notre propre bonheur. Comprendre et apprécier les différences chez les autres améliore notre qualité de vie.

Lorsque notre compagnon s'arrête pour observer les fleurs, par exemple, les idéalistes peuvent réagir de deux manières : ils peuvent s'irriter et s'impatienter d'arriver à destination, ou ils peuvent y voir une opportunité d'élargir leurs horizons. Une approche limite leur existence ; l'autre enrichit leur vie. Tout commence par leur attitude actuelle. L'idéaliste est-il ouvert à de nouvelles découvertes, ou son attitude fermée, perd-elle ainsi toute possibilité de croissance ? Comprendre les différences entre nous et les autres ne peut qu'élargir notre expérience et enrichir notre vie bien au-delà de ce que chacun pourrait accomplir individuellement.

Le rationaliste demande à l'idéaliste, à l'artisan ou au gardien de « prendre le temps de savourer le moment présent ». L'idéaliste élargit les horizons et les objectifs des autres types. Le gardien peut se sentir plus authentique avec l'idéaliste, inspiré par l'artisan et mieux compris par le rationaliste, tout en servant autrui avec diligence. L'artisan peut créer des œuvres d'art et de beauté pour le plaisir de tous, sans se soucier de ses différences. L'interaction avec chaque type produira un résultat différent. Combiner les types de personnalité dans une relation renforce les deux, mais seulement si chacun s'accepte mutuellement, comme dans une relation « Je-Tu

».

Keirsey, en développant la théorie de Meyers/Briggs, a découvert que, bien que nous n'ayons chacun qu'un seul type primaire, la plupart d'entre nous auront une caractéristique secondaire prédominante. Cette caractéristique intègre l'un des autres types, ce qui modifiera notre comportement et influencera notre type primaire. Ainsi, la meilleure façon de comprendre les individus est de savoir dans laquelle des seize catégories ils évoluent.

En comprenant les types psychologiques, nous pouvons réduire le risque deUne faiblesse personnelle devient dominante et crée des obstacles dans nos relations avec les autres. En comprenant chaque catégorie, nous pouvons optimiser encore davantage notre qualité de vie. Les autres peuvent nous aider à découvrir de nouvelles voies pour contourner nos propres obstacles, mieux que nous ne pourrions le faire seuls. Nous avons créé un obstacle pour une raison ou une autre. Il faut que les autres nous fournissent de nouvelles informations pour que nous puissions surmonter ou contourner nos propres obstacles.

En exploitant pleinement nos forces individuelles et en comblant nos faiblesses avec celles des autres, nous pouvons améliorer notre existence et nos relations. L'effet est comparable à une spirale. Nous sommes plus à même d'accomplir notre vie en partageant notre cheminement avec les autres. En partageant, nous grandissons. En grandissant, nous sommes plus à même de concrétiser notre propre existence et d'aider les autres à maximiser la leur, mais seulement si nous sommes prêts à leur permettre d'être eux-mêmes. Ainsi, une vie réussie est une spirale qui s'élève continuellement grâce à nos relations avec les autres. L'inverse, cependant, est également vrai. Il est donc utile de comprendre ce que tout cela signifie pour nous-mêmes. Quelques minutes de lecture de Keirsey peuvent faire une réelle différence dans votre qualité de vie.

ChapitreVingt-quatre
Pourquoi devrions-nous faire de nos viesSignificatif?

Beaucoup d'entre nous concentrent leur vie sur leurs gains financiers. Lester et Maria Mondale, mentionnés pour la première fois dans l'introduction du premier chapitre, nous ont montré que notre véritable richesse est bien plus vaste. Elle englobe notre développement personnel, qui inclut notre santé physique et mentale, la joie que nous éprouvons dans les relations que nous nouons avec les autres, la maîtrise de nouvelles compétences que nous acquérons en grandissant, le soutien que nous recevons de notre communauté, l'excitation des nouvelles expériences. Et, en mûrissant, l'épanouissement que nous ressentons en apprenant à donner aux autres. Tous ces éléments nous aident à grandir et à mener une vie plus équilibrée, plus épanouissante et plus abondante. C'est ce qui nous permet à chacun de devenir pleinement vivant.

Après des années de réflexion, pour ma part, j'ai découvert queEn fin de compte, seuls deux aspects de la vie m'intéressent. Premièrement, notre propre vie prend sens dans la mesure où nous partageons le bonheur. En parvenant à l'accomplissement selon Maslow, nous pouvons atteindre le sommet de notre existence. Cependant, cela seul peut conduire à l'égoïsme et nous faire passer à côté des valeurs supérieures que procure le partage de notre existence avec les autres. Par conséquent, le deuxième élément pertinent est tout aussi nécessaire : ce sont ces personnes qui sont alors pleinement vivantes.

En termes simples, notre vie prend de l'importance dans la mesure où le monde devient meilleur grâce à notre expérience.

Ainsi, nous avons la responsabilité non seulement de concrétiser notre propre existence, mais aussi d'aider les autres à atteindre la meilleure qualité de vie possible.

Aujourd'hui comme demain. En agissant ensemble, nous pouvons accomplir bien plus que chacun ne pourrait accomplir individuellement. Une personne en bonne santé maintient l'équilibre entre ces deux valeurs.

Mon approche philosophique de la vie s'inscrit dans la hiérarchie des besoins de Maslow. Vivre pleinement sa vie en actualisant son existence lui donne du sens. Prolonger son existence en se transcendant soi-même, afin de contribuer à la vie des autres, contribue à donner du sens à sa propre vie. Cela ajoute également une immense valeur à soi-même et, plus important encore, à la vie des autres. C'est le sixième niveau de vie de Maslow.

De nombreuses contributions peuvent être apportées en travaillant collectivement à améliorer notre monde. Notre propre effort devrait viser à créer de la valeur. En concentrant notre attention sur des actions constructives,En proposant des solutions, nous sensibilisons aux opportunités de service. Nous espérons ainsi nous motiver à agir et inciter les autres à agir dès qu'une telle opportunité se présente.

Comment appliquer tout cela ?

Je connais une personne handicapée mentale dont la vie dépend de Goodwill Industries. Sans eux, mon ami pourrait se retrouver parmi les sans-abri et errer dans la rue après avoir perdu son réseau de soutien, ou il ne survivrait pas. Seul, il ne pourrait pas vivre audelà du niveau de vie de base de Maslow. Même aujourd'hui, avec l'aide constante d'autrui, il vit à peine au niveau social inférieur – bien que ce soit au moins deux niveaux de besoins au-dessus de ce qu'il pourrait accomplir seul. Cela rend-il sa vie insignifiante ou indigne d'être vécue ? Pas à ses yeux.

Pour mon ami, sa propre existence est peut-être tout ce qui compte – etPourtant, il se soucie toujours des autres. Il a le sentiment de faire une bonne action en souriant et en saluant tous ceux qu'il rencontre. Il ne connaît pas d'étrangers. Il n'a pas besoin d'écrire un livre ou de jouer du piano pour donner un sens à sa vie.

D'ailleurs, il est peut-être plus facile pour mon ami de réaliser sa propre existence que pour n'importe qui d'autre que je connais.

Bien qu'il ait quelques difficultés intellectuelles, il ne se crée pas beaucoup de barrières psychologiques. Les personnes non handicapées ont des barrières différentes, car nous absorbons des limites culturelles et nous fixons des objectifs artificiels que mon ami ne perçoit pas forcément.

De plus, grâce à la générosité de mon ami, ceux qui prennent soin de lui peuvent reconnaître qu'en l'aidant, ils enrichissent leur vie. Les efforts du tuteur pour enrichir la vie de mon ami lui donnent un sens. L'idéaliste tire satisfaction de siéger au conseil d'administration de Goodwill ou de collecter des fonds pour l'organisation. Le rationaliste trouve de la valeur à acheter ou à donner des produits vendus à la boutique Goodwill. Un artisan a probablement conçu la brochure qui a permis de collecter des fonds pour l'institution.

Le véritable objectif de la participation de chacun n'est pas seulement de servir mon ami ; il s'agit pour chacun de satisfaire ses propres besoins ou objectifs grâce à cet effort. Chacun lutte continuellement pour améliorer sa situation sociale et économique, et pour renforcer son estime de soi. Aucune action n'est entièrement altruiste. Nous sommes également motivés à aider mon ami à s'épanouir, chacun à notre manière. En outre, nous savons tous que nous faisons quelque chose de précieux pour une personne qui a besoin de notre aide.

ChapitreVingt cinq
Que peut-onNous le faisons collectivement ?

L'un des objectifs de l'éducation formelle devrait être de réduire les barrières culturellesqui entravent la croissance et l'actualisation normales – si ce n'est pour le grand public (avec qui nous essayons de communiquer), du moins pour les personnes les plus informées, qui reconnaissent plus facilement ces obstacles. Puisque les masses sont généralement uniformes, voire ignorantes, sur un sujet donné, l'humanisme organisé peut contribuer à ouvrir la voie à l'actualisation, afin qu'elle soit accessible à ceux qui ont suffisamment de clairvoyance pour en prendre conscience et à ceux qui souhaitent progresser.

C'est peut-être le meilleur que nous puissions accomplir avec la génération actuelle. Mais c'est très important. Espérons que leurs enfants aurontPlus de vision. Nous devons leur donner l'opportunité d'apprendre et éliminer les barrières culturelles évidentes afin qu'ils puissent s'épanouir pleinement, s'ils le souhaitent. Rares sont les parents qui peuvent transmettre cette vision à leurs enfants. Nous pouvons leur en donner une. Cela devrait être un objectif primordial de l'humanisme organisé.

Lorsqu'on leur offre des opportunités – sans barrières physiques, culturelles ou auto-imposées – chacun tend à s'épanouir à son rythme et à sa manière, en fonction de sa personnalité, de ses possibilités d'éducation et de ses besoins. On ne peut pas changer toute la société. Mais les opportunités doivent être offertes, et les obstacles culturels et environnementaux à la croissance doivent être identifiés et éliminés (du moins pour ceux qui en sont capables) afin que chacun puisse vivre au plus haut niveau. Nous n'avons pas tous besoin d'accomplir notre propre vie pour réussir, mais une société prospère doit permettre à chacun d'en avoir l'opportunité.

Beaucoup de gens se sentent en droit de prétendre à quelque chose, mais ne veulent pas gagner ce droit.

Notre forme constitutionnelle de gouvernement, telle que proclamée dans la Déclaration d'Indépendance, affirme que nous avons « le droit » à la vie, à la liberté et à la quête du bonheur, mais elle n'exige pas de notre gouvernement qu'il nous en donne les moyens. La Déclaration ne dit pas que nous avons le droit d'atteindre le bonheur. Nous avons seulement le droit d'y parvenir par nous-mêmes. Notre gouvernement doit protéger nos droits et éliminer les obstacles juridiques et institutionnels qui entravent cette possibilité. L'État ne doit pas nous fournir les moyens, sinon cela perdra toute valeur pour nous et sera considéré comme un droit. Pour avoir de la valeur, il faut la gagner par ses propres efforts.

Personne ne devrait avoir la garantie de réussir. Cela ne fonctionnera pas, etTenter d'exiger des autres qu'ils assurent notre réussite risque de créer des personnes paresseuses. Nous devons mériter notre réussite pour qu'elle ait une quelconque valeur dans nos vies. Les humanistes devraient s'efforcer d'inciter le gouvernement à réaffirmer et à soutenir la dignité de chacun en utilisant ses politiques sociales et éducatives pour encourager la responsabilité et l'épanouissement individuels, plutôt que de créer une dépendance qui, à terme, entrave l'épanouissement personnel.

Types de tempérament de personnalité

Notre système éducatif devrait prendre en compte l'un des principaux obstacles culturels : le manque de sensibilisation du public à l'existence de différents types de personnalité et à ses implications pour la compréhension mutuelle. Comme indiqué précédemment, comprendre nos différences de pensée et de motivation peut améliorer la qualité de vie de chacun en réduisant les malentendus entre des personnes ayant des points de vue divergents et en offrant l'opportunité de découvrir les avantages de leur point de vue. Accepter la diversité des autres est une valeur personnelle précieuse. Comprendre et accepter nos différences peut contribuer à l'épanouissement de chacun.

Comprendre l'effet des personnes vivant à d'autres niveaux de la hiérarchie des besoins de Maslow

Un autre obstacle réside dans la capacité limitée de la plupart des gens à s'identifier à ceux qui vivent avec d'autres niveaux de besoins psychologiques. Même les gouvernements fonctionnent selon des niveaux de besoins différents sur l'échelle de Maslow. Il est irréaliste, par exemple, d'attendre du grand public russe, dont une grande partie se situe généralement dans un niveau de sécurité élevé/social moyen, qu'il comprenne les préoccupations culturelles des Américains, qui se situent plus souvent dans un niveau social élevé/ego faible. On ne peut pas non plus s'attendre à ce qu'un citoyen afghan moyen vivant dans un niveau de sécurité apprécie notre mode de vie.

Il faut d'abord apprendre aux gens à reconnaître ces différents niveaux, etComment s'adresser plus efficacement à ceux avec qui nous souhaitons communiquer en commençant par aborder leur niveau de vie. À l'instar du test de Maslow pour comprendre une blague ou apprécier la musique, la communication doit commencer par le niveau de besoin le plus bas de ceux avec qui nous communiquons. Apprendre au public à identifier et à comprendre les besoins des autres pourrait faire une différence significative dans une communication significative.

Qu'en est-il de notre système éducatif actuel ?

Un autre obstacle est causé par nos méthodes éducatives. Cela peut êtreIl est possible de les remettre en question efficacement sans menacer les croyances de quiconque. Frank Goble, auteur de La Troisième Force, un ouvrage qui développe la psychologie humaniste de Maslov, propose une philosophie éducative optimisant la conscience humaine. Il propose d'aider chacun à créer, à grandir et à maîtriser ses propres choix et objectifs, et suggère les moyens de créer un système éducatif permettant à tous les enfants d'atteindre le maximum de leurs capacités de développement, améliorant ainsi notre système actuel qui repose sur le principe d'une « taille unique », du moins pour les matières fondamentales.

Frank Goble soutient que la compréhension de la psychologie humaniste peut aider à offrir des opportunités éducatives précoces adaptées aux besoins de chaque enfant, plutôt que d'utiliser des modèles éducatifs préétablis qui peuventêtre incompatible avec les besoins individuels de nombreuses personnes. En concevant

Nos stratégies éducatives, qui visent à aborder chacun selon son propre tempérament, amélioreront son apprentissage. Placer tout le monde dans le même moule ne maximise pas efficacement la croissance. Si Goble a raison, ce changement dans notre approche de l'éducation pourrait considérablement améliorer les chances de nos enfants de s'épanouir pleinement, chacun à sa manière.

Pour couronner le tout, notre sociétéN'exige plus de nos élèves un comportement approprié. Notre dérive culturelle protège l'élève individuellement, mais les élèves indisciplinés sont aujourd'hui protégés par la société, ce qui entraîne des comportements inacceptables qui freinent l'épanouissement des autres. De plus, nos conseils scolaires ne soutiennent pas nos enseignants en leur donnant le pouvoir de contrôler leurs propres élèves. C'est tout simplement stupide.

Le problème commence à la maison. De nombreux parents protègent leurs enfants et n'exigent pas de sanction pour leurs comportements négatifs. Nos lois protègent l'individu et non le système scolaire. Par conséquent, le taux de diplomation actuel dans de nombreux lycées est déplorable. Les conseils scolaires doivent soutenir la discipline s'ils souhaitent des résultats positifs. L'armée a prouvé que la discipline améliore les attitudes, l'estime de soi et accroît les performances. C'est un bon modèle pour améliorer notre jeunesse, dont beaucoup manquent de confiance en soi. Et, par conséquent, notre société continue de décliner.

Comment pouvons-nous faire une différence dans notre propre vie ?

Le message pour chacun de nous est de devenir pleinement nous-mêmes, mais d'abordNous devons nous connaître nousmêmes. Ce n'est qu'alors que nous pourrons devenir authentiques et atteindre un épanouissement significatif dans notre vie. Maslow a contribué à comprendre le processus par lequel chacun de nous peut s'épanouir. Nous devons nous fixer des objectifs, ou un chemin, pour nous-mêmes. La façon dont nous mettons notre vie à améliorer le monde et à donner du sens à notre vie personnelle sera unique à chacun. Chacun doit commencer à s'épanouir en

définissant sa propre mission de vie. Sinon, le quotidien ou les autres nous définiront, et en raison de limitations culturelles, nous pourrions facilement manquer l'occasion de nous épanouir. Il n'est jamais trop tard.

Il est temps de faire une réelle différence dans notre vie. Nous devrions constamment améliorer notre qualité de vie, ne serait-ce que pour nous épanouir. Nous apprendrons bientôt que c'est en servant les autres que nous obtenons le meilleur résultat.

Partager notre vie avec les autres nous ouvre de nouvelles perspectives. Nous pouvonsComprenons maintenant que nos différences respectives rendent notre vie stimulante et passionnante. Le monde serait bien triste si nous étions pareils. Il n'est jamais trop tard pour changer la vie d'autrui. Cela devrait être un objectif quotidien pour chacun de nous.

Le bonheur est le sentiment de contentement que nous éprouvons en vivant momentanément au cœur de nos besoins, tout en poursuivant notre chemin vers notre épanouissement total. Lorsque tous nos besoins y sont ancrés et que nous avons actualisé notre existence, nous éprouvons un sentiment d'accomplissement. Au moment d'une expérience suprême, nous éprouvons une sensation exaltante, et peut-être effrayante, de pleine conscience : nous acquérons une vision rare de notre univers personnel, en harmonie et en résonance avec notre propre réalité. À ces moments-là, nous saurons alors que nous sommes comblés et que nous avons découvert le chemin vers l'accomplissement de notre vie.

Maintenant que nous savons quelles conditions ont produit notre accomplissementIl sera plus facile de maintenir raisonnablement ces conditions au quotidien, en maintenant l'équilibre entre notre vie et tous nos besoins. Cet équilibre renforce notre capacité à continuer de grandir. Notre propre croissance devrait être notre objectif constant. En grandissant, nous améliorons notre capacité à accomplir davantage au cours de notre vie et à donner du sens à notre vie pour les autres. En apprenant à nous donner généreusement aux autres, notre vie accomplit le but de notre propre existence. Notre vie deviendra significative dans la mesure où le monde deviendra meilleur grâce à notre passage. Dans la mesure où nos accomplissements perdurent après notre mort, nous aurons atteint ce qui, pour un humaniste, est la seule forme valable de notre propre immortalité dont nous soyons certains. Une vie

après notre mort est certainement valable, et même scientifiquement prouvable – et même pour un humaniste –, c'est notre réflexion sur l'influence que nous avons sur ceux qui nous suivent et sur la façon dont nous avons rendu le monde meilleur pour eux grâce à notre passage. Rien d'autre n'a beaucoup de valeur après notre mort.

Chapitre vingt-six
Quelles sont les valeurs en fin de compteImportantpour ma vie ?

Vous seul pouvez répondre à cette question. Cependant, si vous réfléchissez à ce qui estCe qui est important dans votre vie, je vais vous donner un exemple. J'ai déjà indiqué que seuls deux aspects de la vie me concernent en tant qu'« idéaliste » Meyers-Briggs :

(1) **Ma vie a du sens dans la mesure où je suis capable de m'accomplir.; et**

(2) **Ma vie sera significative dans la mesure où le monde seraun meilleur endroit parce que j'ai été ici.**

Pour être en bonne santé, je dois maintenir les deux en équilibre.

Si l'on considère ces valeurs, qui ne sont que deux des nombreuses qui mènent à une vie réussie, d'autres réagiront très différemment aux mêmes circonstances. La réaction à d'autres valeurs sera tout aussi différente ; il existe donc de multiples approches pour réussir sa vie. Pour illustrer ce point en utilisant uniquement ces deux valeurs :

Si vous êtes un artisan, vous pourriez dire :« M*a vie a du sens dans la mesure où je suis engagé de manière créative et dans la mesure où je suis enthousiaste à propos dela vie« Ma vie est importante lorsque j'ai créé une œuvre unique et créative, qui m'appartient vraiment et qui est véritablement appréciée par les autres. »*

Un tuteur peut dire :« Ma vie prend tout son sens lorsque je suis accepté par ceux qui comptent pour moi, lorsque je sais que ma famille et mes proches sont en sécurité et que mon monde est en ordre. Ma vie prend tout son sens lorsque je suis responsable de ce que je fais et que les autres apprécient ce que j'apporte. »

Un rationaliste pourrait dire :« *Ma vie a du sens quand elle est paisible, quand je sais ce qui est vrai et quand je fonctionne pleinement dans le monde, du moins dans la mesure où je suis à l'aise dans mon rôle. Ma vie a du sens quand je sens que ma propre contribution a mieux réussi que mes efforts précédents et quand je sais que mes efforts sont justes et que ce que je crois est vrai.* »

Ces affirmations peuvent n'être valables que momentanément et évolueront généralement avec la maturité et la précision de notre mission de vie. Le jeune rationaliste, par exemple, sera peut-être plus préoccupé. Comprendre comment accomplir une tâche spécifique est essentiel. Cependant, avec l'âge, le besoin de savoir grandit et, à terme, ils peuvent vouloir comprendre comment tout fonctionne. Les objectifs de tous les autres types de personnalité évoluent également. Rien d'humain n'est gravé dans le marbre, et cela ne devrait pas l'être, y compris nos propres convictions religieuses et philosophiques. Nous devrions toujours évoluer et être ouverts à de nouvelles opportunités pour que notre vie soit la plus réussie possible.

Même si l'approche de chacun face à la vie est « programmée », ce que nous considérons comme important en tant qu'individus à un moment donné ne sera que provisoire. Toute vérité est momentanée. Seule notre méthode de traitement de l'information demeure raisonnablement constante tout au long de notre vie. Nous ne pouvons rien y changer. Notre façon individuelle de traiter l'information ne ressemble qu'à celle d'autres personnes de même tempérament psychologique. Cependant, les moyens que nous utilisons pour mettre en œuvre nos actions diffèrent de ceux des autres, même de même type. Cela est généralement dû à notre niveau de croissance, de maturation, de niveau d'éducation et à nos propres expériences antérieures. Ainsi, nous apparaissons tous différemment, même si ceux de même tempérament traitent toujours l'information de la même manière.

Heureusement, il n'existe pas de vérité universelle que tous doivent accepter, et aucuneLa réponse unique au but de la vie. Cependant, la plupart d'entre nous continuent de supposer que tout le monde nous comprend, devrait être d'accord avec nous et, par conséquent, doit penser comme nous. Heureusement, ce n'est pas le cas. Imaginez à quel point le monde serait ennuyeux si tout le monde devait être d'accord. Notre énoncé de mission personnelle n'est valable que pour nous-mêmes, mais même cela devrait évoluer avec la maturité. Il existe très peu de vérités absolues que nous pouvons tous admettre.

accepter. Le fait que chaque personne abordera son actualisation de manièreLes différentes manières d'agir sont bonnes pour la société, car ces différences améliorent la qualité de nos vies en élargissant notre vision.

Chapitre vingt-sept
Alors, que puis-je faire maintenant que j'ai découvert que je suis humaniste ?

Si vous le pouvez, regardez maintenant la vie du point de vue où cette vie est probablementLa seule vie qui vous soit destinée. Ce que vous ferez ensuite est crucial. En reconnaissant que votre immortalité découle de ce que vous laissez derrière vous – vos contributions à ceux qui vous survivent ou qui vous suivent, et qui vous permettent ainsi de vivre une vie meilleure grâce à vous, ou grâce au fruit ou à la famille que vous avez créée – vous commencez à envisager la vie à la manière de Maslow. Vos motivations peuvent encore être égoïstes, car vous souhaitez que votre vie ait un sens, mais cela n'a qu'une faible incidence. Vos actions deviennent altruistes, car vous êtes déterminé à faire de votre mieux pour les autres dans la vie qui vous reste. Vous pouvez contribuer à un monde meilleur, comme bon vous semble. Vous aussi, vous pouvez faire une différence dans le monde d'aujourd'hui. Vous le faites pour créer quelque chose de durable pour les autres, et non pour votre propre bénéfice.

Comme je l'ai déjà dit, John Shelby Spong, ancien évêque de l'Église épiscopale du New Jersey, a déclaré : « Je considère le XXe siècle, qui fut à bien des égards un siècle humaniste laïc… c'est précisément à ce siècle que l'émancipation des femmes a eu lieu, que la domination coloniale des pays les moins développés du tiers monde a été en grande partie abolie, que le mouvement des droits civiques a brisé les entraves à la ségrégation et que les homosexuels ont commencé à surmonter les préjugés qui les empêchaient d'accéder à la pleine appartenance et à la justice dans l'ordre social. Chacun de ces progrès est une réussite majeure…

Une étude de l'histoire de ce siècle… révèle que la majeure partie

du monde chrétien, exprimée par le leadership du christianisme institutionnel, a résisté à chacun de ces ces changements. Une étude de l'histoire de ce siècle révèle également que ces réalisations ont été obtenues,

dans une large mesure, grâce au travail des forces humanistes laïques. »
La vision et le leadership des humanistes font encore aujourd'hui une
différence dans le monde.

La plupart de ces changements dans notre société ont commencé
parce qu'un humaniste a identifié un besoin insatisfait et s'est passionné
pour le résoudre. Il a accepté de s'atteler à la tâche et d'assurer le
leadership nécessaire.Pour y parvenir. L'essentiel est que chacun de nous
puisse réellement changer le monde, et les humanistes le prouvent sans
cesse. Il suffit d'être ouvert et réceptif à la contribution que vous êtes
prêt à apporter personnellement pour résoudre un problème qui touche
d'autres personnes que vousmême, lorsque vous le constatez.

Votre vision de ce qui résoudrait un problème et une attitude
positiveIl suffit de lancer le processus pour améliorer le problème que
vous rencontrez. Une fois engagé, d'autres personnes nécessaires à la
concrétisation de votre solution vous rejoindront si vous expliquez votre
objectif et sollicitez leur aide. Vous pourrez ainsi faire une réelle différence
qui perdurera. C'est une forme concrète de votre propre immortalité,
dont nous savons qu'elle existe bel et bien.

L'un de mes petits-fils, Braeden Stanley, est un humaniste de troisième
génération. Braeden est entré à l'Université Drake en première année
à l'automne 2011. À la fin de sa première année, lui et vingt autres
étudiants se sont inscrits à un cours d'été de trois semaines à l'étranger.
Ce cours était dispensé par trois professeurs, dont l'un était originaire
de la communauté rurale de Kikandwa, en Ouganda, située en Afrique
centrale orientale.

Le professeur a emmené les étudiants là-bas pour leur faire découvrir
la vie sous un angle différent. La mission de Drake est d'« offrir un
environnement d'apprentissage exceptionnel qui prépare les étudiants
à une vie personnelle enrichissante, débouchant sur des réalisations
professionnelles et une citoyenneté mondiale responsable ». L'université
a accepté d'accorder des

crédits universitaires aux étudiants ; leur objectif était de voir comment
leur voyage pouvait contribuer à changer les choses et de permettre
à chaque étudiant de rédiger un article expliquant sa vision de ce qui

pourrait profiter aux autres. Les étudiants de Drake des cours précédents avaient tous proposé des cours.

Leur propre plan illustrait les actions que la communauté visitée cette année-là pourrait entreprendre pour améliorer la qualité de vie de ses citoyens. Tous leurs efforts étaient restés théoriques, la plupart du temps sans tenir compte du manque de ressources communautaires pour concrétiser leurs projets. Les anciens de la communauté visitée par Braeden ont identifié leur principal besoin : un établissement médical.

Personne n'avait imaginé auparavant que les étudiants pourraient répondre personnellement aux besoins de la communauté. Plus de 30 000 personnes vivaient dans la zone rurale entourant Kikandwa. Le gouvernement ougandais avait mis en place quelques cliniques, mais celles-ci étaient corrompues, manquaient de personnel et manquaient d'entretien. La clinique compétente la plus proche se trouvait dans une zone métropolitaine à des kilomètres de là, et la plupart des gens devaient s'y rendre à pied. Pour une personne malade, cela pouvait prendre trois jours de marche. Même à vélo, cela représente plus d'une journée de trajet si l'on est suffisamment en forme pour s'y rendre. Il n'existait aucun moyen de transport commercial efficace au cœur de l'Ouganda rural et, même s'il y en avait un, personne dans cette communauté n'en avait les moyens.

Braeden fut impressionné par l'accueil chaleureux et la gentillesse des habitants de Kikandwa. Ils invitèrent les élèves de Drake chez eux et leur firent part de leurs maigres biens. Nombre d'entre eux n'avaient jamais rencontré de Caucasiens, et encore moins d'Américains. Les élèves apprirent qu'un homme avait emmené sa femme enceinte à la clinique éloignée. N'ayant pas l'équivalent de cinq dollars pour acheter un kit d'accouchement, composé de gants et de ciseaux, sa femme se vit refuser l'admission. Ils durent accoucher seuls, au bord de la route. Sa femme et son bébé moururent tous les deux. C'en était trop pour Braeden. Il décida de « construire une clinique à Kikandwa, même si cela lui coûtait le reste de sa vie ».

Une fois que Braeden eut déclaré qu'il accepterait personnellement la responsabilité de répondre à ce besoin, d'autres étudiants se sont joints à lui pour participer à ce projet. Leurs responsables pédagogiques se sont alors sentis obligés de les rejoindre. En l'espace de trois semaines, les étudiants ont rencontré les dirigeants de la communauté, trouvé un site et élaboré un plan. Ils sont retournés à Drake à l'automne suivant et

Braeden a personnellement assumé la responsabilité de collecter les fonds nécessaires à la construction du centre médical, tandis que d'autres étudiants ont accepté le défi de décider de ce qui serait nécessaire d'autre et de la manière dont ces besoins seraient résolus.

L'une des élèves était la fille du responsable de Character Counts dans l'Iowa. Très actif au Rotary, il présidait le Comité international de son club. Le club a accepté de participer au projet des élèves de Drake, ce qui a assuré leur réussite. Braeden et plusieurs autres élèves sont retournés en Ouganda pendant les vacances de janvier. Ces élèves ont contacté un Rotary club ougandais qui a accepté de superviser la construction. Un de ses membres, architecte, a dessiné les plans du centre médical, et un entrepreneur a fourni un devis pour sa construction, lui permettant ainsi de le réaliser.

De retour à Drake pour le semestre de printemps, ils furent rejoints par d'autres étudiants de Drake, également venus en Ouganda pour des cours précédents. Ils se réunirent chaque semaine pendant l'année scolaire afin de planifier le fonctionnement de leur clinique. Braeden et ses collaborateurs parvinrent à réunir les fonds nécessaires. À la fin de sa deuxième année, les travaux de construction du centre médical commencèrent. À la fin de sa troisième année, le centre médical de Kikandwa était presque terminé, mais il fallait le doter en personnel et en approvisionnement. Les étudiants trouvèrent un médecin disposé à occuper le poste de directeur médical du centre et s'arrangèrent pour qu'une église méthodiste locale en Ouganda assure le personnel de leur établissement.

Créer un centre médical performant requiert de nombreux éléments. Cependant, se concentrer sur un objectif permet de saisir des opportunités que l'on n'aurait peut-être jamais envisagées autrement. Ces habitants de cette région d'Ouganda souhaitaient une clinique. Ils ne savaient tout simplement pas comment s'y prendre. Une fois que Braeden a pris l'initiative et que tout le monde s'est concentré sur la création de la clinique, de nombreux membres de la communauté étaient prêts à contribuer, même s'ils

n'avaient pas les moyens de financer sa construction. Il faut un leader animé d'une vision du succès pour créer une dynamique. Cette dynamique attire les autres à sa cause.

L'élan de Braeden m'a même affecté. J'étais l'avocat deL'Iowa Great Ape Trust, où se trouvent six des cent trente bonobos africains actuellement en captivité dans le monde. Ces bonobos ont un niveau de réflexion comparable à celui d'un élève de première. Les bonobos de Des Moines ont vécu toute leur vie au contact des humains, qui leur ont parlé en anglais dès leur naissance. Ils nous comprennent donc facilement. N'ayant pas de larynx, il leur a suffi de créer un langage symbolique pour nous répondre.

Des Moines étant désormais le seul endroit sur Terre où les humains peuvent réellement tenir une conversation intelligente en anglais avec d'autres espèces vivantes, ces bonobos attirent des visiteurs du monde entier. Grâce à cette organisation, j'ai eu la chance de rencontrer un autre avocat du Minnesota qui représente une association à but non lucratif qui récupère les surplus de fournitures médicales et d'équipements usagés des hôpitaux et des cabinets médicaux. Cette entreprise a pour mission de distribuer ces équipements usagés et ces fournitures excédentaires aux hôpitaux défavorisés des pays en développement. En m'intéressant au projet de Braeden et de ses camarades, j'ai compris ce que cette association pouvait apporter à leurs efforts.

La clinique ougandaise n'était pas un hôpital, mais elle était proche et répondait aux mêmes besoins. J'ai présenté la clinique Drake Uganda à cette avocate du Minnesota, qui a été très impressionnée par le projet des étudiants de Drake. Elle a accepté de l'aider. Les étudiants ont présenté leur dossier au conseil d'administration de son client et ont pu acquérir gratuitement plus de 375 000 dollars en équipement et fournitures médicales, à condition qu'ils réunissent 15 000 dollars supplémentaires dans les deux semaines suivantes pour l'expédition d'une semi-remorque de 12 mètres remplie de fournitures. Malgré leurs examens finaux, les étudiants ont travaillé avec diligence pour atteindre cet objectif. Ainsi, Kikandwa allait mettre des services médicaux à la disposition de 30 000 personnes qui, auparavant, n'avaient jamais bénéficié de tels services avant la visite de Braeden et de ses camarades.

Le président de l'Université Drake, David Maxwell, a annoncé

lors d'une collecte de fonds organisée par Braeden : « Cela me donnera le droit de me vanter auprès des présidents d'université. » Cette région de l'Ouganda ne sera désormais plus

ne disposent que de soins médicaux accessibles à quelques pas de l'endroit où ils se trouvent30 000 personnes vivent encore, mais grâce à l'homme qui a inspiré Braeden, les fournitures nécessaires à un accouchement seront gratuites pour celles qui n'ont pas les moyens de payer, de sorte qu'aucune femme ne risque de perdre sa vie ou son bébé parce qu'on lui refuse des soins en raison du manque de cinq dollars.

Cette clinique doit être durable, mais les dirigeants communautaires ont convenu que les services médicaux ne seront facturés qu'en fonction de la capacité financière des patients. Grâce aux fournitures gratuites mises à disposition, cette clinique est en passe de devenir l'une des meilleures et des plus populaires cliniques de la région.

Le centre médical de Kikandwa sera facilement accessible et disponible pour répondre aux besoins des personnes qui n'ont pas les moyens de se payer des soins médicaux privés, autrement réservés aux zones métropolitaines d'Ouganda. Des milliers de personnes dans le monde auront aujourd'hui une vie meilleure grâce à l'engagement d'un humaniste, à sa vision et au courage de s'engager pour répondre à un besoin. Il suffit du leadership d'une seule personne pour insuffler l'élan nécessaire à la réalisation de toute tâche. C'est ainsi que tous les humanistes peuvent encore faire une réelle différence dans le monde d'aujourd'hui, chacun à sa manière. Il suffit de se passionner pour quelque chose qui nous dépasse.

Récemment, l'un des professeurs de Drake a visité la clinique Kikandwa.

Ce qu'elle a écrit en réponse à Drake exprimait tout pour moi :

« Salutations d'Ouganda ! » — du Dr Deb Bishop, professeure agrégée de pratique en gestion et directrice de l'Université Drake (courriel du 9 juin 2015). « Rencontrer ma petite Rebecca cet après-midi a valu la peine ! » Je suis allée avec deux étudiants rencontrer le Dr Dickson à Mukono aujourd'hui.

Sur le chemin du retour, nous nous sommes arrêtés à

Kikandwa. Nous sommes entrés dans la chambre du patient, qui

comprend trois lits d'hôpital et un minuscule lit pour bébé. Dans ce berceau dormait un bébé de quelques mois, prénommé Rebecca. Elle dormait paisiblement. Elle venait au centre de santé depuis quelques jours, le premier jour gravement malade. Grâce au matériel et aux fournitures de laboratoire, on lui a diagnostiqué un paludisme et une pneumonie.

Ce jour-là, sa mère l'amenait pour passer la journée sous perfusion. Alors que nous étions là, Rebecca a ouvert les yeux et les miens se sont remplis de larmes. C'était un spectacle incroyable : une petite et belle vie sauvée et guérie. Rien que ça, ça valait tout ce que nous avions fait !

Il reste encore beaucoup à faire. L'électricité devrait être installée cette semaine. Il n'y a pas de service de garde de nuit pour le moment, et ce sera très utile. Merci de transmettre ce message à ceux qui pourraient être intéressés. Cordialement, Dr Deb Bishop.

Ce message m'a fait pleurer, car il disait deux chosespour moi:

1.   L'effet que Braeden a eu en déclarant qu'il ««« Il a passé le reste de sa vie à veiller à ce que ces personnes puissent un jour bénéficier de soins médicaux modernes. » Une fois cet engagement pris, d'autres étudiants et les professeurs de Drake, qui avaient parrainé le voyage, ont accepté de se joindre à lui. Bientôt, d'autres, dont des Rotary Clubs, se sont joints à son effort. Son objectif est ainsi devenu réalité. Quatre ans plus tard, son rêve se réalisait et il fait aujourd'hui une réelle différence dans le monde.

2.   Pour le peuple ougandais, sa clinique est ce qu'il y a de plus précieux aujourd'hui. Pourtant, elle fonctionnait timidement, sans électricité, et il lui manquait peut-être certaines des ressources de base que nous tenons pour acquises. Nous protesterions en cas de panne

d'électricité, de pénurie d'eau ou de manque de dentifrice. Ils sont ravis de pouvoir bénéficier immédiatement de services médicaux qu'ils n'ont jamais eus auparavant. Peut-être faudrait-il revoir nos priorités en comparant nos vies à celles de la plupart des autres habitants de la planète.

Même si leur nouvelle clinique n'est peut-être pas encore parfaite à nos yeux, elle est « merveilleuse » à leurs yeux. Ils sont si enthousiastes de ce qu'ils ont aujourd'hui parce qu'un étudiant de Drake s'est engagé à répondre à leurs besoins. Bébé Rebecca, qui n'aurait probablement pas survécu, est en vie aujourd'hui grâce à

Braeden. Une fois son 263

Une fois sa décision prise, il a eu la persévérance nécessaire pour atteindre son objectif. L'un des deux principes directeurs de ma vie est que nos vies prennent tout leur sens dans la mesure où le monde est meilleur grâce à notre passage. C'est une forme d'immortalité acceptable, même pour un humaniste. Pour ces personnes, Braeden vivra éternellement.

Braeden a perçu un besoin et a accepté d'y répondre comme son objectif personnel. À ce moment-là, il n'avait aucune idée de la manière d'y parvenir. Il savait seulement qu'il y consacrerait sa vie. Une fois cet engagement pris, il a identifié et exploité toutes les opportunités qui ont permis au projet de progresser vers sa solution ultime. Il a simplement assuré le leadership nécessaire pour atteindre son objectif. L'intervention d'autres personnes était nécessaire pour y parvenir. Il s'est concentré sur le résultat. Cela a ouvert la voie à d'autres personnes dont les compétences et les talents étaient indispensables à l'atteinte de son objectif.

Braeden m'a motivé à aider lorsque j'ai vu une opportunité de fournirL'équipement et les fournitures médicales nécessaires au fonctionnement de sa clinique. Il suffit d'une seule personne pour apporter la vision et le leadership nécessaires à la réalisation collective de ces objectifs. Grâce à son engagement, Braeden a véritablement changé le monde d'aujourd'hui pour plus de 30 000 personnes qui ne connaissent pas son nom, mais dont la vie est meilleure grâce à son passage. Vous aussi, vous pouvez y parvenir, si vous ouvrez les yeux, identifiez un besoin et décidez d'y répondre. Mais pour y parvenir, vous devez vous y engager. C'est ce que font les humanistes, et c'est pourquoi notre monde est meilleur aujourd'hui grâce à notre expérience. Chacun de nous crée sa propre immortalité. Vous aussi, vous pouvez le faire.

Envisager la vie d'un point de vue humaniste vous ouvrira les yeux. Vous découvrirez des opportunités de contribuer à la vie des autres.Pour qui, autrement, vous hésiteriez peut-être à dépenser votre énergie. Croire que cette vie est tout ce qui vous attend est ce qui vous motive à en profiter au maximum, par tous les moyens possibles.

Pour un autre exemple de ce que vous pourriez faire

La Fraternité maçonnique est la plus grande fraternité au monde. On compte aujourd'hui quatre millions de francs-maçons actifs dans le monde, dont deux millions aux États-Unis. C'est aussi la plus grande organisation philanthropique au monde. Aux ÉtatsUnis seulement, les francs-maçons donnent entre deux et trois millions de dollars par jour à des œuvres caritatives, sans exiger le moindre sou de leur part. Je suis franc-maçon du 33e degré, le plus haut degré de la franc-maçonnerie. Je dînais lors d'un événement maçonnique avec le Potentat (président) de notre temple Shrine local. Il m'a dit que les 22 hôpitaux pour enfants Shrine connaissaient un grave problème aujourd'hui, car leurs patients hospitalisés ne finançaient plus leur entretien.

La franc-maçonnerie est une pratique tout à fait sérieuse. Le Shrine est une parodie de la franc-maçonnerie. La francmaçonnerie a plus de sept cents ans. Créé aux États-Unis au milieu du XIXe siècle, le Shrine offrait aux francs-maçons une organisation ludique. Après des années de réjouissances excessives lors de leurs congrès annuels, ils ont convenu qu'ils devaient avoir un objectif positif, bénéfique pour notre société. Il y a cent ans, ils ont construit 22 hôpitaux à travers le pays. Aujourd'hui, ils accueillent principalement des enfants souffrant de problèmes orthopédiques et des enfants gravement brûlés. Outre leur couverture d'assurance, les familles des enfants qu'ils accueillent ne paient rien pour leurs soins. J'ai appris qu'en 2018 seulement, ils ont répondu aux besoins de 345 000 visites d'enfants.

J'ai siégé bénévolement au sein de conseils d'administration d'hôpitaux pendant 50 ans, tout au long de ma carrière juridique. J'ai immédiatement compris le problème. Le Sanctuaire fonctionnait selon un modèle médical vieux de quarante ans, devenu obsolète. Aujourd'hui, 85 % des enfants soignés étaient en consultation externe. Chaque jour, seuls quelques enfants de chaque hôpital peuvent nécessiter une hospitalisation de nuit pour leur traitement, même après une intervention chirurgicale. Plus je réfléchissais à la situation critique du Sanctuaire, plus je voyais la

solution idéale.

Après avoir obtenu l'approbation du président de l'hôpital pour enfants Blank, J'ai présenté mon idée au président de l'hôpital

UnityPoint — Des

Le système Moines, où j'ai siégé à au moins un conseil d'administration pendant vingt-quatre ans, est propriétaire de six hôpitaux dans le centre. L'un d'eux est l'hôpital pour enfants Blank. Blank est le seul hôpital construit pendant la Seconde Guerre mondiale, et il a fallu un acte personnel du président Roosevelt pour qu'il soit construit. J'en étais heureux. À la fin de la guerre, à l'âge de neuf ans, cet hôpital m'a sauvé la vie. Je lui devais bien quelque chose.

J'ai expliqué que je souhaitais offrir au Sanctuaire de meilleurs services de soins en créant la toute première Clinique pour enfants du Sanctuaire au sein de l'hôpital pour enfants Blank. Le Sanctuaire pourrait ainsi mieux offrir ses services aux enfants dans des structures communautaires déjà existantes, plus proches de chacun de ses temples.

En faisant cela, au lieu du Sanctuaire qui dépense actuellement 80% Grâce à leur budget consacré au financement de bâtiments devenus inutiles, ils pourraient transformer la partie inutilisée de leurs hôpitaux en maisons de retraite maçonniques qui financeraient leurs installations hospitalières actuelles. Le président d'UnityPoint Health System, propriétaire du système hospitalier pour enfants Blank, a apprécié cette idée.

Alors, au lieu de me frayer un chemin à travers la hiérarchie du Sanctuaire, en commençant par le niveau local, et de devoir convaincre des centaines de personnes ignorantes pour obtenir une décision, j'ai appelé personnellement le Potentat impérial international (« président

») et lui ai présenté mon idée. Il a réfléchi à mes propos et m'a dit : « Vous savez, ça pourrait marcher. » Il a présenté mon idée à son conseil d'administration, et ils ont convenu qu'elle méritait d'être prise en considération. Ils ont envoyé cinq de leurs hauts responsables depuis leurs bureaux chaleureux du sud de la Floride dans l'Iowa pendant une tempête de neige à la mi-janvier 2019 (alors que tous les autres habitants de l'Iowa font l'inverse à cette époque de l'année) et ils ont apprécié ce qu'ils ont vu.

Blank a une histoire remarquable. Par exemple, il a pu sauverLes sept enfants McCaughey sont nés en même temps d'une même

mère, alors qu'ils ne pesaient chacun qu'une livre et demie à la naissance. Aujourd'hui, ils sont tous sept adultes en bonne santé. Le Shrine a collaboré avec le personnel de l'hôpital Blank pour concrétiser ce nouveau modèle de clinique pédiatrique.

Ce modèle a fait ses preuves. Au cours des deux premières années, l'espace de sa clinique était déjà dépassé. Si le Shine avait été sage, il aurait adopté ce modèle, et toutes les autres unités du Sanctuaire auraient immédiatement accès à leur propre clinique. Ces cliniquesPermettre l'accès aux soins médicaux dans une communauté proche du domicile des enfants, au lieu de se retrouver confrontés au problème actuel de l'unité du Sanctuaire de Des Moines, qui obligeait les Shriners à venir chercher leur enfant à leur domicile, à l'emmener à l'hôpital le plus proche à Minneapolis, Chicago ou Saint-Louis, à attendre qu'il soit soigné, puis à le rendre à ses parents. Et, comme je l'ai déjà dit, le Sanctuaire pourrait alors transformer la partie sous-utilisée de ses hôpitaux en maisons de retraite pour les francs-maçons, ce qui financerait l'entretien des locaux qui grevaient auparavant son budget.

Les fonds qui ne sont plus nécessaires à l'entretien de leurs hôpitaux permettraient alors au Sanctuaire de servir tous les enfants, quel que soit leur état de santé.Besoin. Tout le monde en profite. Mais ce sont les enfants qui en bénéficient le plus. Au lieu de cela, les conseils d'administration des hôpitaux Shrine locaux peinent aujourd'hui à maintenir leur structure actuelle afin que leurs membres puissent jouer leur rôle, même s'ils ne sont pas en mesure de résoudre leurs propres problèmes budgétaires. Or, un manque de croissance efficace résulte d'un manque de leadership efficace. Les organisations qui persistent dans leur activité habituelle, malgré les changements liés à l'évolution de la société, finissent par se détériorer.

Si elle est gérée correctement, la clinique du sanctuaire de Des Moines devrait être en mesureAméliorer l'image du sanctuaire auprès de la communauté de Des Moines, ce qui devrait se traduire par une augmentation du nombre de ses membres lorsque davantage de personnes souhaiteront participer. En retour, le temple local du sanctuaire fera la promotion de sa clinique à l'hôpital pour enfants de Blank afin d'améliorer son image publique. En offrant des soins de qualité à « leurs enfants » à la clinique de Blank, tout le monde y gagne, et plus particulièrement les enfants pris en charge par les cliniques du sanctuaire pour enfants.

Waouh ! Pourquoi aucun autre Shriner n'avait-il pensé à faire ça en premier ? Premièrement,parce qu'ils n'ont pas le bagage nécessaire pour voir comment tous lesles pièces du puzzle nécessaires pour résoudre ce problème s'emboîtent si bien

2Deuxièmement, même s'ils y avaient pensé, ils ne se rendaient pas compte qu'ils pouvaient y parvenir. Je suis membre du Shrine et j'ai siégé au conseil d'administration d'UnityPoint Health. Je siège bénévolement aux conseils d'administration d'hôpitaux depuis cinquante ans, et j'ai compris que le problème du Shrine résidait dans son modèle médical vieux de quarante ans. Et je connaissais personnellement les personnes qui pouvaient y parvenir. Autrement dit, je voyais toutes les pièces du puzzle. Mais tout cela est arrivé parce que j'étais prêt à m'engager pour résoudre leur problème.

Mon métier consiste à assembler toutes les pièces du puzzle pour résoudre les problèmes. En tant qu'avocat, je résous des problèmes complexes de structure, de relations et de droit pour mes clients professionnels. Ainsi, aujourd'hui, cinq de mes clients, dont trois que j'ai aidés à démarrer dans leur garage, sont des leaders mondiaux dans leur domaine. Non pas parce que je suis excellent, mais parce qu'en tant qu'« idéaliste », je me spécialise dans la recherche de solutions pour maximiser les opportunités pour mes clients. Cependant, je ne me vois pas moi-même et ne peux donc pas faire pour moi-même ce que je peux accomplir pour mes propres clients. C'est pourquoi j'aime jouer dans le bac à sable des autres.

Juste pour vous donner un autre exemple afin que vous puissiez voir à quel point c'est facilePour trouver des opportunités. J'accomplis davantage en observant la vie et les opportunités qui nous entourent avec le regard d'un humaniste, car je les recherche activement. Non pas pour donner une image erronée de la francmaçonnerie, car elle fait plus de bien que toute autre organisation non religieuse à but non lucratif aux États-Unis, mais pour souligner la nécessité d'un leadership efficace pour la réussite de toute organisation. Je représente le cimetière maçonnique de Des Moines depuis des années. Avec le déclin du nombre de membres maçons, leurs ressources et leur marché ont diminué. L'entretien de leur cimetière était inexistant en raison de la baisse de trésorerie et de l'augmentation des coûts. Ils n'avaient qu'un employé à temps plein et un employé à mi-temps pour tondre la pelouse d'un kilomètre carré et ouvrir et fermer toutes les tombes. J'ai répété à leur conseil d'administration pendant des années qu'ils devaient transférer la propriété de leur cimetière à la ville de Des Moines pour son entretien. Le conseil d'administration du cimetière m'a ignoré. parce qu'ils ont vraiment apprécié leur dîner et leurs boissons gratuits avant leurs réunions mensuelles.

Quelques années plus tard, alors que les pissenlits qui poussaient sur la tombe de ma mère m'empêchaient de les arracher, je me suis mis en colère et j'ai écrit une lettre cinglante au conseil d'administration du cimetière. À ce moment-là, aucun membre ne me connaissait, mais heureusement, ils ont transmis ma lettre de menaces aux deux loges maçonniques propriétaires du cimetière. Les dirigeants de ces loges savaient qui j'étais ; ils ont donc dit au conseil d'administration qu'ils devaient suivre mes instructions. Les loges ont voté pour m'autoriser à céder le cimetière à la Ville.

Je savais que si j'appelais le Conseil des parcs, qui gère les cimetières municipaux, pour leur expliquer mes intentions, ils examineraient la situation et diraient : « Non, non ! » La situation s'était dégradée à ce point. J'ai donc appelé le maire et lui ai dit que la ville serait bientôt dans l'embarras si elle n'acceptait pas ma proposition de reprendre le cimetière. Il a traversé le cimetière en voiture et a accepté. Je lui ai donc demandé de convoquer une réunion du Conseil des parcs pour leur annoncer sa volonté de reprendre le cimetière. Ils ont tout fait pour satisfaire rapidement le maire. Ils ont pris possession du cimetière l'année dernière, et aujourd'hui, il n'y a plus de pissenlits sur la tombe de ma mère. Pour couronner le tout, la ville n'a pas voulu de la résidence située à l'entrée du cimetière, autrefois utilisée par le gestionnaire du cimetière. Le Conseil l'a donc vendue et chaque loge a reçu une indemnité.

75 000 $ qu'ils n'auraient pas pu obtenir autrement, et ils ne courent plus le risque de devoir financer le remplacement des routes du cimetière qui ne leur appartenaient plus. Aujourd'hui, tout le monde se réjouit de ce résultat. Ce que je veux dire, c'est que chacun de nous peut créer un changement positif en observant son environnement et en étant prêt à agir dès que l'occasion se présente, comme l'a fait Braeden en Ouganda.

Ce n'est pas parce que je suis si spécial que ça s'est produit. C'est parce queJ'ai vu une opportunité de résoudre un problème qui aiderait d'autres personnes à avoir une vie meilleure, en particulier

celles qui me survivront. L'humanisme m'amène à ne plus considérer la vie uniquement comme bonne pour moi. Tout le contraire de nombreuses personnes qui, aujourd'hui, ne pensent qu'à leur propre survie. C'est arrivé grâce à mon

Ma perspective de vie se situe au niveau de la hiérarchie de Maslow, où les opportunités que je vois pour faire la différence peuvent n'avoir aucun bénéfice personnel. Avec la clinique pour enfants Shrine, j'étais dans une position unique pour voir toutes les pièces du puzzle, alors j'ai agi. Tu es une personne unique, et tu verras des opportunités que je ne pourrais pas voir. La différence entre nous réside peut-être dans ta façon de réagir.

À mesure que des opportunités se présenteront, vous réaliserez que vous pourriez contribuer à résoudre le problème que vous percevez, si seulement vous acceptiez la responsabilité de provoquer le changement. Espérons que vous serez désormais motivé à faire une réelle différence dans le monde chaque fois que vous en verrez l'occasion. Cela changera considérablement votre vie et, en résolvant ce problème, vous contribuerez à votre immortalité bien au-delà de ce que vous auriez pu acquérir avant la lecture de ce livre.

Pensez à mes petits exemples. La clinique Shrine de l'hôpital pour enfants de Blank a permis à Blank de soigner les enfants à un niveau qu'elle n'aurait pas pu atteindre autrement. Avant l'aide de Shrine, Blank ne disposait ni de l'expérience, ni de l'équipement, ni du talent nécessaires pour prendre en charge les enfants souffrant de graves problèmes orthopédiques. Aujourd'hui, elle prend en charge tous les enfants ayant ces besoins. De plus, Shrine prend en charge les soins de tous ses enfants, ce qui libère l'hôpital de ses soucis de rémunération. Le temple Shrine local fera la promotion de Blank sans aucun coût pour le budget de Blank. Et surtout, les enfants bénéficieront de soins de qualité dans un établissement capable de fournir des services efficaces sans avoir à se déplacer hors de leur État pour consulter des médecins compétents. C'est clairement une situation gagnant-gagnant pour tous.

Mon souhait est que maintenant que cela a été un succès, les quatre autresLes temples Shrine de l'Iowa souhaiteront développer leurs propres relations avec les établissements médicaux existants de leur communauté afin de prendre soin de leurs enfants. Mon objectif principal est de susciter un véritable engouement à travers le pays, afin qu'à l'avenir, nous puissions disposer de cliniques pour

enfants Shrine, où les enfants ayant des besoins médicaux spécifiques pourront être soignés à proximité de leur famille et être immédiatement accessibles à tous les temples Shrine locaux.

Le programme de l'hôpital pour enfants pourrait se développer et être perçu par le public comme étant plus important que celui de St. Jude dans sa capacité à bénéficier à nos enfants.

Comment surpasser les autres, voire les conseils locaux qui gèrent des installations sans compétences commerciales significatives, est un terrain fertile pour faire la différence. Même un conseil d'église local peut participer simplement parce qu'il profite d'un repas gratuit, pour simplement comprendre les bienfaits que le changement peut apporter à l'entité qu'il sert. Votre participation peut faire une différence significative en les aidant à résoudre des problèmes qu'ils ne voient pas. Fort de ce savoir, soyez prêt à rechercher vos propres opportunités de faire la différence. L'une d'elles se présentera à vous si vous êtes attentif et que votre attitude réceptive vous le permet. Vous avez maintenant la perspective et la motivation nécessaires pour agir lorsque vous voyez une opportunité de faire la différence. Je viens de vous donner quelques exemples. Vous verrez les vôtres pour faire une réelle différence dans le monde qui vous survivra. C'est une forme d'immortalité pour vous, dont nous savons qu'elle existe bel et bien.

Ce que je veux dire, c'est que chacun de nous possède des compétences et une vision uniques. Maintenant que vous êtes motivé et que vous cherchez des opportunités pour faire la différence dans votre vie, vous saurez reconnaître une opportunité d'apporter votre contribution. Dans la mesure où le monde devient meilleur grâce à votre passage, vous aurez atteint votre propre immortalité. Si vous êtes motivé, il vous suffit d'ouvrir les yeux et de rechercher des opportunités où vous aussi pouvez faire la différence. Bien que ce soit la seule forme d'immortalité, nous savons avec certitude qu'elle existe. Chercher à améliorer la vie des autres peut devenir une activité enrichissante. Cela peut devenir une source de motivation importante pour nous tous. Alors, regardez autour de vous et voyez ce que vous pourriez apporter à la vie des autres. Vous serez surpris de voir apparaître des opportunités que vous n'auriez pas envisagées auparavant.

Même si vous aviez déjà ressenti ce besoin auparavant, vous

n'auriez peut-être pas pensé pouvoir le résoudre seul, car vous n'aviez pas l'habitude d'assumer une telle responsabilité. Ou vous estimiez ne pas en avoir les moyens.

Que ce soit pour une raison ou une autre, vous avez manqué une opportunité. La plupart des gens ignoreraient un problème qui ne leur appartient pas, souhaitant que quelqu'un d'autre s'en charge. Cependant, une fois que vous aurez appris à voir le monde d'un point de vue humaniste, vous aurez rapidement envie de résoudre tout ce qui est possible, en prenant l'initiative, au moins pour lancer le projet, même si vous ne pouvez pas le réaliser seul. Une fois que vous vous serez engagé à résoudre le problème, vous découvrirez des opportunités d'aide que d'autres n'auraient jamais envisagées auparavant. C'est un peu comme assembler les pièces d'un puzzle, étape par étape. Vous aurez bientôt accompli la tâche que vous vous étiez fixée. Le sentiment de fierté et d'accomplissement que vous ressentirez alors vous motivera à saisir la prochaine opportunité. Votre vie s'épanouira à mesure que vous réussirez. Ainsi, le monde deviendra meilleur grâce à votre expérience. Vous atteindrez un point où vous sentirez le sens de votre propre vie accompli. La différence que vous aurez apportée au monde deviendra votre immortalité, qui, nous le savons, n'existerait peut-être pas autrement.

Regardez les centaines de personnes aujourd'hui qui peuvent être fières de leur contribution au projet de Braeden en Ouganda, lancé avant même d'avoir la moindre idée de la manière d'atteindre son objectif. Collectivement, nous pouvons tout accomplir. En agissant ensemble, nous pouvons tous faire une différence dans notre monde aujourd'hui, au bénéfice de milliers de personnes qui survivront après notre disparition. Cela donne un sens à notre vie et le fruit de nos efforts rend notre vie immortelle – pas nécessairement parce que votre nom restera gravé dans les mémoires. Comme pour Braeden, ce que vous avez créé au bénéfice des autres perdurera. Et c'est la seule chose qui compte vraiment. Il n'y a pas de meilleur moyen de s'assurer que votre vie aura été importante que de vous engager dans une tâche dont vous savez qu'elle ajoutera de la valeur à la vie de ceux qui vous succéderont.

Si vous êtes aujourd'hui capable d'envisager la vie d'un point de vue humaniste, mais qu'à 96 ans, sortir de votre fauteuil roulant est

une tâche ardue, ou que vous avez 98 ans et êtes confiné au lit, il existe encore de nombreuses façons de garantir que votre expérience améliorera la vie des autres. C'est peut-être votre cas.

Petits-enfants. Ils sont peut-être plus enclins à vous écouter que leurs propres parents, surtout s'ils sont à la fin de l'adolescence et n'ont pas encore 40 ans.

Raconter vos erreurs à vos petits-enfants et leurs conséquences peut être très significatif pour eux. Ils se souviendront toujours de ce que vous leur direz. Ils n'ont probablement jamais imaginé que votre vie aurait pu ressembler à la leur, si ce n'est avec la terrible révélation que vous n'avez pas grandi avec des téléphones portables qui tweetaient, et que vous avez dû regarder et parler à votre partenaire. Comment avez-vous fait ? Malgré tout, vous avez beaucoup d'expérience de vie à partager. Cela peut avoir une influence considérable sur leur vie, surtout si vous intégrez ces histoires dans une conversation normale, de manière à ce qu'elles ressemblent à un sermon. C'est encore plus efficace si vous pouvez finir par rire de vous-même. Vos descendants se souviendront toujours de ces moments. Ils offrent une forme supplémentaire de votre propre immortalité. Tout ce que vous dites peut les motiver.

Une autre suggestion est que si vous pouvez écrire quelque chose qui circuleÀ tous les membres de votre famille, afin que votre petite-fille adolescente ne se sente pas vraiment concernée. Vos pensées peuvent faire une énorme différence, tout comme l'arrièregrand-oncle de Tony Hileman a changé la vie de son parent quatre générations plus tard. Ou encore, en aidant mon petit-fils à changer d'attitude envers lui-même, améliorant considérablement ses compétences en lutte au lycée. Autrement dit, vous avez de nombreuses occasions de faire une réelle différence de votre vivant, quels que soient votre âge, votre état de santé et votre situation, si seulement vous ouvrez les yeux et voyez.

Il n'est pas trop tard pour modifier votre plan successoral. Au lieu de choisir la facilité de tout léguer à vos enfants et de les laisser prendre leurs propres décisions familiales – ce qui signifie qu'ils doivent attendre le décès de leurs parents pour bénéficier de vos services –, envisagez de laisser quelque chose à chaque petitenfant. Une somme précise est généralement requise, mais si le montant est important, un pourcentage du reliquat de votre succession est plus sûr. Si vous avez besoin de la majeure partie de

votre argent, des montants précis prévalent sur une part du reliquat. Si vous avez besoin de la quasi-totalité de vos biens, il ne vous restera plus rien à distribuer à vos enfants si le legs spécifique à vos petits-enfants requiert la totalité de votre argent restant.

Laisser tout le monde à un pourcentage garantit que vous fournissez quelque chosepour tout le monde.

Mon meilleur conseil à mes clients est de conserver la part de chaque bénéficiaire en fiducie. Il ne s'agit pas d'argent durement gagné, il est donc plus facile à dépenser. Ne donnez aucun droit de prélèvement sur le capital avant que chaque bénéficiaire n'ait au moins vingt-cinq ans. S'il a un besoin réel, comme l'acquisition d'une maison, le fiduciaire peut prendre le contrôle du capital et devenir propriétaire de la maison dans la fiducie pour votre bénéficiaire. Les fonds appartiennent à votre bénéficiaire ; seul le choix de la personne qui décide comment et quand les dépenser est déterminant (par un enfant impulsif ou par un fiduciaire avisé, traitant votre enfant comme s'il le ferait lui-même). En tant que planificateur successoral, j'ai appris, grâce à une statistique sur l'assurance-vie, qu'un jeune de 21 ans moyen épuise 90 % de son héritage en onze mois. J'ignore si c'est exact, mais je sais que j'ai souvent constaté ce résultat. Plus important encore, j'ai constaté que l'argent avait un impact négatif sur la vie des bénéficiaires pour tous les enfants de mes clients. J'ai eu trois clients qui ont gagné à la loterie. Cela a effectivement ruiné la vie de chacun d'entre eux parce qu'ils ont cessé de contribuer à leur propre vie et, dans un cas, cela a même provoqué un divorce.

Si un bénéficiaire a plus de 25 ans, laissez-le prélever 10 %, mais pas plus d'un tiers de sa part. Le reste sera conservé en fiducie, avec le droit de retirer la moitié du solde cinq ans plus tard, puis la totalité dix ans plus tard. Si votre legs reste dans votre fiducie, ses créanciers ne pourront pas toucher à ses parts, ni son conjoint en cas de divorce. Plus important encore, si vous faites appel à une société fiduciaire professionnelle, il apprendra à investir et à protéger son héritage. Votre argent aura un impact plus important sur sa vie et, s'il en a besoin plus tôt, par exemple pour acquérir une maison, la fiducie pourra l'acheter et en devenir propriétaire. La plupart des fiducies bien préparées laissent au fiduciaire le pouvoir discrétionnaire de distribuer ses parts.

Vous pourriez utiliser certaines de vos ressources dès maintenant pour aider un petit-enfant à s'orienter

professionnellement. Le fait que vous ayez contacté votre petitenfant est un souvenir inoubliable. Le conseil que je donne souvent à mes clients est que leurs enfants peuvent dépenser 90 %, 80 %, voire 70 % de leur héritage aussi vite qu'ils peuvent dépenser 100 %.

En confiant ces 10, 20 ou 30 % à des organismes caritatifs qui ont marqué votre vie, vous aurez un impact bien plus important sur davantage de personnes dans les années à venir, tout en contribuant à la pérennité de ces organismes. Cependant, nous recommandons vivement à nos clients de ne pas les laisser seuls.Des sommes importantes versées directement à leur Église ou à notre client auront permis de couvrir le budget de l'année suivante, libérant ainsi la congrégation de son obligation. L'année suivante, il sera impossible d'obtenir des membres qu'ils rétablissent leur niveau de dons initial. Si leur objectif est de venir en aide à leur Église, placez leurs fonds dans un fonds affecté pour atteindre un objectif de bienfaisance futur.

L'immortalité résultant du soutien apporté à une œuvre de charité qui vous tient à cœur dépasse largement le résultat que vous laisserez à vos enfants.

Une idée encore meilleure, vous pourriez envisager de partirUne part importante du patrimoine que vous avez accumulé sera versée à une fondation communautaire où vos enfants, et ultimement leurs enfants, pourront orienter les œuvres caritatives bénéficiaires vers les subventions que la Fondation verse chaque année à partir des revenus du fonds familial que vous avez créé. Cela confère à chacun de vos descendants qui participent à la décision de distribution annuelle un sentiment unique de fierté et d'identité familiale, que je n'ai jamais vu d'autre équivalent.

Un avantage offert par la Fondation Humaniste qui est populaireUne solution pour les membres plus âgés dépendant de leurs revenus limités consiste à transformer une partie de leurs investissements, actuellement rémunérés à 2 ou 3 % en obligations ou certificats de dépôt, en rente viagère. En versant le capital à la Fondation Humaniste en échange d'une rente viagère, une personne octogénaire peut recevoir une rente viagère d'au moins 8 % par an, selon la conjoncture économique du mois de la cotisation. Ce montant est payable à vie. Pendant les douze premières années environ, jusqu'aux trois quarts de leur versement annuel ne sont pas soumis à l'impôt sur le revenu. Plus important encore, pour beaucoup, la déduction fiscale immédiate pour dons de

bienfaisance dont ils bénéficient sur la part de leur don qui sera finalement reversée à l'association.

À leur décès, grâce aux autres avantages fiscaux, ils récupéreront près de la moitié de leur cotisation de rente dès la première année. De plus, leur don de rente continuera à faire du bien à jamais. C'est assurément une forme d'immortalité acceptable pour un humaniste.

Je me suis souvent demandé pourquoi une personne bien informée envisagerait d'acheter une rente viagère auprès d'une compagnie d'assurance-vie si elle savait que les taux d'intérêt qu'elles sont prêtes à payer laissent au moins la moitié du prix d'achat de la rente à la compagnie. C'est pourquoi la compagnie verse une commission aussi élevée à ses agents pour la vente de ses rentes. Normalement, la commission s'élève à 20 % du coût. Un fonds bien géré permet souvent à la compagnie d'assurance-vie de conserver 100 % de l'investissement dans la rente après votre décès. Pourquoi vouloir bénéficier à une compagnie d'assurance ? Alors que souscrire une rente viagère auprès d'un organisme autre qu'un organisme de bienfaisance ne vous donne aucun avantage fiscal. Et votre argent ne contribue en rien à prolonger le sens de votre vie après votre décès.

Pour obtenir des informations spécifiques sur la manière dont vous pourriez en bénéficier, il vous suffit deIl suffit de consulter Internet ou d'appeler l'American Humanist Association. La rente de la Fondation Humaniste offre une forme d'immortalité dont nous savons qu'elle existe bel et bien. Votre Église ne peut même pas la garantir.

Chapitre vingt-huit

CommentEst-ce que je commence mon propre voyage ?

La première chose que vous pourriez envisager de faire est de rejoindre l'American Humanist Association, pour acquérir plus d'informations et voir comment vous pouvez participer à leurs efforts collectifs pour faire de notre monde un endroit meilleur parce que vous êtes passé par là.

Un exemple de l'impact positif de l'Association est que notre société s'est tellement éloignée de son environnement naturel que notre culture n'est plus en résonance physique et psychologique avec le monde qui nous entoure, et se détériore donc lentement. L'humanité est donc aujourd'hui en danger d'autodestruction. Prenons l'exemple de notre arsenal nucléaire. Nous donnons des milliards de dollars au Pakistan chaque année, et pourtant, il a permis à Oussama ben Laden de construire son complexe à moins d'un kilomètre de son académie militaire, sachant qu'il était notre ennemi numéro un. Pourquoi agissons-nous ainsi ? Parce qu'ils possèdent des bombes nucléaires, et nous les apaisons. Espérons qu'il n'est pas trop tard pour reconnaître notre mauvaise voie et pour nous rapprocher de la nature.

Donald Johansson, Ph.D., était directeur de la recherche scientifique au Cleveland Museum of Natural History lorsqu'il a coécrit Lucy: TheLes débuts de Humanité. Il a souligné dans une interview avec US News and World Report où il a déclaré que les êtres humains se sont développés sur quatremillions d'années, de manières qui les aideraient à survivre dans leur environnement. Cette évolution a joué un rôle majeur dans la composition biologique générale de

notre comportement humain, dont une grande partie est donc génétiquement déterminée. Le Dr Johansson affirme que, selon lui, la dégradation de la société, comme la criminalité et l'éclatement de la famille, reflète le fait que nous sommes éloignés de notre environnement.

« Un environnement naturel. » C'est peut-être la raison pour laquelle beaucoup de gens ont le sentiment que plusieurs aspects de notre culture commencent à s'effriter. Vivre plus près de notre environnement naturel rendrait nos vies plus saines et plus « normales » dans le rapport de notre société à la nature.

Nos décharges et nos mers remplies de plastiques non biodégradables en sont de parfaits exemples. Nos poissons ingèrent du plastique que nous consommons aujourd'hui. Cela ne contribue pas à notre santé. Un habitant d'une communauté agricole du Midwest a récemment déménagé sur la côte Pacifique. Ayant constaté le sort de nos côtes, il a créé une entreprise qui récupère le plastique de l'océan et, grâce à des imprimantes 3D, fabrique désormais des prothèses humaines à partir de ce plastique. C'est le genre de comportement typique des humanistes. Nombre d'entre nous perçoivent un besoin et le transforment en opportunité en faisant preuve de créativité et en réfléchissant à de meilleures solutions.

Considérez une fois de plus la vie de Lester et Maria Mondale. IlsIls étaient en harmonie avec la nature et leur vie a contribué à développer la philosophie humaniste qui a donné naissance à l'essai que vous lisez actuellement. Leur vie a été marquante. Et ils ont mérité leur immortalité. Et vous ?

Même si nous n'accélérons pas le réchauffement climatique, c'est un problème que nous devons affronter ensemble.

La réticence de nos sociétés à accepter le réchauffement climatique et les conséquences de la fonte des glaciers et des icebergs, qui élève le niveau de nos océans et pourrait inonder nos villes côtières de notre vivant, est grave. Pourtant, nous gaspillons des milliards de dollars de nos impôts à des nations qui dépendent désormais de nous pour maintenir le calme au Moyen-Orient, tandis qu'elles développent nos terroristes. Pendant ce temps, nos autoroutes et nos ponts se détériorent. Cela n'a aucun sens, si l'on met nos priorités en perspective.

Surpopulation

Le Dr Jonas Salk est l'éminent chercheur scientifique qui a découvert leUn vaccin pour éradiquer la polio de la majeure partie du monde aujourd'hui. Dans son discours de réception du prix Humaniste de l'année 1976 de l'AHA, j'ai été fasciné par son intérêt pour les effets de la surpopulation. Le Dr Salk a comparé le comportement humain à des expériences sur la mouche à fruits. Placez une petite population de mouches à fruits dans un bocal rempli d'eau sucrée : elles se multiplieront paresseusement jusqu'à remplir le bocal, jusqu'à épuisement des réserves. À mesure que leur nombre augmente, leur comportement devient de plus en plus frénétique. Il a comparé le comportement frénétique des mouches à fruits qui ont rempli leur bocal à celui de la population actuelle de Manhattan. Salk a démontré que le nombre d'individus augmentera jusqu'à exploiter pleinement les ressources de leur environnement et qu'il y restera jusqu'à ce qu'il soit réduit par un conflit ou un manque de ressources. Le Dr Salk est convaincu que l'approvisionnement alimentaire est un facteur majeur de contrôle de la croissance démographique mondiale.

Le Dr Salk a souligné que les effets psychologiques négatifs de la croissance démographique sont prévisibles en observant le comportement des citoyens de nos grandes métropoles. Nombre de personnes confinées dans des espaces exigus deviennent névrosées. Selon le Dr Salk, ce comportement n'est pas différent de celui des drosophiles dans un conteneur. Il a souligné que, si on leur donne suffisamment de nourriture, les drosophiles rempliront un conteneur, affichant un comportement de plus en plus agité à mesure que le nombre de personnes augmente. Il a expliqué que le comportement de « type A » se développe lorsque les personnes, confinées dans un environnement de plus en plus restrictif, deviennent plus dépendantes des autres pour leurs besoins fondamentaux et se sentent donc de moins en moins en sécurité.

Le Dr Salk était d'avis que les névroses dont souffrent actuellement les masses dans les pays les plus développés proviennent de la démographie. Croissance. On peut prédire que la pression exercée par de larges populations dépendantes pourrait aggraver la situation humaine. On comprend donc aisément la nécessité d'une voix représentative de l'humanité au sein de la société. Une initiative qui pourrait apporter une solution partielle et faire une différence significative serait que tous les catholiques se mobilisent.

et insister collectivement pour un changement de politique de l'Église catholique en matière de contrôle des naissances, reconnaissant que cette politique a largement contribué au problème. Attirer collectivement l'attention du public sur les effets de cette politique au fil du temps pourrait entraîner un changement. Ce changement doit commencer par les fidèles. Il ne commencera pas par le clergé. Ils veulent davantage de catholiques pour leur propre soutien.

Comment Maslow contribue-t-il à cette discussion ?

Abraham Maslow, que j'ai précédemment présenté comme le fondateur deLa psychologie humaniste a reçu en 1967 le prix de l'humaniste de l'année décerné par l'American Humanist Association. Dans son discours de remerciement, Maslow nous a montré que le but de chaque vie est de devenir toujours plus humain : que chacun puisse accomplir pleinement sa propre existence. Sachant aujourd'hui que les besoins individuels peuvent être divisés en au moins six catégories, chacune présentant des caractéristiques comportementales différentes, nous pouvons aisément percevoir les multiples ramifications de notre compréhension du monde dans lequel nous vivons. Les différents niveaux de besoins d'une société nous aident à mieux comprendre les causes des conflits mondiaux actuels.

La psychologie humaniste de Maslow et sa hiérarchie des besoins sont largement utilisées en éducation et en gestion du personnel. Leur champ d'application est cependant bien plus vaste pour la compréhension des sociétés, des pays, de l'économie et de la politique. À l'instar des individus, les institutions et les gouvernements se polarisent, ou reposent principalement sur des niveaux de besoins différents, selon leur développement. Comprendre si une autre société est traumatisée par ses besoins, ou si sa croissance ou sa maturation a été freinée, est d'une importance encore plus grande pour la survie même de notre propre société. La seule façon de nous protéger des conflits mondiaux est de reconnaître que chaque culture a sa propre voie de développement.

Comme l'a démontré Maslow, les besoins fondamentaux d'une personne doivent d'abord être satisfaits. Avant de pouvoir s'épanouir pleinement en tant qu'être humain, de nombreux pays consacrent nécessairement toute leur énergie à se libérer de la faim. Les personnes qui manquent de nourriture, de sommeil, de chaleur ou d'abri agissent généralement pour

Pour satisfaire ces besoins, même si cela implique de les priver par la violence de ceux qui les possèdent. La surpopulation pourrait rendre impossible pour certains êtres humains de se développer collectivement au-delà de ce point. Il est concevable que l'humanité soit condamnée à s'auto-étrangler avant que nos sociétés actuelles ne parviennent à un meilleur niveau de vie pour tous.

Maslow a souligné que, lorsque cela devient possible, les individus, les institutions et les gouvernements recherchent la sécurité une fois les besoins fondamentaux satisfaits. Nous nous préparons à la satisfaction de ces besoins et à la protection contre la menace de leur suppression par d'autres. Lorsqu'elle fonctionne efficacement, l'économie devrait assurer le niveau des besoins fondamentaux. Les gouvernements sont nécessaires pour assurer le niveau de sécurité. Ce n'est que lorsque nous sommes en sécurité que nous pouvons établir le niveau social, qui, selon Maslow, est la position ou le niveau prédominant aux États-Unis aujourd'hui. Ceux qui vivent au niveau social reconnaissent la futilité d'une existence basique. Nous pouvons dire que la guerre est ridicule et que les gens devraient se comporter différemment ; cependant, tant que le niveau de vie ne sera pas universellement élevé, de telles croyances ne pourront pas devenir efficaces.

AyantUne fois le niveau social satisfait, les individus, tout comme les institutions et les gouvernements, peuvent s'ouvrir à l'extérieur pour satisfaire leur niveau de conscience égoïste et être reconnus. Ce n'est qu'après avoir raisonnablement satisfait leurs besoins, du niveau fondamental à celui de la conscience égoïste, que les individus, les intuitions et les sociétés peuvent devenir pleinement fonctionnels et en phase avec la réalité, sans crainte de comportements négatifs. Selon le Dr Maslow, seuls 6 % des êtres humains ont atteint ce niveau d'actualisation à ce jour. Aucun pays n'a atteint cet état utopique d'actualisation, et très peu de gens aujourd'hui en comprennent le sens. Permettre à tous de comprendre et d'atteindre cet objectif est un objectif qui mérite l'effort de l'humanisme organisé. C'est un objectif que chacun rechercherait s'il en était conscient.

Même si peu de gens atteignent ce niveau, chacun d'entre nous

doit avoir la possibilité, comme tout un chacun, de réussir à réaliser sa propre vie. Maslow nous rappelle que le but de la vie est pour chacun.

Nous devons devenir des êtres humains pleinement fonctionnels, en résonance avec l'univers dans lequel nous vivons, vivant au plus haut niveau possible. Pour que chacun puisse s'épanouir, notre société doit nous offrir la liberté et l'opportunité culturellement libre de le faire. C'est pourquoi l'une des principales préoccupations de l'humanisme organisé devrait être d'améliorer la qualité de vie de chaque personne sur Terre. Sensibiliser le public à l'effet de la hiérarchie des besoins comme composante naturelle de son développement serait un bon point de départ.

La question posée à Donald Johannsson était la suivante : « Si le comportement est étroitement lié à la génétique et qu'une grande partie de notre comportement est héréditaire, nos ancêtres étaientils des singes tueurs assoiffés de sang ou des créatures coopératives et partageuses ? » Il a répondu : « La réponse ne se situe ni à l'une ni à l'autre extrémité de ces deux extrêmes ; les humains sont capables des deux types de comportement. La coopération a joué un rôle important dans la réussite et la survie des premiers humains, dans le sens où ils vivaient en groupe et partageaient les responsabilités. Cependant, provoqués, les humains peuvent accomplir des choses inégalées dans le monde animal. Aucun autre groupe animal ne s'autodétruit systématiquement comme le font les humains. »

O. Wilson, en abordant cette question, nous a montré la nécessité d'un équilibreentre ceux qui sont égoïstes, en particulier ceux qui vivent avec des besoins inférieurs, et ceux qui deviennent altruistes en s'intégrant dans des groupes plus larges pour leur protection mutuelle.

Dans une société où l'évolution technologique dépasse notre capacité à absorber ses effets, les humanistes peuvent contribuer grandement à une prise de conscience culturelle quant à notre responsabilité d'être humain et de développer les valeurs nécessaires au maintien de l'existence humaine. Une guerre nucléaire, déclenchée par le dépassement de notre science par notre culture actuelle, pourrait bien anéantir la vie sur Terre.

La réforme des prisons est nécessaire.

Au cours de ma vie, j'ai vu notre société se dégrader gravement. Je cherche comment faire la différence pour aider la société à prendre le contrôle et à inverser notre évolution culturelle vers une société plus violente.

environnement, ce qui fait que nos enfants ne sont plus aujourd'hui autorisés à jouer dehors dans leur propre quartier, ni à marcher seuls pourL'école primaire mérite nos efforts. La résolution de ces problèmes peut avoir un impact considérable sur tous les aspects du contrôle de notre société. La réforme pénitentiaire est un domaine qui mérite d'être abordé. J'ai récemment constaté que la qualité de vie de nombreuses personnes actuellement incarcérées est limitée à un point tel que leur réinsertion est difficile. Pourtant, face à la surpopulation carcérale, les détenus sont libérés dans la société avec plus de violence qu'à leur arrivée. C'est absurde.

Beaucoup de ceux qui ont commis un crime suffisamment grave pour mériter la prisonLes personnes ne sont plus vraiment les mêmes quelques années plus tard, et pourtant, notre société envisage la peine pour un crime selon une logique « noir ou blanc » lorsque nos législateurs créent des peines d'emprisonnement minimales. Il s'agit d'une norme de « peine unique » qui manque de réalisme. Au Costa Rica, la peine maximale pour tout crime est de trente ans, même pour meurtre.

Nous incarcérons plus de personnes aux États-Unis que dans tout autre pays.Aujourd'hui, nous sommes le pays le plus touché par la maladie mentale. Pourquoi procédons-nous ainsi ? Nous traitons ceux qui prouvent un lien entre leur crime et une altération de leur santé mentale sous un angle totalement différent. Nous ne les emprisonnons pas ; nous les plaçons dans un établissement psychiatrique sans condition de durée. Au lieu de cela, nous considérons que la guérison de cette personne est le critère déterminant de sa réinsertion sociale. Ils sont traités dans une perspective de réadaptation, contrairement aux prisonniers ordinaires, qui sont traités dans une perspective de châtiment. Cette distinction est totalement absurde.

Je pense à un délinquant actuellement condamné à perpétuité, jugé comme un adulte alors qu'il était adolescent. Il a commis un vol avec une personne âgée qui contrôlait le jeune et qui a insisté pour qu'il l'aide à cambrioler un magasin, car la personne âgée avait besoin d'argent pour se droguer. À l'insu du mineur, la personne âgée était armée. Sous la pression du vol, l'adulte a tiré et

tué une personne. Le mineur, qui n'était là que par peur de l'adulte, purge désormais lui aussi une peine de prison à perpétuité, en vertu d'une règle de droit archaïque selon laquelle tous les participants à un crime sont également coupables si un

Un meurtre a lieu, quel que soit l'auteur du meurtre. Cela ne fait vraiment rien.C'est un peu le bon sens, mais tel est l'état actuel de nos lois. Cela se produit parce que ceux qui élaborent les lois n'ont pas les connaissances et l'expérience nécessaires pour en comprendre pleinement les effets. Ils réagissent avec émotion en disant : « Nous n'en voulons pas, alors enfermez-les et jetez les clés. » Ce raisonnement a entraîné une augmentation de la criminalité.

Notre système est peut-être meilleur que celui de la Chine. Làbas, si vous êtes pris en flagrant délit, vous êtes incarcéré jusqu'à preuve du contraire. Une fois emprisonné, on risque de ne plus jamais entendre parler de vous. Comme il n'y a pas beaucoup de détenus que le gouvernement doit nourrir, devinez ce qui est arrivé aux autres ? Mais, du coup, la criminalité de rue est très faible aujourd'hui en Chine. Ce système est-il meilleur que le nôtre ? Où est le sud de Chicago ? Mieux vaut ne pas être seul à déambuler dans les rues la nuit ?

Pour de nombreuses personnes actuellement incarcérées dans notre système pénitentiaire, la forme deLa réadaptation des délinquants souffrant de troubles mentaux serait bénéfique à la société à bien des égards. Elle réduirait considérablement notre population carcérale. Les pénitenciers à sécurité maximale sont très coûteux, surtout ceux qui accueillent des condamnés à mort. Une telle modification de notre système carcéral donnerait aux détenus un espoir de sortie, favorisant ainsi leur réinsertion. Elle laisserait nos prisons à ceux qui ne parviennent pas à surmonter leurs comportements violents, alors qu'ils représentent une réelle menace pour la société.

La possibilité de créer un système de réadaptation dans tous les établissements pénitentiaires inciterait les personnes en traitement à réussir, plutôt que de les voir passer leur vie entière en détention permanente. L'isolement cellulaire réduit certains détenus à un comportement animal. La menace d'être placé en isolement n'est pas suffisamment dissuasive pour justifier son existence. C'est une pure punition, et elle ne réhabilite guère. Elle devrait être abolie dès aujourd'hui comme moyen de réadaptation. Même

l'électroconvulsivothérapie serait un peu plus humaine. Même si, pour certaines personnes sans espoir de réadaptation, elle pourrait être préférable à leur remise en liberté dans la société.

Il y a des gens qui vivent dans un niveau de sécurité de base ou faible et, pour une raison ou une autre, n'ont aucune chance de progresser au-dessus.

À ce niveau. Ils ne peuvent pas socialiser efficacement, même au sein d'une population carcérale avec une perspective de réinsertion. Même si notre objectif est simplement de punir, L'incarcération à vie est certainement une punition bien plus efficace que l'exil dans le couloir de la mort, qui coûte inutilement des millions à notre société en gérant le processus d'appel, établi pour apaiser la peur du public d'exécuter une personne innocente (ce qui se produit encore de toute façon).

Notre science dépasse aujourd'hui notre société.

Notre présence sur Terre a été minime comparée à l'âge de l'univers. Aujourd'hui, avec des barrages, nous pourrions détruire le Grand Canyon en une seule vie. Avec les vapeurs d'hydrocarbures, nous détruisons en un seul coup.La génération des Grandes Pyramides, qui a survécu plus de trois mille ans, est inéluctable. Avec plusieurs bombes nucléaires, nous pourrions anéantir toute vie sur Terre. En si peu de temps, les humains ont développé la capacité de s'autodétruire, sans la sagesse nécessaire pour contrôler ces forces.

Nous, les humains, n'avons ni la capacité d'éviter les conflits avec la nature, ni les moyens d'éviter les conflits avec les pays et les cultures qui subsistent encore, sur le plan fondamental ou sécuritaire. Il est peut-être regrettable que de nombreux scientifiques fonctionnent par égoïsme, voire pour certains, au niveau concret, car les résultats de leurs recherches dépassent le niveau de maturité ou de psychologie des populations actuelles. Nos sociétés étant devenues vastes, vivant collectivement sur au moins trois niveaux psychologiques différents, nous sommes non seulement en décalage avec la nature, mais nos gouvernements sont également en décalage avec la réalité, surtout dans les pays les plus développés. Le problème le plus grave réside dans le décalage des populations avec leur environnement naturel – et avec leur propre niveau de vie psychologique. En tant que société, nous sommes devenus notre pire ennemi. Les humanistes peuvent montrer la voie en matière d'éducation du public. Après tout, c'est un humaniste qui a identifié la hiérarchie de nos besoins.

Que se passe-t-il lorsque nous manquons de ressources naturelles ?

Nous consommons les ressources mondiales à un rythme dangereux et insoutenable. Les populations des pays où la sécurité est assurée ou les conditions de vie les plus élémentaires sont menacées.

sont légitimement hostiles en raison du contraste entre leur vie et celle des habitants des grands pays consommateurs. Aucun d'entre nous ne peut assurer la survie des générations futures en faisant l'autruche. Nous devons être attentifs et coopératifs, préserver et reconstituer nos ressources naturelles et, en accord avec la nature, élever le niveau de vie de tous les peuples de notre planète, si nous voulons véritablement être en sécurité. C'est ainsi que nous pourrons vivre pleinement notre vie aujourd'hui et garantir à nos arrière-petits-enfants les mêmes opportunités.

Nous devons encourager de nouvelles méthodes qui relient et unissent l'individu à l'environnement naturel. Si nous voulons survivre, nous devons favoriser la santé mentale et physique et développer un esprit de coopération entre tous les êtres humains. Il s'agit d'un effort mondial à la disposition des humanistes.Parce que nous, humanistes, sommes parmi les rares à avoir la perspective de voir et d'apprécier pleinement ce que cela signifie pour notre vie ici sur Terre. Si chacun vivait la vie de Lester et

Maria Mondale, qui vivaient la vie d'Épicure – se contentant de peu et ne désirant rien, mais que chaque instant soit pleinement vécu et apprécié, profitant de ce que chaque jour lui apporte – alors chacun pourrait peut-être vivre pleinement sa vie. Au lieu de cela, en tant que société, nous vivons aujourd'hui davantage comme l'agent Capone et ceux qui peinent à s'élever au-dessus du seuil de sécurité de notre existence.

Comme je l'ai mentionné précédemment, j'ai visité la maison de Lester et Rosemary Mondale. Ils ont séjourné chez moi à de nombreuses reprises. L'humanisme, tel que nous le connaissons aujourd'hui, était encore jeune lorsque j'étais président de l'American Humanist Association, de la fin des années 1970 au milieu des années 1980. Lester était pasteur unitarien. À cette époque, il était l'un des sept des trente-quatre architectes du Manifeste humaniste I (1933) encore en vie. Aujourd'hui, tous sont décédés. Les Mondale n'avaient pas vraiment besoin de la société pour exister. Mais la société avait besoin d'eux. Ils étaient des leaders, à leur manière. Ils nous ont montré la voie, non seulement pour la survie humaine, mais aussi pour réaliser notre propre existence, quelle que soit notre richesse.

Partager le style de vie de Mondale a ébranlé mes valeurs et m'a amené àreconsidérer les alternatives pour une vie de qualité. Les Mondale n'étaient pas des ermites. C'étaient des personnes attentionnées, qui partageaient leur vie avec

Nombreux sont ceux qui ont vécu à travers le monde. Lester a créé la Société des Humanistes Religieux, organisation toujours existante au sein de l'Association Humaniste Américaine, pour les humanistes souhaitant envisager notre philosophie d'un point de vue religieux chrétien. La leçon importante à retenir est qu'ils ne gaspillaient rien. Ils ne désiraient rien et n'avaient besoin de rien. Ils restauraient ce qu'ils avaient pris à la nature et étaient des êtres pleinement accomplis vivant en harmonie avec leur environnement. Ils étaient un modèle de vie humaniste à prendre en considération alors que nous cherchons des moyens de préserver l'existence humaine sur Terre pour les générations futures, espérons-le pour toujours.

Nos valeurs humanistes diffèrent de celles de nombreux fondamentalistes religieux. Comment les sortir de l'obscurité ?

Les humanistes constituent collectivement l'une des rares voix qui s'interrogent avec altruisme : « Qu'en est-il de la vie sur Terre aujourd'hui ? » Chacun de nous diffère dans ses approches et ses préoccupations spécifiques, car les humanistes sont individualistes. Mais, grâce à notre Association, nous pouvons ensemble parler d'une seule voix, non seulement pour répondre à tout parasite qui tente de ternir notre réputation à des fins égoïstes, comme l'ont fait Jerry Falwell et Tim LaHaye à mon époque, mais aussi pour s'adresser à ceux qui, où qu'ils soient, contrôlent et privent les autres du droit de vivre pleinement leur vie.

Le révérend LaHaye était le pasteur fondamentaliste d'une église de plus de 3 000 membres à San Diego. Il a écrit un livre odieux condamnant les « humanistes laïcs », affirmant en substance qu'une vie non « contrôlée par Dieu » est immorale. Au nom de l'humanisme, en tant que président de notre association, j'ai défié LaHaye à un débat de deux heures, diffusé en direct sur CBS en Californie du Sud, un samedi après-midi du début des années 1980.

J'ai fait appel à un membre de mon conseil d'administration de

l'AHA, Gerald LaRue, PhD., professeur émérite de l'Université de Californie du Sud, spécialisé en archéologie biblique, pour défendre l'humanisme, afin que, si le débat se résumait à la Bible selon LaHaye, nous puissions réagir efficacement. LaRue était l'un des archéologues ayant participé à

Les fouilles de Qumrân en Israël, où furent écrits les manuscrits de la mer Morte. Il savait de quoi il parlait lorsqu'il ouvrit sa Bible.

Une fois le débat terminé, le révérend LaHaye a reconnu avoir une vision erronée de l'humanisme. Carl Sagan s'est penché et a dit :Pour moi, « je ne crois pas que LaHaye ait entendu un seul mot de ce que nous avons dit aujourd'hui. » Il avait raison. Deux mois plus tard, LaHaye quittait son église et rejoignait Jerry Falwell pour l'aider à former la « majorité morale » (qui, vous vous en souvenez peut-être, n'est ni l'une ni l'autre). Nombre d'entre nous pensaient que LaHaye suivait sa «

préoccupation ultime » : l'argent. Ensemble, ils ont ainsi permis aux plus ignorants de la population de devenir une force politique organisée, déterminée à prendre le contrôle de notre gouvernement pour imposer ses valeurs religieuses. La Constitution américaine visait à protéger le gouvernement de la religion. En conséquence, notre gouvernement est devenu de plus en plus polarisé négativement.

Contrôle Les gens qui voient la vie d'un point de vue primitif et étroit,Qu'elles soient d'origine religieuse ou citoyenne irresponsable, les inégalités constituent encore aujourd'hui une menace sérieuse pour la capacité de notre société à sensibiliser le public à un niveau de vie plus élevé. Ce problème est en partie dû à notre système d'éducation publique, qui tolère aujourd'hui les comportements négatifs en classe et ne parvient pas à transmettre à nos enfants une compréhension approfondie de notre histoire et des valeurs sur lesquelles notre pays a été fondé. Nombreux sont ceux qui n'ont plus les bases éducatives nécessaires pour inculquer les valeurs nécessaires à l'intégration de notre société à son environnement. Nombreux sont ceux qui envisagent la vie avec égoïsme et refusent de considérer le bien commun. Ceux d'entre nous qui ont une perspective humaniste doivent se faire entendre davantage.

Quel est l'avantage d'un effort de groupe ?

Par notre voix collective, nous pouvons aider chacun à reconnaître sa responsabilité individuelle dans l'amélioration de la qualité de vie de tous, afin d'assurer la survie de l'humanité.

Comme je l'ai déjà dit, je considère l'Association humaniste américaine comme « la souris qui rugit ». Si aucune voix ne se fait entendre au sein de nos institutions gouvernementales et culturelles pour dire : « Nous devons être conscients de ce qui est le mieux pour tous les êtres humains », nous risquons de continuer à nous écarter de ce qui est véritablement naturel pour les humains et, par conséquent, la vie humaine sur Terre pourrait bien ne pas survivre. Un holocauste nucléaire pourrait en résulter.

Un objectif commun sur lequel tous les humanistes peuvent s'accorder, quelle que soit leurLa discipline ou la vision personnelle consiste à supprimer les obstacles à l'épanouissement ou à la croissance de l'individu, de nos institutions, voire de nos gouvernements. Les humanistes peuvent encourager chacun à aider toutes les cultures à être en phase avec la réalité et à vivre en harmonie avec la nature, chaque fois que nous observons des écarts culturels. En tant qu'humanistes, au-delà de ce que nous pouvons faire collectivement, nous sommes conscients, individuellement, de la nécessité de contribuer à un monde meilleur, grâce à notre présence.

Nous pouvons collectivement identifier des préoccupations spécifiques communes à nos disciplines et contribuer encore davantage à l'amélioration des conditions de vie dans le monde. Que nos vies soient guidées par une éthique religieuse ou personnelle, tant que chacun n'acceptera pas, comme partie intégrante de son éthique, de reconnaître que sont « bons » ceux qui améliorent la condition humaine et « mauvais » ceux qui entravent cette amélioration ou entravent la capacité d'un individu responsable à s'épanouir, les humanistes continueront d'avoir pour mission d'éduquer tous ceux que nous rencontrons. L'humanisme conservera sa place en tant que vision philosophique de la vie, distincte des autres systèmes de croyances qui guident la vie des masses de notre monde actuel.

Avec des exemples comme celui de mon petit-fils, dont la décision a permis la création d'une clinique médicale pour 30 000 personnes vivant en Ouganda, qui n'avaient jamais eu accès à de tels soins immédiatement, nous pouvons tous contribuer

significativement à la vie de notre monde. Ce faisant, nous pouvons sauver notre monde et l'existence de nos descendants.

L'American Humanist Association a créé un caucus au Congrès des États-Unis pour garantir que les questions liées à la capacité

Les droits de chacun à vivre pleinement sa vie sur Terre sont pris en compte et intégrés dans nos lois. Ce groupe se développe et il est aujourd'hui crucial de s'attaquer au lobbying exercé par les entreprises et les organisations religieuses qui voudraient nier les droits de chaque individu. Il est essentiel de disposer d'une organisation qui examine toute législation sous l'angle de la protection de la liberté de chacun de vivre pleinement sa vie sur Terre. Rares sont ceux qui examinent toutes les lois sous cet angle. Sa voix doit être protégée et préservée. Vous pouvez contribuer à cet effort.

ChapitreVingt-neuf
En conclusion

Tout cela signifie que, même en admettant que nous finirons par devenir poussière spatiale, notre existence conserve un sens pour nous-mêmes. Devons-nous dire que le Soleil n'a aucune valeur actuelle parce que sa lumière finira par s'éteindre, même s'il existe depuis des milliards d'années ? La valeur du Soleil réside dans sa capacité à nous nourrir, à contribuer à la vie sur Terre, nous offrant ainsi à tous une chance de vivre. Il nous offre la possibilité d'être heureux et de donner un sens à notre vie. Le Soleil n'a pas besoin d'exister éternellement pour avoir de la valeur. Pourquoi en serions-nous différents ?

En réalité, nous savons très peu de choses sur quoi que ce soit. Nous en savons encore moins sur le comment et le pourquoi de notre propre vie. Nous ne pouvons agir qu'en fonction de ce que nous savons, ou de ce que nous sommes prêts à croire. Même si les humains ne sont pas immortels, nos vies individuelles ont une valeur pour nous-mêmes aujourd'hui. Exister, quel que soit l'intervalle de temps, exige de nous une contribution comme s'il y avait toujours un avenir. La vie se justifie elle-même. Rien d'autre n'est nécessaire pour que notre vie ait un sens. Quelles que soient nos croyances, elles ne peuvent qu'ajouter au sens de notre vie, ne serait-ce que pour nous-mêmes.

Au lieu d'avoir le sentiment de renoncer à quelque chose de précieux,

On sait avec certitude que cela existe. Au contraire, les personnes partageant ce point de vueIls constatent qu'ils doivent redoubler d'efforts dans leur vie terrestre. Parce que cela pourrait bien être

tout ce qu'il leur reste, ils ressentent un besoin accru de s'accomplir, accomplissant ainsi le but de leur vie.

Tout ce que l'on peut réellement vérifier, c'est que nous vivons aujourd'hui pour nous-mêmes, pour ceux que nous aimons et pour ceux dont nous faisons une différence. Tout ce qui va au-delà relève essentiellement de la « foi aveugle ».Ce n'est pas un fait. Cependant, ceux qui choisissent de croire à l'existence d'une vie après la mort, si tant est qu'il y en ait une, tirent un bénéfice particulier de l'accomplissement de leur propre existence ici-bas. Ils pourraient bien connaître le meilleur de cette vie et de la suivante. Personne ne le sait avec certitude. Les humanistes ne voient aucune preuve de l'existence d'une telle vie après la mort, aussi ne s'en soucient-ils pas. La plupart des humanistes reconnaissent que leur propre immortalité peut provenir uniquement de leurs bonnes actions au profit des autres et de leur postérité. Il n'en faut pas plus pour que notre vie ait de la valeur.

Nous sommes peut-être là par un hasard de la nature, mais nous existons bel et bien.font partie de l'évolution naturelle de la vie. Il est impossible de savoir si les individus existent uniquement pour favoriser l'évolution de l'espèce humaine, ou s'il existe un but plus profond et plus spécifique pour chacun de nous en tant qu'individu. Nous ne savons que ce qui nous semble juste. Tout ce que nous savons avec certitude, c'est qu'en tant qu'individus, nous n'avons qu'une seule chance de vivre. Notre objectif immédiat devrait être de vivre pleinement notre vie, ici et aujourd'hui, en nous efforçant d'être les meilleurs possible en tant qu'individus et en faisant de notre mieux pour aider notre société à sortir des ténèbres dans lesquelles nous vivons actuellement.

En nous montrant qu'il existe des niveaux de vie plus élevés, Maslow a aidéNous pouvons comprendre comment enrichir notre vie en ouvrant la voie à notre existence. En éliminant les obstacles et en répondant à tous nos besoins à tous les niveaux, nous pouvons grandir et épanouir notre vie et transmettre ce message à notre postérité. Nous pourrons alors continuer à vivre grâce à elle.

Nous savons maintenant que chacun doit trouver sa propre voie. Lorsque nous atteindrons une expérience optimale, nous saurons alors que nous avons accompli notre vie, du moins pour cet instant. Lorsque nous aurons fait de notre mieux pour accompagner

les autres dans leur cheminement, notre vie aura du sens. En accomplissant notre propre mission – par exemple : « notre vie a du sens pour nous et pour les autres » – notre vie aura alors atteint son but.

À un moment donné, la mort est inévitable. Pour ceux qui croient que l'âme et le corps se séparent après la mort, actualiser leur existence ici-bas ne devrait que renforcer cette opportunité. En actualisant leur existence, leur vie ne sera pas gâchée par la possibilité de vivre avant tout pour une vie future qui pourrait ne pas exister. Cette approche de la vie ne devrait entrer en conflit avec aucune vision religieuse intelligente. Si c'est le cas, une personne instruite devrait s'interroger sur la valeur d'une vision aussi restrictive véhiculée par ceux qui contrôlent sa vie. Elle devrait maintenant comprendre qu'elle n'a pas acquis ces croyances par elle-même, et qu'elle a donc au moins fait l'effort de profiter pleinement de cette vie. Ceux qui croient en une vie future pourraient gagner encore davantage en actualisant leur existence ici-bas, surtout s'ils ont raison. Aujourd'hui, nombreux sont ceux qui se contentent de croire que cette vie est tout ce qui existe. Personne n'en est certain. Espérons que, en actualisant notre propre existence – et en sachant ainsi avoir vécu une vie pleine ici-bas – nous pourrons accepter sereinement la fin de notre vie le moment venu. Nous ne devrions avoir besoin de rien d'autre pour que notre vie ait un but et un sens.

Comme le déclare le Manifeste humaniste en annexe, « La responsabilité de nos vies et du monde dans lequel nous vivons nous incombe, à nous seuls. Le défi est immense. La récompense est une part d'immortalité humaniste. » Laisser le monde meilleur que nous l'avons trouvé, tous les humanistes en conviendront, est une forme acceptable d'immortalité. Comme notre soleil, ou une fleur dans la forêt, lorsque nous avons pleinement vécu cette vie, il n'en faut pas plus pour que notre propre vie ait de l'importance.

Pour nous, du moins, si nous sommes pleinement humains et pleinement vivants, notre vie aura alors un sens. Si nous pouvons alors repartir comme si nous étions sur le point de remporter la victoire, en glissant sans encombre jusqu'au marbre en criant : « Waouh ! Quel parcours ! », nous saurons que notre viea été accompli, et nous étions pleinement vivants.

Notre chemin à travers la vie

Notre chemin à travers la vie va bien
au-delàCertains ne le voient peut-être pas,
Ces moments passés sur notre sacréLe
sol dure pour toujours dans notre être.

Alors que les exemples nous
montrent de nouveaux
sommets, nous grandissons plus rapidement.
À mesure que les barrières s'estompent, nous
gagnons en perspicacité, nous
nous adaptons à la réalité.

Nos vies s'enrichissent chaque
jourNous étendons notre valeur intérieure.
Heureusement, nous sommes passés par
là. L'endroit le plus proche du paradis
est la Terre.

Comme les expériences ici entraînent
des changementsCela se retrouve
dans toute la société.
Tandis que ceux qui étendent leur future
gammePartagez l'immortalité.

Lyle L. Simpson, 1981 Président,

American Humanist Association

Appendice

UNE DÉCLARATION D'HUMANISME
Une éthique humaniste

je.

L'humanisme est une philosophie, ou une approche pour vivre pleinement cette vie.La Terre. Tout part du principe que nous faisons partie de la nature et que nous ne sommes certains de vivre cette vie qu'aujourd'hui. Certains aspects de la vie sont essentiels à une vie épanouissante. Fidèle à cette philosophie, je crois personnellement qu'une personne en bonne santé se développe selon les étapes suivantes, généralement dans l'ordre suivant. Voici mon approche philosophique et éthique de la vie :

1.   Existence.Mon corps est mon temple de vie, et la santé est essentielle à mon existence. Cette vie est tout ce que je peux dire posséder avec certitude.

2.   Responsabilité.Je dois assumer la responsabilité première de ma propre vie. Mon comportement est sous mon contrôle. Je ne peux faire mes choix qu'en m'autorisant à vivre le moment présent. Mon attitude personnelle à tout moment est sous mon contrôle. Une attitude positive augmente mes chances de réussite. Parallèlement, j'ai intérêt à laisser d'autres personnes, au sein de mes mécanismes de défense, prendre la responsabilité de partager leur vie avec moi. L'équilibre entre responsabilité et rencontre les besoins d'une autre personne avec les nôtres améliorent grandement la viepour nous deux.

3.   SignificationMa vie a du sens pour moi dans la mesure où ma propre vieMes besoins sont satisfaits et j'atteins l'état homéostatique du bonheur. Il n'y a pas de but universel pour que ma vie ait un sens. Ma

propre vie a un but en elle-même. Mon objectif est de réaliser tout ce que je trouve possible.

4.   Sécurité. Je dois soutenir la justice pour tous et respecter la liberté de choix de chacun afin de garantir l'égalité devant la justice. La justice est une réalisation progressive de l'égalité, limitée uniquement par les contraintes propres à chaque personne. La force ne doit être tolérée que pour réprimer celle qui, autrement, imposerait la volonté injustifiée d'une personne à une autre. Cependant, je dois contribuer à préserver notre mode de vie de ceux qui voudraient empêcher ma famille d'avoir les mêmes chances de vivre pleinement sa vie.

5.   Relations sociales L'interdépendance humaine est essentielle à ma santé et à mon épanouissement. Je dois être disposé à faire preuve de respect et de confiance mutuels pour entretenir des relations personnelles étroites. Je reconnais la relation de dépendance mutuelle avec autrui comme de l'amour. J'accepte ceux que j'aime dans mes mécanismes de défense afin que nous puissions partager notre vie ensemble et nous soutenir mutuellement. Je dois permettre à chacun d'être luimême. Je m'efforce d'entretenir des relations « Je-Tu » avec tous ceux avec qui j'interagis.

6.   Actualisation de la vie Mon but dans la vie est d'expérimenter La joie de vivre et l'épanouissement personnel, dans le respect de mes responsabilités envers les autres et dans les limites des ressources personnelles, environnementales et sociales dont je dispose. J'éprouve un respect et une révérence spirituelle pour la nature, tout en vivant au sein de l'univers naturel, et je reconnais être le gardien de ses ressources chaque jour, sur Terre. Toute vie est sacrée. Je ne vis pas ma vie sur Terre avec des attentesde ou un besoin d'une vie après ma mort.

7.   Engagement envers les autres. Ma vie prend du sens dans la mesure où j'aide les autres à s'épanouir. Je crois qu'atteindre une qualité de vie optimale en tant que personne mature et en bonne santé implique de trouver un équilibre entre le sens de ma vie et mon importance pour les autres. Ce n'est qu'en harmonie avec les autres que ma vie atteindra son plein potentiel.

8.   Connaissance. J'estime qu'il cst essentiel de préserver les

conditions d'une libre recherche et d'une société ouverte afin d'encourager l'expression de toutes les idées. L'expansion et l'expression de toutes les connaissances peuvent aboutir aux meilleurs choix pour l'épanouissement de chacun. Je suis favorable à l'utilisation de tous les moyens disponibles pour établir la vérité et à l'application des résultats obtenus pour améliorer le bien-être de toute vie sur Terre. Mes valeurs et mes critères sont relatifs et malléables, car de nouvelles expériences et informations façonnent ma vision du monde. Il n'y a pas d'absolu, si ce n'est qu'un jour, je mourrai moi aussi.

9. Institutions sociales.Dans la mesure de mes propres ressources, j'encourageLes personnes que je rencontre, ainsi que les gouvernements et autres institutions, doivent réduire et éliminer tous les obstacles à l'épanouissement personnel et offrir les conditions optimales au développement sain de tous. Le processus démocratique offre les meilleures opportunités au plus grand nombre. Nous vivons dans une économie mondialisée. Les gouvernements mondiaux doivent garantir la paix, loin des conflits, pour tous les habitants de la Terre.

10. Interdépendance de la vie.Nous ne sommes les gardiens de ce que nous possédons ici sur Terre que pour une très courte durée. Je me dois de protéger, de valoriser et de préserver tout ce que je possède pour le bien de ceux qui me suivent. J'affirme que la merveille et la beauté de la nature sont le processus créatif à partir duquel nous, les humains, avons évolué ; et je reconnais ainsi l'unité et l'interdépendance de toute vie sur Terre, et j'éprouve du respect pour elle.

Tout le monde doit partager la responsabilité de l'entretien deL'ordre naturel de notre planète. Toute vie est sacrée. Cependant, la surpopulation d'une espèce peut menacer la qualité de vie de toutes les espèces. Les humains ne font pas exception. La nature s'efforce de maintenir un équilibre sain. Toutes les créatures vivantes sur Terre doivent partager notre monde en harmonie et en équilibre si nous voulons survivre et développer pleinement notre potentiel.

II .

D'autres expressions, comme l'attachement émotionnel à une croyance religieuse, sont très personnelles. Elles découlent d'expériences antérieures.oriente nos vies individuelles. Chacun a le droit d'avoir sa propre vision religieuse. Par conséquent, nos propres conceptions religieuses de la vie ne devraient pas être imposées aux autres.

Mon objectif

Mon objectif dans la vie est de ne rien vouloir et d'avoir besoin de peu, et de pouvoir apprécier pleinement l'environnement dans lequel je me trouve à ce moment-là.

Alors je saurai que je suis pleinement humain, ayant actualisé ma propre vie, et lorsque je quitterai ce monde dans un meilleur état parce que j'y ai vécu, je réaliserai que je suis enfin pleinement vivant.

Si j'ai vécu autant que possible au-delà du niveau d'actualisation, ma vie aura eu du sens pour moi. Et si j'ai contribué à un monde meilleur par mes efforts, ma vie aura eu du sens pour les autres.

Lyle L. Simpson

1960

Manifeste humaniste III

En 1933, trente-quatre personnes, principalement des ministres et des philosophes unitariens, discutaient de leur vision unique de la vie. Ils rédigèrent leurs réflexions collectives et adoptèrent le premier Manifeste humaniste, exprimant les points centraux de leur philosophie humaniste de la vie. Ce document acquit une pertinence accrue avec l'adoption d'une deuxième version en 1973. Voici la troisième version, adoptée en 2003 par l'American Humanist Association comme déclaration de consensus actuelle sur les principes philosophiques acceptés par la plupart des humanistes :

L'humanisme est une philosophie de vie progressiste qui, sans surnaturalisme, affirme notre capacité et notre responsabilité à mener une vie éthique d'épanouissement personnel qui aspire au plus grand bien de l'humanité.

La philosophie de vie de l'humanisme – guidée par la raison, inspirée par la compassion et nourrie par l'expérience – nous encourage à vivre pleinement et pleinement. Elle a évolué au fil des siècles et continue de se développer grâce aux efforts de personnes réfléchies qui reconnaissent que les valeurs et les idéaux, aussi soigneusement élaborés soient-ils, sont susceptibles d'évoluer à mesure que nos connaissances et notre compréhension progressent.

Ce document fait partie d'un effort continu visant à manifester de manière claire etEn termes positifs, nous définissons les limites conceptuelles de l'humanisme, non pas ce que nous devons croire, mais un consensus sur ce que nous croyons. C'est en ce sens que nous affirmons ce qui suit :

Expérimentation et analyse rationnelle. Les humanistes considèrent que la science est la meilleure méthode pour déterminer ces connaissances, ainsi que pour résoudre les problèmes et développer des technologies bénéfiques. Nous reconnaître la valeur des nouveaux départs dans la pensée, les arts et l'expérience intérieure – chacun étant sujet à l'analyse de l'intelligence critique.

Les humains font partie intégrante de la nature, ils sont le résultat d'une activité non guidée.changement évolutif. Les humanistes reconnaissent l'existence de la nature. Nous acceptons notre vie comme tout et suffisante, distinguant les choses telles qu'elles sont de celles que nous souhaiterions ou imaginerions. Nous accueillons avec enthousiasme les défis de l'avenir et nous sommes attirés par l'inconnu, sans nous laisser décourager.

Les valeurs éthiques découlent des besoins et des intérêts humains tels que testés par l'expérience. Les humanistes fondent leurs valeurs sur le bien-être humain, façonné par les circonstances, les intérêts et les préoccupations humaines, et étendu à l'écosystème mondial et au-delà. Nous nous engageons à traiter chaque personne comme possédant une valeur et une dignité intrinsèques, et à prendre des décisions éclairées.des choix dans un contexte de liberté en accord avec la responsabilité.

L'épanouissement de la vie naît de la participation individuelle au service des idéaux humains Nous aspirons à notre épanouissement le plus complet et donnons un sens profond à notre vie, trouvant émerveillement et respect dans les joies et les beautés de l'existence humaine, ses défis et ses tragédies, et même dans l'inéluctabilité et la finalité de la mort. Les humanistes s'appuient sur le riche héritage de la culture humaine et sur la philosophie de vie de l'humanisme pour apporter réconfort dans les moments difficiles et encouragement dans les périodes d'abondance.

Les humains sont sociaux par nature et trouvent un sens dans les relations.

Les humanistes aspirent à un monde d'entraide et de sollicitude, exempt de cruauté et de ses conséquences, où les différends sont résolus de manière coopérative, sans recours à la violence. L'union de l'individualité et de l'interdépendance enrichit nos vies, nous encourage à enrichir celles des autres et inspire l'espoir de parvenir à la paix, à la justice et à l'égalité des chances pour tous.

Travailler pour le bien de la société maximise le bonheur individuel. Les cultures progressistes ont œuvré pour libérer l'humanité des brutalités de la simple survie et pour réduire la souffrance, améliorer la société et développer une communauté mondiale. Nous cherchons à minimiser les inégalités de situation et de capacité, et nous soutenons une répartition équitable des ressources naturelles et des fruits de l'effort humain afin que le plus grand nombre puisse jouir d'une vie agréable.

Les humanistes se soucient du bien-être de tous, sont attachés à la diversité et respectent les opinions divergentes mais humaines. Nous œuvrons pour l'égalité des droits humains et des libertés civiles dans une société ouverte et laïque. Nous considérons qu'il est de notre devoir civique de participer au processus démocratique et de protéger l'intégrité, la diversité et la beauté de la nature de manière sûre et durable.

Ainsi, engagés dans le flux de la vie, nous aspirons à cette vision, convaincus que l'humanité peut progresser vers ses idéaux les plus élevés. La responsabilité de nos vies et du monde dans lequel nous vivons nous appartient entièrement.

« Manifeste humaniste »est une marque déposée de l'American Humanist Association et son contenu est protégé par le droit d'auteur de l'American Humanist Association et est remplacé ici avec permission.

La hiérarchie des besoins de Maslow

La pyramide des besoins de Maslow révisée élargit les cinq niveaux initiaux pour inclure un sixième niveau, qui répond au besoin de dépassement de soi. Voici les six niveaux de la hiérarchie mise à jour :

1.	Besoins physiologiques : nécessités de base pour la survie telles que nourriture, eau, chaleur et repos.

2.	Besoins de sécurité : protection contre les éléments, sécurité, ordre, loi, la stabilité et la liberté de la peur.

3.	Besoins d'amour et d'appartenance : relations intimes, amitiés, confiance et acceptation, recevoir et donner de l'affection et de l'amour.

4.	Besoins d'estime : estime de soi, respect, statut, reconnaissance, force, liberté et sentiment d'accomplissement.

5.	Besoins d'auto-actualisation : Atteindre son plein potentiel, y compris les activités créatives, la croissance personnelle et l'amélioration personnelle.

6.	Besoins d'auto-transcendance : Se connecter à quelque chose au-delà de soi, comme l'altruisme, la spiritualité et la recherche d'un sens supérieur.

Ces niveaux représentent une progression dans la motivation humaine, de la survie physiologique de base à la satisfaction de besoins psychologiques supérieurs et, en fin de compte, à l'autotranscendance.

.

.

www.ingramcontent.com/pod-product-compliance
Lightning Source LLC
Chambersburg PA
CBHW051133120626
46547CB00012B/784